모르면
불편한
돈의
교양

국민소득 3만 달러 시대를 살기 위한

리스타트 이코노믹스

경제브리핑 불편한 진실 지음

모르면
불편한
돈의
교양

청림출판

한 그루의 나무가 모여 푸른 숲을 이루듯이
청림의 책들은 삶을 풍요롭게 합니다.

오늘을 살아가는 우리에게 꼭 필요한 '돈의 교양'

대한민국의 1인당 국민총소득(Gross National Income, GNI)은 2018년 3만 1,349달러를 기록했다. 2년 연속 3만 달러대의 국민소득을 확보하면서 우리는 명실공히 선진국 대열에 진입했다.

인구 5,000만 명 이상이라는 기준을 추가하면 전 세계에서 7개국뿐인 '30-50클럽' 회원국에도 이름을 올릴 수 있다. 30-50클럽 막내인 한국 앞에 자리한 나라는 미국, 독일, 일본, 프랑스, 영국, 이탈리아뿐이다. 자타 공인 6개 선진국과 어깨를 나란히 하게 됐으니 우쭐할 만도 하지만 최근 국내 산업계와 경제계, 인구 동향을 보면 한국의 앞날이 마냥 밝을 것 같지는 않아 우려스럽기도 하다.

한국은행에 따르면 경제성장률은 2000~2015년 연평균 3.9%에서 2016~2025년 1.9%로 떨어지고, 2026~2035년 0.4%까지 추락한다. 경제성장률이 이렇게 낮아지면 당연히 국민소득도 늘어나기 어렵다. 10년마다 국민소득이 1만 달러씩 늘어난다고 했을 때 한국은 2027년 즈음에 4만 달러 시대를 맞이할 것이다. 그러나 2027년 전후의 경제성장률이 1% 내외로 예상되는 만큼 오히려 3만 달러 후반대에서 한동안 정체 상태를 보일 가능성도 높다.

　그렇다면 경제성장률은 왜 계속 낮아지는 걸까? 예전만큼의 성장률은 바라지도 않지만 1%대, 0%대는 너무한 것 아닌가 하고 생각할 수도 있다. 이런 예상 수치에는 타당한 근거가 있다. 인구가 갈수록 줄어드는 데 비해 고령화는 더 빨라진다. 노동 인구의 감소와 더불어 환경보호에 대한 관심이 커지면서 예전보다 생산 단가도 상승하고 있다. 상품 가격이 오르고 종류도 다양해지면서 소비자의 합리적 소비는 더욱 확산할 것이고, 기업 입장에서는 매출이 줄어들 수밖에 없다.

　따라서 우리는 '경제 성장은 시간에 비례한다'와 같은 전통적인 가치관에서 벗어나 저성장 혹은 마이너스 성장 시대에도 살아남는 법을 찾아야 하고, 제로 성장 시대에도 가진 돈을 잃지 않거나 조금이라도 불릴 수 있는 수단을 발굴해야 한다.

　문제는 우리가 가까운 미래에 마주칠 현실, 아니 어쩌면 이미 와버린 현실을 제대로 바라보고 분석하고 해결할 능력이 거의 없다는 점이다. 100만 년이라는 시간 동안 진화를 거듭해 온 우리지만 사상과 철학의 진화는 사실상 최근 2000년 전부터 시작되었고, 경제 지식의 진화는 애덤 스미스의 《국부론(An Inquiry into the Nature and Causes of the Wealth of Nations)》이 나온 시기로 한정해도 불과 250년 전에 시작되었다. 수요와 공급의 법칙, 한계생산 체감의 법칙, 규모의 경제, 롱테일 법칙 등 이후에 등장한 공식이나 법칙은 그래도 대체적으로 경제가 꾸준히 성장한다는 전제하에 만들어졌다.

그러나 지금은 '경제성장률은 꾸준히 상승한다'는 철학이 무너지는 시기다. 어쩌면 벌써 무너졌을지 모른다. 은행에 적금을 부을수록 총예금액이 늘어나야 정상인데 누가 알았겠는가, 이자가 전혀 나오지 않는 제로 금리 시대가 올 줄을. 심지어 은행에 돈을 맡기면 오히려 소비자가 돈을 내야 하는 마이너스 금리 시대가 올 줄을 말이다.

물건이라는 개념도 그렇다. 우리가 사는 집, 타고 다니는 자동차, 업무에 필수인 노트북, 소개팅 때 들고 나가는 핸드백도 이제는 적지 않은 사람들이 빌려 쓰거나 함께 갖는다. 제주도 한 달 살기 프로젝트에 도전하는 사람, 2시간만 자동차가 필요한 사람, 애플의 최신 맥북을 10만 원이 채 안 되는 가격에 사용하는 사람들이 나타날 줄 누가 알았을까.

그나마 이 책을 들고 있는 여러분은 이렇게 시시각각 변하고 있는 경제 상황을 최소한 인식은 하고 있는 셈이다. '나는 아는 것이 없다'는 사실을 아는 것이 가장 중요하다고 하듯, 지금 우리가 몸담고 있는 경제 시스템이 예전과 완전히 다르고 언제 어떻게 바뀔지 모른다는 사실을 인정하는 것 역시 돈을 잘 벌어 잘살 수 있는 기본 전제라고 할 수 있다.

일간지 기자만 십수 년째 해오던 박성훈, 이국명 PD는 2015년 4월 '경제브리핑 불편한 진실'(이하 경불진)이라는 경제 전문 팟캐스트를 처음 시작했다. 인터넷 뉴스, 유튜브 동영상이 활개 치는 미디어 시장에서 종이신문에 글을 써서 먹고사는 기자라는 직업은 언제 사라져도 이상하지 않은 존재였다. 때마침 위에서는 취재와 기사 작성이라는 기자의 본분은 제쳐두고 대기업에서 광고를 따와 회사 수익에 기여하라는 명령을 내리기 시작했다. 가뜩이나 직업의 정체성과 지속성에 크나큰 의심을 품고 있던 두

'아재'는 과감히 사표를 던졌다.

불행 중 다행으로 두 아재는 기자 말년에 취미 삼아, 재미 삼아 팟캐스트라는 새로운 미디어에 발을 들여놓은 상태였다. 미국에서 팟캐스트 플랫폼이 서서히 인기를 얻고 국내에서도 '나꼼수'와 이 방송의 멤버들이 독자적으로 운영하는 팟캐스트가 대중적 사랑을 확보하기 시작할 때였다. 전업은 아니지만 부업도 아니었던, 1년 정도 경험한 팟캐스트 세상이 재미있었고 '국민 1인당 스마트폰 1대' 시대가 올 것이라 믿었기에 미디어 소비역시 스마트폰에서 이뤄질 것으로 생각했다.

주목할 부분은 취업을 준비 중인 대학생, 재취업을 노리는 3040세대, 직장을 다니고 있지만 두 아재처럼 미래에 대한 불안감이 큰 월급쟁이, 집안일로 하루를 다 보내면서도 부업을 찾는 전업주부들까지 경제 뉴스에 목말라하고 있었다는 점이다. 두 아재가 썼던 기사는 물론이고 취미삼아 했던 팟캐스트 방송까지 모두 경제가 주제일 때 클릭 수가 유독 많이 나왔다.

다행히 우리는 어떤 일을 어떻게 할 것인지에 대한 고민을 금방 끝낼수 있었다. 평범한 사람들, 우리 같은 서민들이 공감할 수 있는 경제 뉴스, 돈을 많이 벌 수 있는 정보도 좋지만 가지고 있는 돈을 까먹지 않게 하는 뉴스, 같은 돈으로도 더 많은 가치와 경험을 할 수 있게 하는 제품과 서비스 소개를 해보자고, 거기다 재벌가와 거대 기업의 꼼수에 휘말리지 않는 노하우도 공유해 보자며 나름 파이팅했다.

그러나 직장 생활만 하던 분들은 안다. 사업을 하느라, 병을 치료하느라 한동안 월급이 들어오지 않을 때의 고통을. 이를 모를 리 없는 두 PD는 금수저도 은수저도 아니면서 일을 저질러 버렸다. 그렇게 손가락만 석 달째 빨고 있던 어느 날 경불진 애청자라고 자신을 소개한 분에게서 광고를 하고 싶다는 연락이 왔다. 쇼핑과 기부를 접목한 매우 생소한 콘셉트의 유통 업체였는데, 그 회사의 사장님이 광고를 반년가량 지속해 주신 덕에 다른 기업에서도 서서히 광고 문의가 들어왔다. 그리고 어려울 때마다 대기업이 아닌 작은 회사의 사장님, 자영업 대표님들이 경불진을 도와주셨다. 지금 경불진의 첫 고객사는 사라졌지만, 두 PD는 기꺼이 마중물 역할을 해주신 '힘내요'의 김태호 대표께 감사드린다.

그렇게 힘겹게 버티고 있는 상황에서 이번에는 자신이 운영하는 사업체의 상품을 광고하면서 방송에 종종 패널로도 참여해 포장되지 않은, 있는 그대로의 상품 이야기를 해보면 어떻겠느냐는 제안이 들어왔다. 더불어 관련 업계의 이슈와 트렌드도 주기적으로 분석해 보자는 의견도 내놓았는데, 이분이 바로 경불진의 첫 번째 고정 패널 겸 광고주인 '닉왁스몰'의 장재영 대표다. 애청자였다가 광고주가 된 그와의 만남 이후에도 비슷한 일이 계속 벌어졌고, 현재 20여 명의 고정 패널이 경불진에서 음성을 들려주고 있다. 신기하게도 20여 명의 패널들은 각자가 맡은 분야의 전문가면서 서로의 영역이 겹치지도 않아 날이 갈수록 경불진에 시너지 효과를 선사했다.

다만 한 가지 아쉬움이 있다면 경불진의 최신 정보, 일상에 도움이 되는 정보를 경불진 10만 애청자만 들을 수 있다는 점이었다. '더 많은 분들이 두 PD와 20여 명의 패널이 나누고 있는 경제 정보를 공유하면 좋을 텐데' 하던 아쉬움은 이번 책을 시작으로 어느 정도 해소할 수 있을 것 같다. 그래서 5년간 경불진이 만들고 가공해 온 오디오 경제 지식을 '돈의 교양'으로 업그레이드했다. 책을 완독한 뒤에는 알 수 있을 '모르면 불편한 돈의 교양'을 정성스레 장착했다. 특히 국민소득 3만 달러 시대를 제대로 살기 위해 새롭게 알아야 할 변형된 경제 상식을 주로 담았다. 책의 부제가 '리스타트 이코노믹스'인 이유도 여기에 있다. 이 글을 쓰고 있는 지금, 도널드 트럼프 미국 대통령이 북한 땅을 밟고 남북미 3국 정상이 판문점에서 통일을 향한 큰 걸음을 내디뎠다. 결국 한국은 통일이라는 또 다른 경제 철학 속에서 큰 변화를 앞두고 있는 셈이다.

이 책에는 박성훈, 이국명 두 PD와 12명의 패널이 공동으로 참여했다. 먼저 이국명 PD는 '속도를 줄여라! 3만 달러 시대 성공법'에서 평범한 기업이나 사람이 대기업 혹은 많이 가진 자를 효과적으로 상대하는 법을 설명한다. 그리고 소득이 늘어도 행복하지 않은 이유에 대해서도 설파한다.

박성훈 PD는 '의심하라! 오래된 거짓말에 관하여'에서 당연히 진실인 줄 알았던 팩트가 거짓이었음을 증명한다. 놀랍게도 6,000년간 우리 인류를 속인 가짜 뉴스도 확인할 수 있는데, 소비자도 기업을 충분히 의심해야 한다는 점을 강조한다.

플로리다마음연구소 김소울 박사는 '미끼를 물지 마라! 여기서 더 내면, 호갱'에서 누구나 공감할 수 있는 소비자의 심리를 다룬다. 자신도 모르게 돈을 더 쓰면서도 아깝다는 생각을 왜 하지 못하는지 그 이유에 대해 접근한다.

임홍렬 창업 컨설턴트는 '트렌드를 바꿔라! 돈이 따라오는 창업은 따로 있다'에서 '남들이 다 하니까', '돈만 내면 다 차려 주니까'라는 이유로 뛰어드는 프랜차이즈 창업의 불편한 진실을 짚어 본다. 더불어 쉽진 않지만 돈을 벌 수 있는 창업도 소개한다.

해외 쇼핑 앱 셀러문의 노한나 대표는 '사업 제대로 해라! 돈을 아끼거나, 만들거나, 바꾸거나!'라고 힘주어 말한다. 즉 '사업을 잘한다, 사업에 성공했다'는 의미가 그저 돈을 왕창 벌었다는 것에 그치지 않고 돈을 많이 쓰지 않았거나, 돈을 이용해 다른 가치를 창출하는 행위로도 확장될 수 있음을 보여준다.

재생에너지 솔루션 업체 에너지팩토리 심정현 대표는 '국민연금만 믿지 마라! 지상 최고 수익률 태양광발전 투자'를 설명한다. 현존하는 금융상품 중 최고 수익률을 기록하고 있는 국민연금이지만 이보다 더 높은 수익률을 현실적으로 지급하는 주인공이 바로 태양광발전임을 지적한다. 아울러 이런 분위기를 틈타 투자자에게 불순한 목적으로 접근하는 세력들을 경계해야 한다는 사실도 잊지 않는다.

바이오FD&C 모상현 대표는 '바이오하라! 4차 산업혁명 기술 트렌드'에서 새로운 시대 새로운 챔피언의 요건을 들려준다. 특히 제4차 산업혁명 시대를 주도할 바이오 기술을 제대로 이해하면 부자가 될 가능성이 크다고 하는데, 그러고 보니 2019년 6월 기준 코스피 시총 1~5위 기업 중 4위, 5위가 다름 아닌 셀트리온, 삼성바이오로직스 즉 바이오 기업이다.

제주렌터카 이용을 돕는 앱 '찜카'의 이주상 대표는 '도심을 누벼라! 히치하이커를 위한 안내서'를 제공했다. 소득 3만 달러 시대에 우리는 어떤 탈것을 이용해야 하고, 어떻게 움직여야 돈을 합리적으로 쓸 수 있는지를 설명한다.

현마산업 이준섭 대표는 '속지 마라! 소고기 마블링의 불편한 진실'을 공개한다. 소고기를 포함한 대표적인 수입 식품과 상품이 어떻게 우리에게 전달되고 그 과정에서 얼마나 어이없는 일이 벌어지는지 목격할 수 있다.

영국 친환경 세제 닉왁스를 국내에 유통하고 있는 닉왁스몰 장재영 대표는 '계속 질문하라! 의류 업체의 꼼수를 이기는 14가지 방법'을 귀띔한다. 우리가 싸게 샀다고 기뻐한 옷의 진짜 가격을 보고 놀라지 마라. 유명 브랜드에 집착하면 어떤 일이 벌어지는지도 알 수 있다.

보험계의 ABC마트인 마이보험체크의 석인호 대표와 김은정 실장은 '방심하지 마라! 보험금 남들보다 잘 타는 사람들'을 이야기한다. 친구나 친척의 부탁으로 가입했던 보험이 왜 애물단지로 전락하는지, 더 나아가 보험금을 받아야 할 때 어떻게 합법적으로 제때 많이 받을 수 있는지 그 노하우를 전수한다.

노동존중 쇼핑몰 문자당을 운영하고 있는 전 민주노총 대변인 정호희 대표는 '노동을 존중하라! 미드에서 본 노동의 미래'를 점친다. 기록적인 시청률을 올렸던 〈웨스트월드〉를 통해 우리가 앞으로 어떻게 일해야 하는지, 인공지능과는 어떻게 역할을 분담해야 하는지를 미리 체험할 수 있다.

마지막으로 중하위권 입시를 연구하고 있는 맵스터디컨설팅의 '목동 김샘' 김기석 대표는 '착각하지 마라! 대한민국 스카이캐슬의 허와 실'을 고발한다. 2019년 전체 수험생은 대략 60만 명으로 추산되는 가운데 선호도가 가장 높은 15개 대학의 선발 인원은 5만 542명에 불과하다. 즉 고3 학생 10명 중 1명만 이른바 명문대에 진학할 수 있다는 결론이 나온다. 그렇다면 나머지 9명의 고3은 어디로 가나? 더 심각한 문제는 9명에게 필요한 입시 정보가 거의 없다는 점이다.

경불진은 2019년 7월 기준 팟빵, 팟티, 네이버 오디오클립, FM플레이어, 라디오팟, 유튜브 등 다양한 팟캐스트 플랫폼에서 10만 명에 달하는 정기구독자를 확보하고 있다. 매일 경불진을 듣는 청취자만 해도 5만~8만 명에 이른다. 통상 팟캐스트 업계에서는 1일 청취자 1만 명, 정기구독자 3만 명 이상이면 독립적인 경영이 가능하다고 본다. 경불진이 이른바 '1만 -3만' 벽을 돌파한 시점이 10명의 패널을 갖춘 때와 일치한다.

'규모수익체증'이라는 경제학 용어가 있다. 집단으로 일하면 혼자 할 때의 합에 비해 개인의 이득이 크게 늘어난다는 법칙이다. 지금은 멸종된 매머드가 살아 있던 시절, 누군가는 꿩이나 산토끼를 혼자 잡아서 먹고 또 다른 누군가는 힘을 합쳐 매머드를 함께 사냥했다. 산토끼나 꿩의 무게는 기껏해야 1킬로그램을 넘기 힘들 정도지만, 매머드는 6~8톤으로 추정된 다. 매머드 사냥에 몇 명이 투입되는지에 따라서 개인이 가져가는 양도 달라지겠지만 그 사냥에 과할 정도의 인원을 배정하더라도 산토끼나 꿩을 잡는 개인의 소득과는 비교 자체가 어려울 것이다.

경불진 두 PD는 경제 분야를 주로 다룬다. 그러나 금융, 무역, 해외유통, 보험, 패션, 교육, 신재생에너지, 창업 등의 분야에서는 문외한에 가깝다. 20여 명의 패널 덕에 경불진 애청자들은 다양한 경제 분야의 상식을 접할 수 있고 그런 상식 가운데 소득을 불리거나 손실을 최소화할 수 있는 돈의 교양도 쌓을 수 있었다고 생각한다.

팟캐스트 청취자들은 경불진에 '어벤져스'라는 소중한 별명을 지어 주셨다. 다소 무리한 주장일 수 있지만 영화 〈어벤져스(Avengers)〉에 등장하는 캐릭터 수와 경불진 패널 수가 엇비슷하다! 어벤져스 없는 마블 스튜디오를 상상하기 어렵듯이, 패널들 없는 경불진도 존재하기 어려울 것이다. 아무쪼록 이 책이 출판계의 어벤져스, 경제서적 분야의 어벤져스로 남기를 기대하면서 독자들께 한 가지 부탁을 해본다.

시리즈 마지막 편으로 흥행 대박을 낸 〈어벤져스 4〉는 새로운 영화 관람 문화를 만들었다. 스포일러를 피하기 위해 영화 관련 영상을 보지 않고 인터넷 접속도 하지 않는 '스포일러 경계령'을 소비자들이 자발적으로 만들어 실천한 것이다. '스포' 하면 떠오르는 영화로 〈유주얼 서스펙트〉와 〈식스 센스〉를 꼽을 수 있다. 〈어벤져스 4〉 이전에는 영화 내용을 '스포'하는 것은 일종의 고약한 취미, 귀엽게 봐줄 수 있는 해프닝으로 인식했지만 이제는 불문율이나 공공의 룰이 되어 버렸다.

그러나 경불진과 공동 저자들은 '스포'를 적극적으로 권장한다. "절름발이가 범인이다!", "브루스 윌리스는 귀신이다"와 같은 외침처럼 "박 PD와 이 PD의 글은 재미는 없는데 술 먹을 때 던지기 좋은 안주"라든가 "김소울 박사와 장재영 대표의 글을 읽고 1,000만 원을 절약했다. 이거 실화임"이라든가 "이준섭 대표의 글을 보고 마블링 엄청나게 들어간 소고기 끊고 나서 돈도 줄이고 뱃살도 줄이는 효과를 톡톡히 봤다"는 식의 스포일러를 마구마구 퍼뜨려 주시기 바란다. 공동저자 14인은 절대로 당신의 침묵을 요구하지 않는다. 이제 이 책이 001호에서 멈출지 999호까지 계속될지는 온전히 독자 여러분께 달렸다. 매년 더욱 참신하게 모르면 불편한 주제들을 전할 수 있길 기대한다.

공동저자를 대표해
박성훈 PD

contents

속도를 줄여라!
3만 달러 시대
성공법

report.

#1

경제 전문 팟캐스트
'경제브리핑 불편한 진실'

이국명 PD

'세상까지는 아니지만 나 하나쯤은 구할 수 있지 않을까?' 이런 생각에 시작한 경제학
공부가 대학, 대학원, 경제연구소, 신문사 등 20여 년이나 이어졌다. 경제적으로는 물론
몸과 마음도 피폐해질 때쯤인 2015년 〈경제브리핑 불편한 진실〉이라는 팟캐스트를
시작하는 행운이 찾아왔다. 이제는 10만 명에 달하는 열혈 애청자들과 함께 경제학으로
세상과 상생하며 살아가는 방법을 탐구하고 있다. 기존에 썼던《누가 내 돈을 훔쳤을까?》,
《해봤어》에도 치열한 고민의 흔적이 남아 있다.

나무늘보가 정글에서 살아남는 법

"아빠, 거북이가 더 느려요, 나무늘보가 더 느려요?"

한가로운 일요일, 한창 낮잠을 즐기고 있는데 갑자기 훅 들어온 초등학생 딸의 질문이다. 졸린 눈을 비비며 무슨 일인가 봤더니, TV 프로그램 〈동물의 왕국〉에서 안동 하회탈을 닮은 녀석이 연신 하품을 해대고 있다. 이 녀석도 딸의 성화에 못 이겨 간신히 일어났을까?

정신을 겨우 차리고 보니 답은 너무나 명백하지 않은가. '토끼와 거북'이라는 동화가 있을 만큼 '느림의 대명사' 하면 거북이니까. 그래서 "당연히 거북이가 더 느리지"라고 대답했더니, 딸이 "땡! 아빠는 그것도 몰라"라며 깔깔 웃는다.

"나무늘보가 정말 더 느려?"라고 딸에게 물었더니, 방금 전 TV에서 설명을 들었단다. 진짜일까? 딸과 함께 인터넷을 뒤져 보니 놀라운 설명이 쏟아졌다. 1분당 거북은 30센티미터 정도 움직이지만 나무늘보는 겨우 20센티미터를 움직인다고 한다.(30미터, 20미터가 아니라 30센티미터, 20센티미터다. 진짜다.) 도긴개긴 수준이지만 나무늘보가 거북보다 무려 1.5배나 느린 셈이다. 다 큰 나무늘보는 키가 70센티미터 정도에 달하는데, 1분 동안 자기 키의 절반도 안 움직인다니 믿기 힘들 정도다. 계산해 보면 나무늘보가 1시간 동안 열심히 움직여 봤자 이동거리는 겨우 12미터에 불과하다. 이것은 걷는 것도 아니고 기는 것도 아닌, 〈개그콘서트〉의 '같기도' 같은 상황이랄까? 어쩐지 TV에서 처음 마주친 털북숭이의 걸음걸이가 마치 슬로비디오를 틀어 놓은 것 같더라니.

나무늘보의 또 다른 비밀도 발견했다. 나무늘보는 요즘 국내에서 유행하는 '간헐적 단식'과 비슷한 '간헐적 단활(斷活)'의 대가였다. 하루 24시간 중 8시간 동안만 먹고 나머지 16시간을 굶는 간헐적 단식은 알겠는데, '간헐적 단활'은 무엇일까? 나무늘보도 8시간만 하고 나머지 16시간은 끊는 것이 있다. 바로 활동이다. 즉 8시간만 깨어 활동하고 16시간은 쭉 잠만 잔다는 것인데, 느림보에 잠꾸러기까지라니 정말 기가 막힌다. 어쨌든 이 모든 것을 종합해 보면, 나무늘보가 하루 동안 최대로 움직일 수 있는 거리는 100미터를 채 넘지 못한다고 한다. 이 정도면 거북이가 '답답해 미치겠네'라고 두 손 두 발 다 들 법도 하다.

문제는 답답하다는 데서 그치지 않는다. 나무늘보의 고향은 중남미 밀림 지대. 재규어, 스라소니, 독수리, 아나콘다 등 무시무시한 천적이 득실거리는 약육강식의 세계다. 이름만 들어도 무시무시한 이 천적들을 상대로 나무늘보가 도망치는 것이 가능할까? 1분에 20센티미터를 움직이는 느려터진 속도로 가당키나 할까? 혹시 나무늘보가 비장의 방어 무기를 감추고 있는 건 아닐까? 이를테면 천적들에게 치명상을 입힐 수 있는 날카로운 발톱으로 무장하고 있다면 그나마 안심할 수도 있을 것 같다. 그런데 나무늘보에게는 아무것도 없다. 적으로부터 도망치는 것은 물론 자신을 방어할 무기도 태어날 때부터 갖지 못했다. 부모에게 아무것도 물려받지 못한 우리 흙수저처럼 말이다.

점점 궁금해진다. 인류가 등장하기 훨씬 전부터 지구상에 살아왔던 나무늘보가 아무것도 없이 어떻게 무시무시한 중남미 정글에서 멸종되지 않고 살아남을 수 있었을까?

놀랍게도 동물학자들은 나무늘보가 살아남은 것이 '느림' 덕분이라고 한다. 천적을 피해 빠르게 도망가도 시원치 않은데, 느리기 때문에 살아남는다는 것이 말이 되는가. 그런데 동물학자들의 설명을 들어보면 고개가 절로 끄떡여진다. 나무늘보의 대표적 천적인 재규어는 순간 시속이 70킬로미터를 넘나드는 '빠름의 대명사'다. 마음만 먹으면 느려터진 나무늘보를 잡는 것은 식은 죽 먹기보다 쉽다. 그러나 재규어에게는 치명적인 약점이 있다. 빠르게 도망치는 먹잇감을 쫓기 위해 동체시력을 발달시키면서 반대급부로 정체시력이 퇴화한 것이다(이런 점에서 세상은 참 공평하다). 따라서 느려터진 나무늘보를 잘 식별하지 못한다. 나무늘보에게는 진짜 비장의 카드가 있다. 워낙 느리게 움직이니 털에 생기는 것이 있는데, 그것이 그야말로 상상 초월이다. 구르는 돌에는 끼지 않는다는 이끼가 살아 있는 나무늘보의 털에 생긴다. 정말 기가 막힐 노릇이다. 하지만 이 기가 막힐 노릇이 멋진 보호색 역할을 해준다. 결국 1분에 20센티미터를 움직이는 데다 이끼까지 끼어 있으니 재규어의 눈에는 나무늘보가 먹잇감이 아니라 돌덩이처럼 보이는 셈이다.

나무늘보가 천적의 눈을 피하는 것은 충분히 가능할 것 같다. 그러나 이렇게 느리면 잡아먹히기 전에 굶어죽지 않을까. 여기에도 나무늘보만의 놀라운 비법이 숨어 있다. 나무늘보의 주식은 맛없는 나뭇잎이다. 영양분이 적고 소화도 잘 안 되는 것이 대부분이다. 나무늘보는 왜 이렇게 맛없는 것을 먹을까? 우선 다른 동물들이 쳐다보지 않는다. 먹이경쟁을 하지 않아도 된다는 말이다. 게다가 배고픔을 줄이기 위해 소화도 천천히 시킨다. 길게는 한 달이 걸릴 때도 있다(어제 먹은 삼겹살이 한 달 동안 내 배 속에 머무른다는 생각만 해도 끔찍하다). 에너지 소모를 최소화하여 많이 먹을 필요가 없는 데다 소화까지 느리니 나무늘보에게 이것은 최고의 만찬이다. 그런데 한편으로는 이런 생각도 들었다. 나무늘보가 조금만 더 빨랐다면? 더 맛있는 나뭇잎을 먹기 위해 다른 동물들과 경쟁했다면? 아마도 벌써 멸종해서 〈동물의 왕국〉이 아니라 자연사박물관에서나 만날 수 있었을 것이다. 별다른 방어 무기도 없이 느려터진 나무늘보가 살아 있는 신선처럼 보이기 시작했다.

국민소득의 불편한 진실

그동안 대한민국은 '빠름'이 지배했다. 남들보다 빨라야 살아남을 수 있다고 믿어 왔다. '빠름은 곧 성공'이라는 공식이 진리처럼 받아들여졌다. 그래서일까. 도로에서도, 식당에서도, 학교에서도 '빨리빨리'를 외치며 몰아붙인다. 조금이라도 느린 것을 보면 견디지 못하는 것은 한국인의 타고난 습성처럼 여겨졌다. 오죽하면 외국인들이 한국에 와서 가장 먼저 배우는 한국어가 '빨리빨리'라는 말까지 나오겠는가.

경제에서도 마찬가지다. 우리는 미국, 영국, 프랑스, 독일 등 선진국이

100~300년에 걸쳐 이룬 산업화를 불과 50여 년 만에 달성했다. 다른 나라들보다 적어도 두 배 이상 빠른 속도로 경제를 키운 것이다. 우리는 이를 압축 성장이라고 자랑한다. 10%를 넘나드는 경제성장률로 1인당 GNI(국민총소득)가 1963년 100달러, 1977년 1,000달러를 넘어선 뒤 1994년에는 1만 달러를 돌파했다. 그리고 2006년에 2만 달러 고지를 밟더니, 2018년에는 드디어 선진국 관문으로 불리는 3만 달러를 넘어섰다. 전 세계 어느 나라보다 빠른 속도로 후진국에서 선진국으로 도약한 것이다.

대한민국은 더 이상 가난하지 않다. 경제 규모는 당당히 세계 12위(2018년 기준)에 올라섰다. 세계에서 일곱 번째로 30-50클럽(1인당 국민총소득 3만 달러, 인구 5,000만 명 이상)에도 가입했다. 미국, 프랑스, 영국, 독일, 일본, 이탈리아 등 그야말로 선진국들과 어깨를 나란히 하게 된 셈이다. 이제 경제적으로 결코 남부럽지 않다. 그렇다면 우리 국민은 행복할까?

유엔이 발표한 〈2019 세계행복보고서〉에 따르면, 한국은 전 세계 156개국 가운데 54위에 머물렀다. 그전 해보다 세 계단 상승했다고 하지만 여전히 하위권이다. 세계 12위 경제 규모에 일곱 번째 30-50클럽 가입국이라는 점을 감안하면 너무나 초라한 성적이다. 빠름을 절대 진리로 믿으며 눈코 뜰 새 없이 달려왔건만 정작 행복하지 않다니, 뒤통수를 한 대 맞은 것만 같다. 남들보다 빨리 가난 걱정에서 벗어났는데도 왜 행복하지 않은 것일까? 혹시 빠르면 성공할 수 있다고 여긴 우리 믿음이 잘못된 것은 아닐까?

스페인이 잘살까? 우리가 잘살까?

요즘 우리에게 가장 인기 있는 여행지를 꼽으라면 빠지지 않는 나라

tvN에서 인기리에 방영했던 〈스페인 하숙〉(출처: tvN 홈페이지)

가 있다. 바로 스페인이다. 스페인은 산티아고 순례길, 알함브라 궁전, 사그라다 파밀리아 성당, 구엘 공원 등 볼거리가 많다. 게다가 축구 팬들에게는 '아빠가 좋아? 엄마가 좋아?'만큼이나 어려운 '메시가 좋아? 호날두가좋아?'라는 행복한 질문이 가능한 나라다.

　　최근 들어 다양한 예능 프로그램에서 스페인으로 떠난다. 특히 '예능황제'로 불리는 나영석 PD의 tvN 예능 프로그램 〈스페인 하숙〉이 압권이다. 차승원, 유해진, 배정남이 스페인 현지에서 순례자를 위한 하숙을 운영한다는 독특한 콘셉트의 이 프로그램을 보다 보면 마치 시간이 멈춘 듯한착각에 빠지기도 한다. 빠름이 지배하는 대한민국과는 정반대로 보인다. 이렇게 느리지만 스페인 사람들의 생활수준은 상당히 높은 것 같다. 스페인은 한때 '무적함대'를 앞세워 세계를 지배했던 나라인 데다 유럽에 있으니, 우리보다는 훨씬 잘사는 것 같아 보인다. 수만 명이 운집해 함성을 내

[세계 GDP 순위]

순위	국가별	2015년	2016년	2017년
1	미국	185,811	189,687	196,076
2	중국	110,229	111,542	122,065
3	일본	45,626	51,075	50,490
4	독일	34,379	35,366	37,533
5	프랑스	24,704	25,047	26,393
6	인도	20,780	22,479	25,975
7	영국	28,218	25,877	25,796
8	브라질	17,647	17,585	20,129
9	이탈리아	18,230	18,635	19,451
10	캐나다	15,357	15,155	16,305
11	러시아	13,307	12,492	15,380
12	한국	13,861	14,185	15,302
13	스페인	11,952	12,370	13,112
14	오스트레일리아	13,212	11,809	12,879
15	멕시코	11,438	10,400	11,237
16	인도네시아	8,323	9,024	9,834
17	터키	8,501	8,545	8,400
18	네덜란드	7,537	7,679	8,215
19	사우디아라비아	6,708	6,622	6,956
20	스위스	6,959	6,750	6,883

통계청 KOSIS 기준, 단위 1억 US$

[세계 1인당 GNI 순위]

순위	국가별년	2017년
1	스위스	81,209
2	노르웨이	78,315
3	룩셈부르크	74,945
4	아이슬란드	71,532
5	미국	60,432
6	덴마크	57,799
7	아일랜드	57,355
8	스웨덴	55,128
9	싱가포르	54,720
10	오스트레일리아	52,673
11	홍콩	48,291
12	네덜란드	48,221
13	오스트리아	47,784
14	핀란드	46,147
15	독일	45,709
16	캐나다	44,520
17	벨기에	43,468
18	뉴질랜드	42,290
19	이스라엘	41,775
20	프랑스	40,617
21	일본	39,605
22	영국	38,978
23	쿠웨이트	33,629
24	이탈리아	32,767
25	바하마	30,117
26	한국	29,745
27	스페인	28,287

통계청 KOSIS 기준, 단위 US$

24

뽐내는 스페인 프로축구 경기장을 봐도, 예능 프로그램에 비치는 스페인 거리를 봐도, 아무래도 우리보다는 풍요롭지 않을까?

네이버나 다음 등 포털 서비스에서 스페인을 검색하면 수도, 환율, 언어, 면적, 인구, 기후, 종교, 역사와 함께 바로 확인할 수 있는 것이 있다. 바로 GDP(국내총생산)다. 한 나라의 경제력을 가늠할 때 가장 많이 사용하는 경제지표다. 2017년 기준으로 스페인의 GDP는 1조 3,112억 달러다. 그렇다면 우리나라는 어느 정도일까? 1조 5,302억 달러로 스페인보다 높다. 세계 순위 또한 우리나라가 12위로 13위인 스페인보다 높다. 한때 세계를 지배했던 스페인보다 우리나라의 GDP가 더 높다니 놀라운 일이다.

우리가 GDP만 높을 뿐 실제 삶은 스페인이 더 좋지 않을까? 이를 확인하기에 좋은 경제지표가 바로 1인당 GNI다. 1인당 GNI는 한 나라의 국민이 국내외 생산 활동에 참여하거나 생산에 필요한 자산을 제공한 대가로 받은 소득의 합계인 GNI를 인구수로 나눈 것이다. 비교하기 쉽게 평균을 낸 것인데, 그래서 1인당 GNI는 해당 국가 국민의 평균 생활과 소비수준을 가늠할 때 흔히 사용한다. 그럼 스페인의 1인당 GNI는 어느 정도일까? GDP는 우리나라보다 살짝 뒤졌지만 1인당 GNI는 아무래도 우리나라보다 높을 것 같다. 그래도 대항해시대 때 엄청난 부를 쌓았던 나라이니 말이다. 검색해 보니 2017년 스페인의 1인당 GNI는 2만 8,287달러다. 세계 순위는 27위. 그럼 우리나라는? 우리나라의 1인당 GNI는 2만 9,745달러(참고로 2018년은 3만 1,349달러)로 세계 26위다. 우리나라가 1인당 GNI, 즉 국민들의 생활수준에서도 스페인을 앞섰다. 한때 세계를 정복했던 스페인보다 우리나라가 평균적으로 잘산다니 정말 믿기지 않는다.

그런데 아무리 봐도 우리가 스페인 사람들보다 풍족한 것 같지는 않다. 〈스페인 하숙〉에 등장하는 스페인 사람들은 풍요롭고 여유가 넘쳐 보이는데 우리나라 사람들은 뭔가에 쫓기듯 쪼들리지 않는가. 도대체 이유가 뭘까?

2018년 우리나라의 1인당 GNI가 3만 달러를 넘었다면 단순 계산으로 4인 가족 기준 연간 가구소득이 무려 12만 달러(약 1억 3,500만 원)나 된다. 그런데 우리 주변에서 이렇게 많이 버는 가구는 매우 드물다. 맞벌이라고 해도 각자가 6,750만 원씩 연봉을 받아야 하는데, 쉽지 않은 숫자다. 실제로 국민건강보험공단 2018년 자료를 보면, 연봉을 1억 원 이상 받는 고소득 노동자는 전체 노동자의 4.5%에 불과한 77만 명가량이다. 6,750만 원 이상 받는 노동자 역시 전체의 10%도 되지 않을 것으로 보인다. 10%도 되지 않는데 평균이라고 할 수는 없지 않은가. 1인당 GNI는 국민 1명이 벌어들인 소득인데, 왜 우리는 실감하지 못하는 것일까? 여기에는 불편한 진실이 숨어 있다. 1인당 GNI 3만 달러 전부가 우리와 같은 개인의 소득이 아니라는 사실이다. 1인당 GNI는 우리나라 전체 GNI를 총인구수로 나눈 것인데, 이게 무슨 소리일까?

우리나라 전체 GNI에는 개인이 벌어들인 소득만 포함되는 것이 아니다. 삼성전자나 현대자동차, LG전자 같은 기업들이 벌어들인 소득도 포함된다. 국내 1위 기업인 삼성전자는 2018년 대략 44조 3,400억 원의 순이익을 거뒀다. 그런데 삼성전자의 노동자는 10만 명이 조금 넘는다. 그럼 노동자 1인당 대략 4억 3,000만 원의 순이익을 벌어들인 셈이다. 그러면 삼성전자가 노동자 1인당 연봉을 4억 3,000만 원씩 줄까? 그렇다면 좋겠지만 당연히 아니다. 회사는 자신들이 챙길 몫을 빼고 4억 3,000만 원에 훨씬 못 미치는 액수를 노동자들에게 줄 것이다. 물론 현대자동차나 LG전자 등의 다른 기업도 마찬가지다. 그럼 이처럼 기업들이 챙기는 몫은 얼마나 될까? 2017년 통계를 보면 20.2%에 달한다. 이 정도면 많은 것일까, 적은 것일까? 이럴 때는 과거와 비교해 보는 것이 좋은 방법이다. 1988년만 해도 기업의 몫은 15.1%에 불과했다. 30여 년 만에 기업 몫이 5.1%p 늘어났다. 그만큼 기업의 힘이 커졌다는 이야기다.

또 다른 경제 주체인 정부는 손가락만 빨고 있을까? 정부도 투자 등으로 GNI에 상당 부분 기여했으니 당연히 자신의 몫을 챙긴다. 2017년에 이렇게 챙긴 몫이 기업보다 큰 23.8%나 된다. 그렇다면 우리가 받아야 할 소득을 기업보다 정부가 더 많이 빼앗아 간 것일까? 추이를 보면 그렇다고 말하기는 어렵다. 1988년 정부의 몫은 20.9%였다. 30여 년 동안 2.9%p 증가했다. 기업 몫 증가폭 5.1%p의 절반 정도에 그친다. 정부의 몫 역시 크지만 기업들의 성장세가 만만치 않다는 말이다.

기업과 정부가 제 몫 찾기에 혈안인데, 그럼 개인들의 몫은 어떻게 됐을까? 1988년만 해도 기업과 정부에게 떼어주고 남은 몫이 64%였다. 그런데 2017년이 되니 56%로 줄어들었다. 개인 몫이 30여 년 만에 8%p나 감소한 것이다. 이는 기업과 정부에 비해 개인의 힘이 그만큼 줄어들었다는 이야기다.

그럼 노동자들의 몫인 56%는 어느 정도 수준일까? 이는 2017년 경제협력개발기구(OECD) 평균인 62.3%보다 크게 낮은 수준이다. 특히 앞서 1인당 3만 달러 고지를 밟은 미국 79%, 영국 75.2%, 독일 73%, 이탈리아 72.6%, 프랑스 67.1%, 일본 63%에도 크게 못 미친다. 나영석 PD가 선택했던, 1인당 GNI 3만 달러를 한때 돌파했다가 다시 주저앉은 스페인마저도 64.5%다. 단순 계산으로 우리나라 노동자들의 몫은 1만 6,657달러(2만

9,745달러×0.56)로 스페인 노동자들의 몫 1만 8,387달러(2만 8,287달러×0.65)보다 작다. 이렇게 개인의 몫이 작으니 1인당 GNI가 3만 달러를 돌파해도 우리가 체감할 수 없는 것이다. 그렇다고 해도 이상한 점이 있다. 2018년 3만 달러를 넘은 1인당 GNI 중에서 우리 같은 개인들의 주머니로 실제 들어가는 소득이 56%, 3분의 2정도라고 쳐도 1만 7,000달러가 넘는다. 4인 가족으로 따져 보면 7만 달러(약 8,400만 원) 정도인데, 주변에 연봉 8,400만 원인 노동자가 흔하지 않다. 맞벌이를 감안해도 4,200만 원은 각각 벌어야 하는데 이것마저 쉽지 않다. 실제로 우리나라의 중간 소득 가구, 즉 소득 상위 40~60%에 속하는 4인 가구의 연평균 소득은 5,500만 원 정도에 불과하다. 이 수치는 1인당 GNI 중 개인 몫(약 8,400만 원)의 65% 수준이다. 달리 말하면 기업·정부에게 빼앗기고도 35%가량을 누군가에게 더 뜯긴다는 이야기다.

도대체 어떤 도둑들이 뜯어 갔을까? 우리가 벌어들이는 소득이 연봉만 있는 것은 아니다. 국민건강보험공단에 따르면 연봉 외에도 이자·배당 소득, 임대 소득 등의 과외 소득으로만 연간 3,400만 원 이상 버는 사람이 무려 18만 명에 육박한다. 가만히 누워만 있어도 2018년 배당을 4,747억 원이나 받는 삼성그룹의 이건희 회장을 비롯한 이른바 1%의 사람들이다. 이들뿐일까? 국세청에 따르면, 초등학생과 중학생인 손자 2명 명의로 인수한 뒤 적자 기업에 자신의 부동산을 무상 증여하는 편법으로 탈세를 한 '숨은 부자' 95명이 숨긴 재산이 무려 12조 6,000억 원에 달했다. 1인당 평균 1,330억 원이라는 어마어마한 액수다. 이렇게 재벌들은 가만히 누워서 돈을 챙기고 숨은 부자들도 탈세를 밥 먹듯이 하니 우리 같은 서민들이 1인당 GNI 3만 달러를 맛보기 힘든 것이다.

다른 나라보다 빠르게 경제 규모를 키우면 모두가 잘살고 행복해질 수 있다고 믿었는데 커다란 배신감마저 느껴진다. 우리가 눈코 뜰 새 없이 달리는 동안 정부와 기업은 물론 재벌, 숨은 부자들은 자신들의 몫을 톡톡히 챙겨 간 것이다. 이를 알아채지 못하게 하고 싶어서 더욱 빠르게 경쟁하라고 우리를 재촉해 온 것은 아닐까.

3만 달러 시대의 행복 법칙

'빠름'이란 신화에 속아온 우리는 그동안 다재다능을 최고의 미덕으로 여겼다. 어떤 일, 어떤 장소에서도 제 몫을 발휘할 수 있는 능력자가 되기 위해 치열하게 노력했다. 대한민국 사회가 이를 당연하게 여겼다. 같이 입사한 동기보다 한 발이라도 빨리 승진하기 위해 야근을 밥 먹듯이 하는 노동자가 많다. 남들보다 더 빨리 집을 마련하기 위해 밤잠을 설쳐가며 투잡을 뛰기도 한다. 그래도 경쟁에 뒤처질까 두려워 새벽 학원까지 다닌다. 누가 더 빠르냐는 경쟁은 취업 전부터도 치열하다. 몇 년 전 취업 3종 세트(학벌, 학점, 토익)라는 말이 처음 생기더니, 어느새인가 5종 세트(3종 세트에 어학연수, 자격증 추가)로 늘어났고, 급기야 9종 세트까지 등장했다. 대기업에 들어가기 위해서는 공모전 입상, 인턴 경력, 사회봉사에다 성형수술까지 필수처럼 여겨지게 된 것이다. 그런데 평범한 대학생이 이런 9종 세트를 갖추는 것이 과연 가능할까. 1,000만 원에 육박하는 살인적인 대학등록금을 마련하느라 알바를 하기도 바쁜데 비싼 학원비를 대가며 토익을 공부하고, 어학연수를 다녀오고, 자격증을 따고, 성형수술까지 한다는 것은 불가능하다. 결국 은행 빚에 의지할 수밖에 없다(물론 금수저들은 예외다. 그렇기 때문에 금수저들은 이런 스펙 경쟁을 조장한다). 이런 노력 끝에 다행히 취업을 해본들 '월급이 통장에 스치운다'는 한탄만 터져 나온다. 진정한 선진국이라는 30-50클럽에 가입하고, 1인당 GNI도 3만 달러를 넘어섰는데 말이다.

가난에 찌든 경제 규모를 벗어나 선진국 대열에 들어섰는데도 과거의 빠름 성공 방식을 강요당하다 보니 정작 우리의 몫을 빼앗기는 것을 그동안 알아채지 못했던 것이다. 이제 몸집과 키가 다 자란 성인이 됐는데도 어린 시절 입던 아동복을 고집하다 옷이 터지기 직전이다. 빠름이라는 강요된 진리를 따르다 보니 정작 시대의 변화에는 대비하지 못하는 황당한 상황에 빠져 선진국이 된 대한민국이 행복하지 않은 것이다. 그렇다면 지금이라도 우리의 성공 공식을 바꿔야 하지 않을까. 도저히 도망갈 수 없을 정도로 빠른 재규어 같은 천적을 상대로 약점처럼 보이는 느림을 선택해 살아남은 나무늘보처럼 말이다.

나무늘보처럼 약점을 장점으로 승화시킬 비법이 하나 있다. 이를 알아보기에 앞서 역사적 분석을 하나 살펴보겠다. 절대적인 약소국이 강대국을 상대로 전쟁에서 이기는 경우가 얼마나 될까? 물론 그리스-페르시아 전쟁, 살수대첩, 명량대첩, 베트남전쟁 등이 떠오르긴 하지만 이런 극적인 승리는 인류가 치렀던 수많은 전쟁 가운데 아무래도 극히 일부처럼 보인다. 국가대표 축구경기에서 베트남이 브라질을 이기는 것이, 초등학생이 대학생과 몸싸움에서 이기는 것이 힘든 것처럼 말이다.

미국 보스턴대학교 정치학과의 이반 아레귄-토프트(Ivan Arreguin-Toft) 교수가 1800년부터 1998년까지 약소국과 강대국 사이에 벌어졌던 비대칭 전쟁 197개의 승패를 분석했다. 비대칭 전쟁은 군사력과 인구를 포함한 국력의 차이가 10대 1 이상 벌어지는 경우를 뜻한다. 10대 1 이상 전력 차이가 나니 승부는 너무나 뻔해 보인다. 그런데 분석 결과가 놀라웠다. 놀랍게도 강대국이 이긴 경우는 70.8%에 그쳤다. 10번 싸우면 3번은 약소국이 이겼던 것이다. 더 놀라운 점도 있다. 아레귄-토프트 교수가 50년 단위로 분석했더니 1800~1849년에는 약소국이 이긴 경우가 11.8%에 불과했다. 그런데 1850~1899년에 이 수치는 20.5%로 늘었다. 1900~1949년에는 34.9%로 더 올라갔다. 급기야 1950~1998년에는 무려 55%의 전쟁에서 약소국이 이겼다. 10대 1의 체급차가 있는데도 강대국이 지는 확률이 더 컸다는 것이다.

어떻게 이처럼 황당한 일이 벌어졌을까? 아레귄-토프트 교수는 약소국이 이긴 전쟁에서 두 가지 공통점을 발견했다. 우선 약소국이 강대국과 같은 전략을 취한 경우 승률은 24%에 불과했다. 그러나 강대국과는 다른 전략으로 대항했던 나라는 승률이 63%로 높아졌다. 즉 약소국이 자신의 강점을 잘 살려서 상대를 공격했을 때 승리할 가능성이 높아졌다는 것이다. 대표적인 것이 게릴라전이다. 일대일 전면전으로는 100전 100패일 테지만 게릴라전에서는 승패를 예측하기 힘든 경우가 많았다.

두 번째 공통점은 시간의 장난이다. 일반적으로 시간은 강대국 편인 것처럼 보인다. 장기전에 접어들수록 체력이 좋은 강대국이 이기기 쉬울 테니 말이다. 그러나 정작 장기전에 접어들면 상황은 우리의 예상과 달리 흘러가는 경우가 많다. 강대국에서는 죽어가는 병사들이 늘어나고 군사비 지출이 급증하면 반전 세력이 득세한다. '약소국에 이겨 봤자 별로 얻을 것도 없을 것 같은데 뭐 하러 국력을 낭비하냐'는 비난도 쏟아진다. 반면 전쟁에 지면 노예가 될지도 모른다는 위기감에 빠진 약소국 국민은 시간이 지날수록 더욱 똘똘 뭉친다. 이 같은 시간의 장난이 전쟁의 승패를 가르는 경우가 의외로 많다(이 때문에 베트남전쟁에서 미국이, 아프카니스탄전쟁에서 소련이 개망신을 당했다).

여기에 한 가지 경제학적 비법도 추가할 수 있다. 약점을 장점으로 승화할 수 있는 최고의 비법 가운데 하나다. 바로 '란체스터 법칙(Lanchester's laws)'이다. 제1차 세계대전의 항공전에서 독일에게 큰 피해를 입었던 영국은 원인 분석을 항공공학 기술자인 프레더릭 윌리엄 란체스터(Frederick William Lanchester)에게 맡겼다. 그는 곧 이상한 점을 발견했다. 예를 들어 성능이 비슷한 아군 전투기 5대와 적군 전투기 3대가 공중전을 벌일 경우 살아남는 아군 전투기는 몇 대일까? 5대 3이니 당연히 2대가 아닐까? 그런데 결과는 그렇지 않았다. 아군 전투기 4대가 살아남았다. 이유가 무엇일까? 수많은 전투 결과를 토대로 분석한 란체스터는 전투의 결과가 단순한 빼기가 아니라 제곱의 효과로 나타난다는 점을 발견했다. 즉 5대와 3대의 전투는 5의 제곱 25에서 3의 제곱 9를 뺀 16의 제곱근, 즉 4가 된다는 이야기다. 제곱으로 결과가 나타나는 이유는 무엇일까? 란체스터는 조종사 개개인의 역량이 누적적인 효과로 나타나기 때문이라고 설명한다. 즉 일대일로 싸우는 것이 아니라 5대와 3대가 복합적으로 싸우게 되니 시너지 효과가 발휘된다는 것이다.

역사를 살펴보면 란체스터 법칙을 잘 활용한 명장이 의외로 많다. 대표적인 인물이 우리가 자랑하는 이순신 장군이다. 명량대첩에서 12척의 함선으로 133척의 왜군과 대결해 31척을 격침시키는 대승을 거뒀다. 대승을 거둘 수 있었던 비법을 역사가들은 이순신 장군이 왜선을 좁은 골짜기에 몰아넣어 일렬로 전진하게 만든 것이라고 두루뭉술하게 설명한다. 그런데 이를 란체스터 법칙에 대입하면 명확하게 이해할 수 있다. 12대 133이라는 압도적인 열세를, 왜선을 일렬로 세우게 만들어 1척씩만 상대하는 전략으로 뒤집었다. 즉 압도적 열세가 한순간에 12대 1이라는 압도적인 우세로 바뀐 것이다. 12대 1을 제곱해서 빼더라도 우리 배는 1척도 줄어들지 않는다. 실제로 명량대첩에서 우리 배의 손실은 전무했다. 란체스터 법칙이 기가 막히게 들어맞은 셈이다.

이순신 장군의 후손인 우리도 충분히 약점을 강점으로 승화시킬 수 있지 않을까. 빠름이라는 경쟁에 내몰려 이것저것 할 수 있는 것, 없는 것 다 하다 보면 죽도 밥도 되지 않는다. '취업 9종 세트'라는 스펙을 모두 챙기려다 보면 오히려 하나도 챙기지 못하는 불상사가 생긴다. 그동안의 성공 법칙을 하루빨리 버리고 이순신 장군처럼 우리만의 성공 법칙을 다시 써야 한다.

행복의 함정이란?

'행복경제학의 대가'인 런던정경대학의 리처드 레이어드(Richard Layard) 교수가 2018년 한국을 찾았다. 토니 블레어 정부에서 경제자문을 지내기도 했고, 2011년에는 《행복의 함정(Happiness)》이라는 책으로 국내에도 알려졌다. 그는 행복경제학을 다음과 같이 정의한다.

인간의 물질적 욕망에는 만족점(Satiation point)이란 게 있어 어느 정도 욕심을 채우면 더 이상 욕구가 발생하지 않는다.

한마디로 일정 수준을 넘어선 이후부터는 돈이 아무리 많아져도 행복이 커지지 않는다는 주장이다. 그렇다면 우리나라를 대표하는 삼성의 이재용 부회장이나 현대자동차의 정몽구 회장은 만족점을 훨씬 뛰어넘는 수십, 수백억 원의 수입을 매년 챙기는데도 정작 더 행복해지지 않는다는 말이다. 레이어드 교수는 다음과 같이 단언한다.

소득과 행복의 상관관계는 매우 낮으며, 소득은 행복의 주요 요소가 아니다.

다른 나라보다 서둘러 경제성장을 이루고 남들보다 일찍 돈을 벌면 당연히 행복해질 줄 알았는데, 이게 무슨 소리일까. 레이어드 교수는 소득 등의 경제적 가치가 증가할수록 한계효용은 더 빠르게 감소한다고 설명한다. 특히 한계효용이 제로가 되는 시점이 우리의 생각보다 훨씬 이르게 다가온다는 것이다. 따라서 한계효용이 곧 마이너스가 될지도 모르는 경제성장을 위해 인간관계, 건강 등 행복을 결정하는 주요 가치를 희생하는 것은 바보 같은 짓이라고 강조한다.

스페인보다 우리나라가 잘살지만 행복하지 않았던 이유가 이해되기 시작한다. 빠름이란 신화를 좇기 위해 인간관계와 건강을 포기하다 보니 정작 소득은 늘었는데 한계효용이 제로가 되거나 심지어 마이너스가 되면서 행복하지 않았던 것이다. 재벌이나 숨은 부자들에게 빼앗기는 줄도 모르고 '노오력'만 하면 행복해질 줄 알았는데 말이다. 그럼 앞으로 '노오력'도 하지 말아야 하는 것일까. 레이어드 교수는 가족관계는 물론 일터와 공동체에서 맺는 인간관계가 행복에 큰 영향을 끼친다고 주장한다.

행복도가 높은 북유럽 국가에서는 학교에서 서로의 공통점을 강조하며 모든 사람은 평등하다고 교육해 사회적 신뢰를 높였다. 하지만 미국이나 영국은 서로의 차이점을 강조해 상호 신뢰를 떨어뜨렸다. 한국은 지금이라도 경쟁 위주의 교육에서 벗어나 사회적 신뢰를 쌓아야 한다.

이제 명확해 보인다. 빠름이라는 성공 신화에서 벗어나 우리가 만들어야 할 성공 법칙은 바로 신뢰다. 서로에 대한 믿음이다. 그동안 기득권은 빠름을 강요하며 서로에 대한 불신을 조장해 왔다. 다른 사람보다 뒤처지면 도태될 수 있다는 공포심을 부추기며 서로를 경계하도록 만들었다. 이를 통해 자신들의 몫을 알게 모르게 늘려 왔다. 그래서 정작 1인당 GNI 3만 달러에, 30-50클럽에 가입했는데도 기득권만 행복한 사회가 된 것이다. 크게 양보해서, 3만 달러에 도달할 때까지는 빠름이라는 성공 법칙이 필요했을지도 모른다. 그러나 이제 선진국이 되었으니 달라져야 하지 않을까. 아직도 어린 시절 유아복에 몸을 맞출 수는 없는 노릇이다. 이제는 약소국이 강대국을 물리친 비법에서 배운 것처럼 시간을 우리의 편으로 만들고, 사회적 신뢰를 바탕으로 약점을 강점으로 승화해야 한다.

나무늘보에 대해 감춰둔 비밀이 하나 더 있다. 나무늘보는 무리 생활을 한다. 느려터진 나무늘보가 무리 생활을 한다는 것은 자살행위일 수도 있다. 재규어 같은 천적이 다가왔을 때 무섭다고, 혼자 살겠다고 한 놈이라도 먼저 도망간다면 나무늘보 무리는 다 잡아먹힐 수 있기 때문이다. 그런데도 나무늘보가 무리 생활을 하는 것은 그만큼 신뢰가 두텁기 때문이다. 재규어가 코앞에 바짝 다가와도 무리를 살리기 위해 두려움을 이겨내고 마치 돌인 양 가만 있다. 이처럼 서로를 완벽히 믿기 때문에 점점 더 속도를 늦춰 거북을 뛰어넘는 느림을 갖춘 것이다. '미련 곰탱이' 같은 나무늘보에게 이런 멋진 모습이 있다니 정말 존경스럽기까지 하다.

1인당 GNI 3만 달러 시대까지는 빨리 가기 위해 각자도생하며 살아왔다. 남들보다 한 발이라도 빨리 가기 위해 남들을 짓밟는 짓도 서슴지 않았다. 그러나 여기가 목표는 아니지 않은가. '빨리 가려면 혼자 가고, 멀리 가려면 함께 가라'는 말이 있다. 우리의 목표는 더 멀리 있지 않은가. 앞으로는 나무늘보와 같은 신뢰를 바탕으로 더 멀리 가야 한다. '정말 이것이 가능할까?', '다른 사람을 믿어도 될까?' 아직도 의심스러울 수 있다. 그러나 걱정하지 마라. 이 책을 읽다 잠시 고개를 들어 보면 여러분을 믿고 함께 멀리 가려는 나무늘보가 의외로 많을 것이다. 이제는 용기를 내어 손을 내밀기만 하면 된다.

의심하라!
오래된 거짓말에
관하여

**경제 전문 팟캐스트
'경제브리핑 불편한 진실'**

박성훈 PD

취직이 잘된다고 해서 선택한 경영학. 하지만 수업이 너무 재미없어서 도서관에 박혀
책만 읽었는데 그때 그 독서가 신문사 입사에 큰 힘이 됐다. 학교에서는 배우지 못한
경영, 경제 이론과 실제 사례를 지금도 책으로 배우고 있다. 매일 진행하는 〈경제브리핑
불편한 진실〉 팟캐스트의 소재 역시 상당수를 책에서 뽑아내고 있다. 그렇기 때문에
책을 쓴 사람이 된다는 일은 참 뜻깊다.《누가 내 돈을 훔쳤을까?》에 이어 두 번째인
이 책이 많은 분께 교양을 길어 올리는 우물이 되길 기대해 본다.

키오스크의 불편한 진실

포털 사이트에 '키오스크(Kiosk)'를 검색하면 다음과 같은 설명이 나온다. '옥외에 설치된 대형 천막이나 현관을 뜻하는 터키어(또는 페르시아어)에서 유래된 말로 간이판매대나 소형 매점을 이른다. 현대에는 대중들이 쉽게 이용할 수 있도록 유동인구가 많고 개방된 장소에 설치한 무인단말기를 가리키며, 터치 방식으로 구매·발권 등의 업무를 처리하거나 정보제공 또는 검색을 가능하게 한다.'

"아 그거!"라는 감탄사를 바로 얻기 위한 설명은 사실 간단하다. 맥도날드 입구에 있는 자동 주문기기. 그러나 키오스크라는 단어 자체가 가진 역사성이나 범용성을 고려해 다소 딱딱할 수 있는 사전적 의미를 옮겼다.

2017년 6월 24일 미국 뉴욕 증시에서는 역사적인 사건이 벌어졌다. 맥도날드 주가가 역대 가장 비싼 155.45달러를 찍은 것이다. 새로운 햄버거 제품이 나왔나 생각할 수 있지만, 전혀 뜻밖의 호재(?)가 등장했다. 바

키오스크는 과연 소비자와 업주, 모두에게 이익일까?
도심에 늘어선 키오스크(출처: pixabay)

로 미국 내 2,500개 매장에 키오스크를 설치하기로 했다는 뉴스다. 지금도 맥도날드에서 키오스크로 주문하면서 느끼지만 일단 맥도날드 지점장 입장에서는 인건비가 덜 들어갈 것이란 짐작을 할 수 있다. 돈 되는 일에 매우 뛰어난 감각을 지닌 미국의 투자자들이 이 소식을 가만둘 리가 없다. 고정비 중에서 큰 부분을 차지하는 인건비가, 그것도 미국 전역에서 줄어든다고 하니 당연히 맥도날드 주식을 사는 데 열을 올린 것이다. 물론 소비자나 맥도날드 노동자들의 생각은 달랐다. 키오스크 도입이 늘수록 현장에서 일하는 사람의 수는 줄어들게 마련이고 소비자 역시 자동화기기가 늘면 그만큼 스스로 주문을 해야 하는 빈도와 시간이 증가할 수밖에 없다. 소비자와 노동자라는 이해관계자 입장에서 키오스크는 상당한 악재다.

맥도날드는 물론이고 목 좋은 곳에 있는 김밥집에도 키오스크가 있다. 적지 않은 손님이 키오스크에서 주문과 결제를 한 뒤 음식이 나오면 직접 가져다가 먹는다. 물론 김치나 단무지, 물도 자신이 직접 가져다 먹어야 한다. 가끔 젊은 손님들은 '점원과 직접 대화하면서 주문하는 것보다 편할 때가 있다'며 키오스크 예찬론을 펼치기도 한다. 도심이나 유동 인구가 많은 곳에 있는 식당은 아무래도 손님보다는 주인의 취향이 더 많이 반영되게 마련이다. 서울 삼성동 코엑스 입구, 서울에서 가장 명당이라고 할 수 있는 곳에 맥도날드가 있다. 이곳에는 당연하다는 듯이 키오스크가 여러 대 있는데 손님들 역시 당연하다는 듯이 키오스크에서 주문을 한다. 만약 소수의 손님이 '나는 직원과 일대일로 소통하면서 주문을 하고 싶다'고 주장한들 달라지는 게 있을까?

이처럼 공급자 위주의 시장에서 장사를 하는 사람들은 자의반 타의반 키오스크를 들이는 경우가 많은데, 대부분 '점주의 이익을 위해서'라고 키오스크 공급업자들은 설명한다. 즉 최저임금이 해마다 상승하고 인건비 비중이 계속 증가하면 벌어도 남는 게 없으니 인건비를 줄이는 것이 자영업 성공의 핵심이고, 이를 위해 키오스크는 선택이 아닌 필수라는 것이다. 게다가 키오스크 공급업자들은 키오스크가 언론 광고를 비롯한 다양한 홍보 수단에서 매우 중요한 역할을 한다고 역설한다. '줄을 설 필요 없이 바로 주문할 수 있어 소비자의 시간을 아낄 수 있다'에서부터 '불친절한 점원들과 말싸움을 할 필요 없다'까지 다양한 근거로 활용된다.

당신은 어떤가? 점주 입장에서, 소비자 입장에서 키오스크는 장점으로 가득한 문명의 이기일까? 보수 언론에 소개된 점주들의 이야기를 간략히 소개해 본다. "기계에 500만 원을 썼는데, 사놓으니 인건비도 안 나가고 손님도 만족해서 잘했다는 생각이 든다." 또 다른 점주는 인건비 절감보다 더 뛰어난 효과가 있다며 키오스크를 치켜세운다. "알바생들 근태 관리하는 게 더 힘들었는데, 키오스크는 알바생 10명 몫을 해내는 것 같다." 기계는 요령을 피우지 않고 약속도 어기지 않는다는 것이다. 이론상 500만 원짜리 키오스크 1대를 장만하면 월급 200만 원을 받는 알바생 2.5명을 그 달에 대체할 수 있다. 즉 알바생 2명을 고용하는 김밥집이라면 첫 달부터 키오스크 비용을 거의 회수할 수 있고, 그다음 달부터는 인건비가 들지 않으며, 사람을 쓰는 데서 오는 스트레스는 사실상 사라지는 셈이다. 무엇보다 알바생을 고용하면 식비, 교통비 등도 써야 하는데 키오스크는 그저 전기만 먹으니 추가로 드는 비용이 거의 없다. 이 대목에서 손님들까지도 키오스크를 예찬한다면 사람 대신 기계를 들이기로 한 선택은 신의 한 수가 된다. 이렇게 '키오스크의 진리'는 이 현대적 형태의 기기가 나온 시점부터 지금까지 10년 넘게 이어져 오고 있다.

국내 키오스크 시장 규모는 2017년 기준 2,500억 원으로 추산된다. 2006년 600억 원대에 불과하던 시장이 10년 만에 네 배 넘게 커졌다. 키오스크 수요가 소형 프랜차이즈를 중심으로 계속 증가하는 추세이므로 앞으로도 그 성장세는 이어질 것으로 예상된다. 키오스크 제조 업계는 키오스크 도입으로 직원 1.5명이 줄어드는 효과가 있다고 강조한다. 2018년 기준 최저임금 월 환산액이 157만 원임을 감안하면 236만 원이 절감되는 효과를 볼 수 있다. 2019년 최저임금은 월 환산 174만 원인 만큼, 절감 효과는 더 커질 것으로 예상된다.

그런데 키오스크를 도입하는 가게가 늘어나면서 진리의 등 뒤에 숨어 있던 불편함이 민낯을 드러내기 시작했다. 아니, 불편함보다는 거짓이라고 하는 편이 낫겠다. 먼저 점주 입장에서 살펴보자. 키오스크에 태양광 발전 장치가 있는가? 당연히 적잖은 전기료를 부담해야 한다. 게다가 키오스크를 두는 자리만큼 홀 공간이 줄어든다. 무엇보다 키오스크는 터치 방식이기에 고장이 자주 날 수밖에 없다. 스마트폰 액정이 자주 탈 나는 것과 비슷한 이치인데, 그렇다면 AS 비용은 저렴할까? 스마트폰 액정이 깨져도 수리비 명목으로 20만~30만 원을 부른다. 이는 기기 전체 가격의 40%에 육박하는 수준이다. 스마트폰도 이런 지경인데 하물며 키오스크 액정이 고장났을 때 수리비는 기기 값의 몇 퍼센트나 될까? 어차피 키오스크를 도입한 점주들은 알바생을 둘 여지가 없기 때문에 수리 비용을 부르는 대로 줘야 하지 않을까? 그러지 않으면 다시 알바생을 써야 하는데 이미 500만 원 이상의 큰돈을 고정비로 투입한 상황에서 다시 인건비를 늘리기도 쉽지 않다. 키오스크 업체는 그 누구보다 이러한 점주의 마음을 잘 알 것이다. AS 비용 후려치기는 우려가 아닌 현실로 나타날 가능성이 매우 크다. 키오스크 제조사로서도 AS 담당 직원들이 퇴사하지 않게 하려면 업계 평균 이상의 월급을 줘야 하기에 과다 청구를 피하기는 어려울 것이다. 키오스크 수리를 키오스크에 맡길 수는 없으니 말이다.

2019년 초, KT 아현 지사에서 발생한 사고처럼 단말기 통신이 먹통이 됐을 때 키오스크로만 주문을 받는 식당은 어떻게 될까? 1인 자영업자라면 요리도 하고 주문도 받아야 하는데, 과연 그것이 가능할까? 키오스크를 도입해 알바생을 다 해고한 분식집이 있다고 하자. 어느 날 예전에 일했던 알바생이나 손님이 무슨 이유에서인지 키오스크 액정을 부수고 달아났다. 그날 장사는 물론이고 며칠 동안 영업을 접어야 할 수 있다. 그런데 만약 이런 일이 적지 않아 번호표를 받아서, 보름이나 기다린 뒤에야 키오스크 수리를 받을 수 있다면?

　　점주들이 정말 인건비를 절감하고 싶다면 모바일 IT 최강국인 중국처럼 해야 한다. 중국 식당에 가면 테이블에 바코드가 있는데 위챗페이와 같은 솔루션으로 바코드를 찍으면 메뉴판이 나오고 폰에서 메뉴를 고른 다음 결제까지 할 수 있다. 물론 식당 주인이 위챗페이에 수수료를 내겠지만 키오스크를 사는 비용에 비하면 거의 무의미하다고 봐야 한다. 결국 한국의 자영업자와 점주들은 키오스크 제조사와 언론의 광고 홍보에 또 한 번 놀아나고 있는 셈이다.

　　손님들의 불만도 적지 않다. 일단 음식을 직원에게 주문하고 그 음식을 앉아서 받아 먹는 행위, 이 자체가 주는 기쁨이 만만치 않은데 키오스크가 직원을 대신하면 이 모든 것을 소비자가 직접 해야 한다. 알고 보면 점주가 해야 할 일, 점주가 들여야 할 비용을 손님이 대신 해주고, 대신 내주는 셈이다. '이 식당은 원래 그런 곳'이라는 점주와 키오스크 업계의 계략에 철저히 속고 있다는 생각이 들지 않는가. 그러고 보니 주문부터 음식을 가져오는 일까지 우리 스스로 다 하는 것은 집밥을 먹는 과정과 매우 닮았다. 돈을 더 쓰면서 집밥을 먹는 데 시간과 노력까지 들일 필요가 있을까? 무엇보다 키오스크에 익숙해진 소비자들은 고용을 깎아먹어 결국 본인도 모르는 사이에 마이너스 경제에 가담하게 된다. 우리가 지금 하는 일도 가까운 미래에 키오스크, 즉 컴퓨터나 AI 같은 기기가 대체할 가능성이 크다. 그러고 보면 우리는 소비자가 노동자를 죽이고 노동자가 소비자를 죽이는 행위를 아무런 인식 없이 하고 있는 것이나 마찬가지다. 식당에서 알바를 하던 노동자들이 일자리를 잃으면 소득이 줄어들고, 결국 이들이 식당에 가는 일도 줄어든다. 재벌 총수나 CEO 그리고 알바생 가운데 누가 김밥집을 자주 갈까? 인건비 줄인다고 키오스크를 들여놓은 것도 따지고 보면 장사를 잘하기 위해서인데 손님이 줄어드는 이런 아이러니를 과연 그때 가서야 알아야 할까?

그러면 키오스크가 3~4년 만에 업계에 빠르게 안착한 것에 대해 냉정하게 분석할 필요가 있다. 여기에는 인건비 절감보다 더 큰 의미가 있다. 실제로 주요 업체가 키오스크를 도입한 시점은 2015~2016년으로 최저임금 인상 이슈가 불거지기 전이었다. 맥도날드에 따르면, 키오스크는 점심시간처럼 사람이 몰리는 시간에 카운터에 길게 줄이 생기는 현상을 줄여보고자 고객 응대 차원에서 처음 도입되었다. 즉 지나가는 사람들이 매장에 줄을 길게 선 것을 보면 들어오지 않는데, 이를 막고자 한 것이다. 결국 키오스크는 보수 세력이 강조하는 최저임금 인상으로 상승한 인건비를 절감하기 위해서가 아니라 더 많은 고객을 흡수하기 위해 도입된 것이다. 또 한 가지 생각해 볼 문제가 있다. 바로 키오스크의 역할이다. 이는 예전 버스 안내양을 생각하면 된다. 과거에는 버스를 타면 여성 도우미가 탑승료를 받거나 잔돈을 교환해 주고 승객 탑승이 끝나면 "오라이!"라고 외치면서 기사에게 출발을 알렸다. 그런데 어느 날 갑자기 버스 앞쪽에 현금 투입기가 생겼고, 기사가 직접 잔돈을 교체하기 위해 버튼을 누르기 시작했다. 그러다 지금의 접촉식 카드 결제 단말기가 등장했다. 현재 버스 안에 있는 이해관계자는 승객과 기사뿐이다. 버스 안내양은 없다.

식당의 키오스크도 마찬가지가 아닐까? 예전에 주문을 주로 받던 노동자가 기계로 대체되었을 뿐이다. 바리캉이 있는데 가위만 고집하는 미용사가 없듯이, 키오스크가 있는데 오로지 알바생만 고집하는 사장은 없다. 최저임금과는 관계가 없다는 뜻이다. 버스 기사와 승객 가운데 버스 안

내양이 사라져서 이익을 본 당사자가 있을까? 버스회사 사장과 단말기 회사 사장만 돈을 벌었다. 약 10년간 사실이라고 믿었던 진리가 업자들의 이익을 위해 가공되었을 가능성이 더 큰 시나리오로 드러난다면…….

분업과 표준화는 진리인가?

미국 전기차 기업 테슬라의 시가총액이 2018년 말 기준 590억 달러(약 65조 9,030억 원)에 육박하면서 BMW를 제치고 글로벌 자동차 업계 시가총액 4위로 올라섰다. 테슬라의 위에는 1,890억 달러(약 211조 1,130억 원)의 도요타, 860억 달러(약 96조 620억 원)의 폭스바겐, 640억 달러(약 71조 4,880억 원)의 메르세데스 벤츠만이 있을 뿐이다. 차량 화재와 같은 악재 탓에 판매가 부진했던 BMW는 주가가 하락해 570억 달러로 시가총액 5위에 그쳤다. 250억 달러(약 27조 9,250억 원)로 14위에 이름을 올린 현대자동차는 테슬라의 가치와 비교하면 40%에 불과하다. 주가라는 것이 오를 때도 있고 내릴 때도 있는 불확정적인 수치이긴 하나, 미래 가치를 여실히 드러내는 대표적인 잣대라는 점을 감안하면 테슬라는 현대자동차와는 비교하기 어려운 수준이며, 더 나아가 독일 명차로 인정받는 BMW보다 높은 가치를 자랑한다.

그런데 놀라운 사실이 있다. BMW의 연간 자동차 생산량은 200만 대가 넘지만 테슬라는 고작 36만 대 수준이라는 점이다. 2013년 출범한 애송이 회사가 100년이 넘는 역사를 자랑하는 BMW의 아성을 뛰어넘은 것도 모자라 판매량에서는 6분의 1에 그치는 엄청난 '퍼포먼스'를 기록했다. 더 놀라운 점은 테슬라에서 파는 자동차의 상품성이 기존 경쟁사의 가솔린 모델에 비해 그다지 뛰어나지 않다는 것이다. 오히려 떨어진다고 표현하는 것이 맞지 않을까 싶다. 미국 유력 소비자 전문 매체 〈컨슈머리포트 (Consumer Report)〉가 2019년 2월 신뢰성 저하를 이유로 테슬라의 보급형 세단 '모델3'를 추천 목록에서 제외했다. 〈컨슈머리포트〉는 소비자의 시선에서 가격, 디자인, 품질 등을 종합적으로 비교·분석해 합리적인 소비를 돕는 잡지로 유명하다. 이곳의 추천 목록에서 빠졌다는 것은 사실상 '사면 안 되는' 물건이라는 뜻이다. 테슬라 모델3 구매자들은 '페인트, 보디 트림, 유리 결함'을 문제로 꼽았다. 테슬라의 플래그십 모델인 '모델S' 역시 인테리어, 페인트, 조립 완성도 등 다양한 부문에서 적지않은 소비자에게 혹평을 받고 있다. 이런 상품을 만드는 테슬라의 기업 가치가 GM, 포드를 넘어서 세계 4위에 올랐다니, 뭔가 수상하지 않은가.

전기차의 역사는 얼마나 되었을까? 많은 사람이 지금으로부터 20년

테슬라의 플래그십 제품 '모델S'
브래드 피트, 조지 클루니와 같은 할리우드 스타의 애마이기도 하다.(출처: pixabay)

전쯤 전기차가 등장한 것으로 알고 있다. 아마도 골프의 대중화로 필드에서 골프 치는 일이 이때부터 잦아졌고, 골프장에서 전기로 움직이는 카트를 보았거나 이용했기 때문에 이런 편견이 생겼을 것이다. 그런데 전기차가 가솔린차보다 역사가 길다면 믿어지는가? 상용화된 최초의 전기차는 영국 발명가 토머스 파커(Tomas Parker)가 1884년에 개발했다. 이듬해 독일에서 카를 프리드리히 벤츠(Karl Friedrich Benz)가 가솔린 자동차를 처음 만들었다. 상용화 이전의 기록까지 확대하면 1820년대 헝가리의 아니오스 예들리크(Ányos Jedlik), 1830년대 영국의 로버트 앤더슨(Robert Anderson)이 전기차를 완성했다는 기록이 남아 있다. 전기 하면 떠오르는 에디슨도 전기차에 관심이 많았다. 최초의 택시도 전기차였다. 1896년 미국에서 아메리칸 전기자동차가 전기차 200여 대를 만들어 마차 대신 영업을 한 것이 택시의 시작이다. 1899년의 전기차 '라 자메 콩탕트(La Jamais Contente, 결코 만족하지 않는다)'는 시속 100킬로미터 이상의 성능을 자랑했고, 1912년에는 전기차가 그 어떤 방식의 차량보다 많이 팔리며 독일 벤츠의 기를 꺾어놓았다. 그런데 축전지 성능이 워낙 떨어졌고 차량 가격이 너무 비쌌다. 물론 가솔린차도 저렴하지는 않았지만, 헨리 포드가 최초의 대중 차로 인정받는 '모델T'를 출시하면서 차량 가격이 대폭 떨어졌다.

그래도 전기차는 버틸 만했다. 그러나 1920년대 미국에서, 1938년 사우디아라비아에서 대형 유전이 발견되어 석유와 휘발유 공급이 폭증하면서 상황이 급변했다. 대형 유전이 등장하기 전까지는 많은 양의 석유와 휘발유를 쓸 수 없었기 때문에 전기차에 경쟁력이 있었다. 그러나 석유 대량 공급으로 전기차보다 가솔린 방식의 자동차 가성비가 훨씬 좋아지면서 전기차는 서서히 역사 속으로 사라졌다. 그랬던 전기차가 환경오염, 축전지 기술 발달 등으로 이제는 니즈가 갈수록 커지고 있고 제작비용 역시 나날이 줄어들고 있다. 결국 전기차는 등장한 지 거의 140년이 지나서야 진정한 가치를 인정받은 셈이다. 이는 달리 해석하면 140년 동안 '가솔린차나 경유차가 표준이자 원칙'이라는 진리 아닌 진리가 지배했다는 의미이기도 하다.

영국 경제학자 애덤 스미스는 그 자신을 경제학의 아버지로 만든 《국부론》에서 그 유명한 핀공장 이론을 설파한다. 스미스는 숙련된 노동자라고 해도 혼자 모든 공정을 담당하면 하루에 20개의 핀을 만들 수 있지만, 제조 과정을 분업화하면 10명이 하루에 4만 8,000개의 핀을 생산할 수 있다고 역설했다. 핀을 만들어 보지 않아도 누구나 쉽게 이해할 수 있는 분업의 장점이다.

앞서 포드의 모델T가 세계 최초의 대중 차라고 설명했다. 모델T는 사실 단순히 자동차 1대 그 이상의 의미를 지닌다. 이 차는 1908년에 등장했지만 1913년에 조립 작업 분업화·표준화를 거친다. 이때 포드는 조립 공

지금의 포드를 만든, 어쩌면 지금의 대량생산 시스템을 만든 인류의 첫걸음 '모델T'(출처: pixabay)

정을 직렬로 배치해 작업물을 연속적으로 흘려보내면서 일하는 컨베이어 조립라인이라는 대량생산 방식을 창안했다. 컨베이어 덕분에 3분마다 1대씩 생산하고 품질을 안정화하면서도 총 작업 시간은 8분의 1로 줄어들고, 가격은 3분의 1 이하로 낮아졌다. 이처럼 모델T가 연간 200만 대 판매되면서 미국 중산층에 자동차가 널리 보급되는 계기가 되었다. 컨베이어벨트 시스템과 함께 작업 표준화, 표준 시간, 병목 공정 제거, 공정별 부하 평준화 등의 대량생산 기술은 제조·서비스 산업은 물론 공공 서비스의 혁신에도 널리 활용되었고, 지금도 많은 공장에서 이 시스템을 유지하고 있다.

모델T가 쏘아 올린 대량생산 기술은 공학기술 발전과 함께 본격적인 산업사회로 이행하는 계기가 되었다. 아울러 부품 설계·제조·조립을 위한 기계공학과 재료공학, 연료·윤활유·플라스틱 내장재 제조를 위한 화학공학, 도로·교량 건설을 위한 토목공학도 급속히 발전하도록 이끌었다. 자동차가 보급되면서 교외 지역에 주택이 대량으로 건설되었고, 자동차와 주택금융·보험이 발전했다. 결국 포드와 모델T가 의도하지는 않았지만, 그 후 달라진 산업사회는 2008년 글로벌 금융위기가 오기 전까지 분업·표준화·대량생산이라는 키워드 아래 양적 팽창을 지속했다.《국부론》이 1776년에 등장했으니 약 230년간 '분업과 표준화로 인한 대량생산은 시장의 원칙이자 진리'로 통했다.

애덤 스미스조차 금융위기 이후 달라진 산업사회의 체질을 상상하지는 못했을 것이다. 흔히 말하는 '소품종 대량생산'에서 '다품종 소량생산'의 시대가 열렸다. 쿠키 찍어내듯이 분업과 표준화 공정으로 많이 만들기만 하면 저절로 팔렸던 시대가 끝나고 소비자가 원하는, 디테일이 강한 물건들이 인기를 얻고 있다.

다시 한번 자동차 브랜드로 돌아가 보자. 영국의 프리미엄 자동차 브랜드인 애스턴 마틴(Aston Martin)은 한때 미국의 애플을 꺾고 영국에서 가장 인기있는 브랜드 1위에 올랐을 만큼 인지도가 높았다. 사실 우리에게는 그다지 알려지지 않은 이 브랜드가 어떻게 천하의 애플을 제칠 수 있었을까? 스포츠카를 주로 만들고, 디자인이 매우 뛰어나며, 그럼에도 람보르기니 같은 브랜드에 비해서는 상대적으로 가격이 저렴하다는 장점 외에도 일부 제품을 손으로 만든다는 차별화 정책을 빼놓을 수 없다. 차를 손으로 만든다는 이야기는 포드가 도입하여 여전히 많은 공장에서 써먹고 있는 일상적인 분업 시스템과 컨베이어벨트 시스템을 외면하고 있다는 뜻이다. 자동차가 핸드메이드라니, 얼마나 근사한가! 물론 전 과정을 수작업으로 하는 것은 아니지만 거의 100%를 기계가 만드는 다른 자동차에 비해 훨씬 가치 있다고 느끼는 사람이 많은 것은 사실이다. 지금 우리가 사는 시대에는 모델T보다는 애스턴 마틴 같은 제품이 더 많이 사랑받는다. 꼭 자동차가 아니더라도 옷, 화장품, 음식 등 다양한 분야의 상품과 서비스에서 '나'만을 위한 제품이 더 대접받는다. 230년간 소비자와 생산자에게 강요된 '분업과 표준화로 인한 대량생산은 시장의 원칙이자 진리'라는 공식은 이제 깨졌다.

6,000년 진리의 배신

지금까지 10년, 140년, 230년 동안 우리를 속인 진리 아닌 진리를 살펴보았다. 이번에는 스케일을 좀 더 키워 보려 한다. 100년 단위가 아니라 1,000년 단위, 그것도 6,000년 동안 우리가 진리로 여겨 왔던 진리 아닌 진리에 도전해 본다.

쟁기는 논이나 밭을 가는 데 쓰는 농기구다. 토양의 상층을 갈아엎어 잡초를 제거하거나 이전에 재배한 작물의 잔류물을 토양과 섞고, 땅을 다 공성(多孔性)으로 만들어 이후 파종이나 작물 재배를 쉽게 하는 데 쓰인다. 다공성은 내부에 작은 구멍이 많은 성질을 뜻하는데, 밭을 갈아 주면 공기 나 영양소가 더 많이 들어갈 수 있다. 쟁기는 처음에 사람이 끌었으나 점 차 소나 말 등을 이용했다. 물론 오늘날에는 대부분 트랙터를 이용한다.

그럼 쟁기의 역사는 얼마나 될까? 쟁기와 비슷한 의미로 쓰이는 단 어가 보습인데, 쟁기의 날 부분을 뜻한다. 보습은 우리나라에서도 기원전 3000년경에 쓰이던 것이 발견되었을 만큼 역사가 깊다. 《삼국유사》에는 신라 제3대 왕 유리이사금(재위 24~57) 때 '비로소 쟁기 보습과 얼음창고와 수레를 만들었다'고 기록되어 있다. 그리고 《삼국사기》의 〈신라본기〉에는 제22대 지증왕(재위 500~514)이 논밭을 갈 때 소에 쟁기를 매어 끌게 하는 우경을 전면적으로 실시했다는 기록이 전해진다. 메소포타미아와 이집트 에서는 기원전 3500년 무렵부터 우경이 나타났다고 하니 논과 밭을 가는 행위는 얼추 6,000년이 된 셈이다. 그만큼 긴 세월 동안 우경은 농사에 도 움이 되는 행위라는 인식이 자리잡았다.

2015년 과학 저널 〈네이처〉에 실린 논문에 따르면, 기후변화를 매우 위험한 수준인 섭씨 2도 상승에 못 미치게 유지하려면 전 세계 원유 매장 량의 3분의 1, 천연가스 매장량의 절반, 석탄 매장량의 80% 이상을 사용 하지 않아야 한다. 지구 기온이 1도씩 상승할 때마다 주요 곡물 수확량은 10% 줄어든다. 2003년 유럽에 발생한 열파로 작물 수확량은 최대 36% 줄 었고, 여름 평균기온은 이전 세기의 장기적 평균보다 3.6도 높아졌다. 그러

6,000년의 역사를 지닌 쟁기
그런데 만약 쟁기가 땅의 생산력을 떨어뜨리는 역할을 하고 있다면?

나 우리가 계속 화석연료를 태우며 대기 중에 이산화탄소를 내보내면 인구는 점점 늘어나는 반면 수확량은 나날이 줄어들 가능성이 크다. 비료를 만들고 농기계를 작동하는 데 들어가는 화석연료 사용을 멈춰야 한다면 우리는 수확량을 떠받치기 위해 의존하고 있는 것을 포기해야 한다.

전문가들은 세계의 식량 비축량이 1년치가 채 되지 않는다고 주장한다. 즉 봄에 심한 가뭄이 생기거나 여름에 홍수가 발생하거나 가을에 메뚜기떼의 습격을 받기라도 하면 해당 지역 사람들은 1년 안에 아사할 가능성이 크다는 뜻이다. 만약 이 지역이 미국이나 캐나다처럼 전 세계에 곡물을 공급하는 역할을 하는 곳이라면 70억 인류가 1년 안에 멸종할 수도 있다는 매우 끔찍한 예측이다.

프랑스대혁명이 일어난 배경으로 루이 16세와 그의 아내 마리 앙투아네트의 사치를 꼽지만, 그보다는 당시 왕실과 귀족계급이 생산수단을

53

사실상 독점한 채 그 성과를 농민이나 일반 대중에 공평하게 분배하지 않은 탓이 더 크다. 즉 프랑스대혁명은 평범한 사람들이 너무 배가 고파서 일으킨 것이었다. 중국 한나라를 무너뜨린 황건적의 난, 중국 최대 전성기 왕조인 당나라를 멸망케 한 황소의 난 역시 배를 곯은 사람들이 밭을 가는 데 써야 할 농기구를 사람을 죽이는 무기로 쓴 데서 시작됐다.

결국 식량 부족 사태를 해결하려면 사람이 일으킨 재난, 즉 인재와 자연이 일으킨 재난, 즉 천재(天災)를 지혜롭게 극복해야 한다. 천재를 막을 수는 없으니 미리 대비해 피해를 최소화하는 것이 최선이다. 그러나 인재는 막을 수 있다. 농업 분야에서 나타나는 인재는 대부분 화석연료를 많이 사용하는 데서 비롯한다. 그러므로 인류는 석유나 석탄을 최대한 쓰지 않는 방향으로 농사를 지어야 한다. 비료를 만들고 농약을 생산하는 데도 석유가 들어가고, 트랙터와 경운기 같은 농기계를 움직일 때도 석유가 들어가는데, 그렇다면 어떻게 해야 할까? 문제가 복잡할 때는 크게 두 가지 해결책이 있다고 한다. 하나는 기본으로 돌아가는 것, 즉 인류가 역사를 써내려온 무대 앞에 서서 역사라는 공연을 유심히 관찰하는 것이다. 또 하나는 제시된 문제보다 한 단계 높은 차원 또는 다른 차원에서 생각하는 것이다.

아들과 아버지가 심각한 교통사고를 당해 응급실로 옮겨졌고 특히 부상이 심했던 아들은 바로 큰 수술을 받아야 했다. 수술을 맡은 외과의사는 이렇게 탄식했다. "하늘도 무심하시지. 내 아들을 내가 수술해야 한다니!" 아버지도 중상을 당했는데, 이게 어찌 된 일일까?

정답은 외과의사가 아들의 엄마라는 것이다. 외과의사라고 하면 대부분 남성을 떠올리기 때문에 미궁에 빠진다. 그러나 '의사=남성'이라는 닫힌 차원이 아니라 의사가 여성일 수도 있다는 열린 차원에서 생각하면 쉽게 해결된다.

그럼 먼저 기본으로 돌아가는 것, 즉 역사를 되짚어 보는 방식으로 농사에 직면한 복잡한 문제를 풀어 보자. 인류가 오랫동안 애용한 농사법 가운데 휴경과 돌려심기가 있다. 휴경은 말 그대로 경작을 쉬는 것이다. 작물마다 차이는 있지만 2~3년 농사를 짓다가 1년 정도 쉬는 것이 일반적이다. 휴경을 하는 이유가 무엇일까? 사람이나 짐승은 잠을 자고 휴식을 취해야 살 수 있다. 땅과 흙도 마찬가지다. 사람이나 짐승과 달리 땅과 흙은 살아 있는 존재가 아니라고 생각할 수 있지만 우리 눈에 보이지 않는 수많은 동물과 식물이 땅에서 산다. 휴경은 땅에 살아 있는 것들에 휴식을 주고 이듬해 더 나은 소출을 올리려는 인류의 오랜 지혜에서 비롯했다. 어쩌면 오랜 기간 일한 사람에게 안식년과 안식휴가를 주듯이 우리의 옛 선조들은 땅과 들에도 이런 안식휴가를 선물로 주었을지 모른다.

돌려심기는 매년 농사짓는 작물을 바꾸는 방식이다. 감자를 심은 다음 해에는 고추를 심고 그다음 해에는 양파를 심는 식으로 작물을 돌려가면서 재배하는 것이다. 농부들이 돌려심기를 하는 이유는 간단하다. 땅과 작물에 서로 원윈이 되기 때문이다. 한 가지 작물만 계속 재배하면 기생하는 잡초가 늘어나는 것은 물론이고 작물을 죽이는 벌레나 세균도 급증한다.

유럽에서 감자를 가장 먼저 식용작물로 재배하기 시작한 곳은 아일랜드였다. 그 배경에는 아일랜드 지역의 기후와 토양이 감자를 재배하기에 최적이라는 것 외에도 사회적인 영향이 컸다. 영국인들의 지배 아래서 빈곤을 벗어나지 못하던 아일랜드인들에게 쉽게 잘 자라고 다른 곡물에 비해 생산량도 월등히 많은 감자는 신이 내린 선물이었다. 특히 감자는 씻어서 삶거나 굽기만 해도 먹을 수 있을 만큼 조리법이 간편해 가난한 농부들에게 큰 사랑을 받았다.

이렇게 감자는 빈곤으로부터 탈출하는 데 주요한 역할을 하기도 했지만 바로 이 감자 때문에 큰 화를 입기도 했다. 1845년부터 1850년까지 일어난 아일랜드 감자 대기근 때의 일이다. 감자에 의지하던 이들에게는 크나큰 충격이었다. 역병으로 감자는 모두 죽어 갔고 감자가 유일한 식량이던 사람들 또한 죽어 나갔다. 위키백과에 따르면, 800만 명이었던 아일랜드 인구는 대기근 이후 600만 명으로 줄어들었다. 100만 명의 사람이 굶어 죽고, 또 다른 100만 명은 기근을 피해 죽음을 각오하고 북미 대륙으로 이주했다. 아메리카 대륙으로 건너간 아일랜드인들은 미국의 역사를 새롭게 썼다. 존 F. 케네디 대통령의 조상도 이 시기에 미국으로 건너온 아일랜드인이었고, 빌 클린턴 대통령 역시 아이리시 혈통으로 알려져 있다.

감자역병은 감자가 마름병을 일으키는 세균에 감염되어 갑자기 시들고 말라 썩어 버리는 증상이다. 허구한 날 감자만 심다 보니 감자만 노리는 세균이 급증한 탓이었다. 밀과 함께 전 세계 곡물 시장을 양분하고 있는 옥수수에도 옥수수근충이라는 천적 같은 벌레가 들러붙는다. 이 근충은 옥수수 수염을 먹고 옥수수 뿌리 주위에 알을 낳는다. 이듬해 봄, 알이 부화하고 옥수수가 자라면 애벌레는 옥수수를 먹으며 큰다. 결국 농부는 이 벌레를 죽이는 살충제를 엄청나게 뿌려야 한다. 최종 소비자로서는 제초제에 살충제까지 먹어야 한다. 그러나 옥수수가 아닌 다른 작물을 이듬해 심는다면 옥수수에 최적화된 벌레나 세균이 자라나기 어렵고, 다른 작물에 익숙해진 벌레나 세균이 등장할 때쯤 또다시 새로운 작물을 심으면 장기적으로는 작황이 좋아진다. 놀라운 것은 옥수수근충도 학습을 한다는 점이다. 옥수수를 키운 이듬해 콩을 심는 패턴이 반복되면 이 벌레는 2년을 버티고 3년째 옥수수가 다시 심어질 때 재차 전성기를 맞이한다. 그래서 적어도 2년은 새로운 작물을 심어야 한다.

그런데 왜 현대의 농부들은 이런 농사법을 사용하지 않을까? 혹시 전통 방식이 늘 그렇듯 새로운 방식에 비해 효과가 떨어지는 것은 아닐까? 시간과 노력이 같다면 현대적 방식이 더 경제적이고 편한 것이 아닐까? 주위에 친척이나 친구들 가운데 직접 농사를 짓는 사람, 또는 부모님이 농사를 짓는 사람이 있다면 그들에게 현재 형편이 어떤지 물어보라. 현대적 방식, 즉 매우 경제적이고 노동을 덜 투입하는 방식으로 농사를 지었다면 적어도 도시에서 대기업에 다니는 사람과 비슷하거나 오히려 조금 더 많은 재산을 쌓아야 정상일 것이다.

신석기혁명이 약 1만 년 전 시작되었으니 1,000년을 10번이나 지내온 인류의 지혜를 능가하는 현대식 농법을 쓴다면 얻는 것 역시 현대적이거나 첨단을 달려야 이론상 무리가 없겠지만, 현실은 정반대다. 농가마다 재산은커녕 억대의 빚을 지는 경우가 태반이다. 이와 같은 현실은 현대적 농법이 적어도 농부의 재산 증식에는 아무런 도움이 되지 않는다는 의미이며, 이는 곧 현대적인 농법이 재래 농법에 비해 나은 것이 없을 수 있다는 뜻이다.

2018년 삼천리에서 출간한 《발밑의 혁명》이라는 책의 부제는 저자가 주장한 내용의 핵심을 이야기한다. '쟁기질과 비료에 내몰린 땅속 미생물들의 반란.' 이쯤 되면 우리가 갖고 있었던 질문에 대한 저자의 답이 어느 정도 예상된다. 저자는 미래의 지구촌 사람들이 굶지 않으려면 당장 쟁기, 비료, 농약을 버리라고 주장한다. 앞서 살펴본 쟁기를 버리라니…… 무려 6,000년 인류의 지혜가 농축된 대표적인 문명의 이기가 아니던가. 쟁기를 써서 밭을 갈면 위아래의 흙이 자리를 바꾸거나 이탈하는데, 이런 과정이 반복되면서 바람과 물에 침식된다. 흙이 침식되면 겉흙 아래에 있던 딱딱한 지표층이 드러나고 이는 농사를 지을 수 없는 불모지나 다름없다. 무엇보다 침식이 일어나면 흙 속에 살고 있는 다양한 미생물도 사라진다.

미생물의 종류가 워낙 많지만 식물의 뿌리 근처에 사는 균류는 악어와 악어새만큼이나 서로 도움을 주는 관계라서 한쪽이 사라지면 다른 한쪽도 죽는다. 파종을 하기 전에 쟁기질을 하고 그다음에 씨를 뿌리게 마련인데, 이런 행위가 2~3년 이상 반복되면 땅속 균들이 다 죽고 씨가 뿌리를 내려도 양분을 충분히 흡수하기 어렵다. 물론 인위적인 비료를 쓸 수도 있지만, 눈에 보이는 것들, 추출할 수 있는 것들만 비료에 들어가고 온갖 미생물이 만드는 다양한 균과 영양소만큼은 인간이 만들 수 없다. 따라서 식물은 비료 탓에 편식을 하게 되고, 사람도 그렇듯 편식을 한 식물들은 금세 문제를 일으키거나 죽고 만다.

쟁기질을 하는 또 다른 이유는 잡초 제거다. 땅에 박혀 있는 잡초가 보습의 딱딱하고 날카로운 쇳덩어리에 사정없이 파헤쳐지기 때문이다. 문제는 우리가 아직도 잡초를 죽이는 제초제를 엄청나게 뿌리고 있다는 점이다. 쟁기질을 했으면 잡초가 없어야 할 것 아닌가. 저자의 주장은 혁명적이다. 쟁기질을 하지 않고 그냥 놓아두면 오히려 잡초가 덜 생긴다는 것이다. 이는 저자와 그의 생각에 공감하는 농부들이 실제로 농사를 지으면서 확인한 사실이다. 저자는 최고의 제초는 양분이 충분히 공급된 작물이 무성해짐으로써 잡초가 살기 힘들어지는 조건을 만드는 것이라고 말한다. 즉 효과적인 잡초 관리는 잡초를 죽이는 것이 아니라 잡초가 발붙일 기회를 빼앗는 것이다.

어차피 잡초는 바퀴벌레와 같아서 없앤다고 해서 없어지는 것이 아니다. 원리는 매우 간단하다. 수확하고 난 작물의 잔여물을 빽빽하게 남겨두면 잡초가 자라나기 어렵고 땅을 갈지 않은 채 파종하면 작물이 유리한 출발을 할 수 있어 잡초는 수분과 영양분, 공간, 빛마저 빼앗긴다. 결국 그동안 수많은 농부가 오히려 많은 돈을 써가면서 잡초를 없애기는커녕 그들의 성장을 도운 셈이다.

현대 농법이 농부의 재산 증식에 도움이 되기보다는 오히려 손해를 끼칠 수 있다는 사실은 글로벌 화학기업 몬산토(Monsanto)의 행보에서도 나타난다. 몬산토가 자랑했던 제초제 가운데 하나가 '라운드업'이다. 글리포세이트라는 잡초의 천적 역할을 하는 성분으로 만든 약품인데, 발매 5년만에 무려 잡초 19종에서 내성이 생겼다. 그 후 몬산토는 디클로로페녹시아세트산을 주성분으로 하는 또 다른 제초제를 내놓았지만 역시나 의지의 잡초들은 진화를 거듭했다.

더 놀라운 사실은 몬산토의 엽기에 가까운 행각이다. 유전자 변형(Genetically Modified Organism, GMO) 옥수수 씨앗을 팔아 엄청난 돈을 버는 와중에 특정 제초제에 잘 견디는 또 다른 유전자 변형 옥수수를 판매한다는 사실이다. 즉 라운드업과 찰떡궁합인 GMO를 패키지로 파는 방식인데, 농부로서는 이 패키지를 구매하면 매우 편해진다. 제초제만 뿌리면 잡초를 죽이면서 돈이 되는 옥수수에는 아무런 해를 주지 않기 때문이다. 그런데 라운드업에 내성을 가진 잡초들이 빠른 속도로 등장하면서 잡초는 줄지 않고 옥수수가 가져가야 할 양분과 수분을 다 빼앗아 결국 수확량이 줄어드는 비극이 초래된다. 그럼에도 몬산토는 씨앗과 제초제를 팔아 계속 돈을 벌 수 있다. 농부가 항의하면 새로운 성분이 들어간 제초제를 팔면 그만이다. 당연히 이때도 해당 제초제에 내성을 가진 GMO 씨앗을 패키지로 비싸게 팔겠지만······.

쟁기질을 하지 않으면 제초제를 쓰지 않아도 되고, 비용도 줄이고, 수확량은 늘어나니 일석삼조가 되는 셈이다. 농부들이 돈을 벌지 못하는 이유로 잡초, 벌레, 그리고 몬산토와 같은 기업의 문제를 짚었다. 마지막으로, 정부와의 관계를 따져 보자. 한국은 물론 미국도 그러한데, 다수의 정부는 곡물 수출로 얻는 외화 획득을 위해 농사가 잘되는 방법을 적극적으로 권장한다. 문제는 정부가 농사가 잘되는 방법을 정확히 알지 못한다는 점이다. 몬산토와 같은 거대 기업이 '이렇게 해야 잘되고 저렇게 하면 망할 수 있다'고 설명을 빙자한 로비를 해 정책을 한번 정하고 나면 그것을 바꾸기가 쉽지 않다.

미국도 그렇지만 글로벌 화학기업의 손아귀에서 벗어나기 힘든 대부분의 국가와 정부도 이 기업들의 제품이 검증되었다는 이유로, 그리고 글로벌 기업의 제품이라는 이유로 해당 제품을 구매한 자국 농부들에게 보조금을 지급한다. 농부들로서는 농사가 망하든 소출이 줄든, 어차피 보조금이 들어오기 때문에 기름을 엄청 먹는 트랙터, 석유를 활용한 비료, 제초를 겸한 GMO 패키지, 작물을 보호해 주는 살충제 등을 사지 않을 수 없다. 물론 이렇게 들어온 정부 보조금은 그야말로 농부들의 기본적인 생활을 충당하는 데 쓰일 뿐 저축으로 미래에 대비하기는 어렵다(농장을 지닌 부농은 예외겠지만).

결국 현재 농가는 농사를 잘 지을 수 있다는 믿음으로 거대 기업들의 다양한 상품을 소비하면서 생산물을 내놓지만, 보조금이 없는 이상 생계에 큰 도움이 되지 않고, 소비자 역시 건강한 음식과는 거리가 먼 것들을 먹고 있는 셈이다. 정부는 농가와 국민의 먹을거리를 위해 막대한 돈을 쓰고 있지만 정작 이득을 보는 것은 농부도, 국민도, 정부도 아니다. 바로 글로벌 화학기업이다. 병 주고 약 주는 아주 좋은 예다.

농업 전문가들 가운데는 여전히 재래 농법을 비과학적·비경제적이라 매도하는 이들도 있고, 6,000년의 진실이 거짓이었음을 확인하고 '한때의 진리'로 인식하는 이들도 있는 모양이다. 중요한 것은 바로 인류의 오래된 지혜라는 명목으로 그동안 우리 삶을 지배해 온, '잘못일 수도 있는 패러다임'이다. 우리는 이제라도 진실이라고 생각했던 모든 것을 다시 한번 의심해야 하지 않을까? 경제법칙이나 소비 심리도 당연히 의심의 범주에 들어가야 할 것이다.

프랑스 철학자 데카르트의 명언 "나는 생각한다. 고로 존재한다"에서 '생각한다'는 반드시 '의심한다'라는 의미로 해석해야 하지 않을까.

미끼를 물지 마라!
여기서 더 내면,
호갱

플로리다 마음연구소

김소울 박사

미술치료가 아직 주목받지 못하던 시절, 겁 없이 미국으로 날아가 한국인 최초로
미국 미술치료학 박사를 취득하고 돌아와 지금은 현대인의 지쳐 있는 마음을 미술로
어루만져 주는 힐링매니저로 활동 중이다. 미술심리학자 루돌프 아른하임(Rudolf
Arnheim)의 '미술은 영혼을 만나는 행위이다'라는 문구를 인생 좌우명으로 삼고 살아가며
화가, 글 작가, 강연가, 교육자, 미술치료사로 활동한 이야기들을《오늘 밤, 나 혼자 만나는
나에게》,《그림으로 그리는 마음 일기장》외 10권의 책에 담았다.

100원. 최근 물가를 생각하면 100원은 정말 작은 동전 하나에 불과하다. 절약이 습관이 된 나도 100원짜리 하나를 잔돈으로 거슬러 받을 때면 때로는 귀찮을 때가 있다. 그럴 때면 카운터 옆 불우이웃함에 고이 넣어 사회봉사를 실천하기도 한다(나답지 않게). 그만큼 소소한 것이 바로 100원이다. 그런데 재미있게도 이 하찮은 100원이 갑자기 크게 느껴지고 아깝다고 생각되는 순간이 있다. 남자들은 어쩌면 잘 모르겠지만 여자들이라면 한번쯤 고민에 빠지는 순간이 목욕탕에서 헤어드라이어를 100원을 내고 쓸 것인가 말 것인가 결정해야 하는 순간이다. 100원으로 사용할 수 있는 시간은 불과 2분 내지 3분으로, 머리가 긴 여성은 3분 동안 마를 턱이 없어, 100원을 더 넣을까 말까 심각한 고민에 빠진다. 100원을 넣고 헤어드라이어가 작동을 마친 순간 아직 머리카락엔 습기가 가득하지만 의외로 100원을 더 넣는 여성은 많지 않다. 100원이 아까워서일까?

2,000원. 운전 중이던 남성이 간단히 한 끼를 때우기 위해 편의점에 들

렀다. 편의점 문을 열면서 그는 오늘의 예산을 2,000원으로 잡는다. 그 이상이면 간단한 한 끼라는 조건에 위배되기 때문이다. 그는 이 조건을 만족하는 조합으로 삼각김밥과 컵라면을 떠올렸다. 이제 문제는 1,300원짜리 참치마요를 살 것이냐, 아니면 지금 할인해서 900원인 전주비빔을 살 것이냐로 귀결된다. 참치마요와 컵라면은 그의 '최애' 조합이지만, 결국 그는 그다지 그의 취향은 아니지만 할인 중인 전주비빔을 집어 든다. 컵라면과 함께 사면 정확히 2,000원에 잔돈도 없이 딱 맞아 떨어지기 때문이다. 처음 계획한 대로 정확히 2,000원에 식사를 해결한 그 남성은 이제 상당히 만족스럽다. 그리고 나서 남성은, 사랑스러운 '마이카'도 밥을 먹이기

상황에 따라 유동적으로 가치가 바뀌는 화폐들

위해 주유소에 들른다. 마침 운좋게 5만 원 이상 주유 시 세차 무료 이벤트가 진행 중이다. 공짜를 마다할 이유도 없고 겸사겸사 5만 원 주유 후 쿠폰을 들고 세차장으로 향한다. 세차 직원에게 공짜 쿠폰을 전달하자 직원은 단돈 2,000원이면 하부 세차를 추가할 수 있다고 남성을 유혹한다. 300원을 절약하기 위해 '최애' 참치마요를 포기한 그는 손쉽게 하부 세차를 위해 2,000원을 지불했다.

1만 원. 아무리 물가가 올랐다고 해도 1만 원은 역시 1만 원이다. 날마다 지불해야 하는 일상 비용이 1만 원 이상이면 비싸다고 생각하기 마련이다. 특히, 날마다 바깥에서 식사를 해야 하는 직장인들에게 1만 원이 넘는 점심은 특별한 날이 아니고서는 선뜻 사먹기 힘든 비싼 한 끼다(물론 법인카드가 있다면 예외겠지만). 그러나 이 비싼 세종대왕님을 선뜻 상대에게 건네는 경우도 있다. 이를테면, 당신이 긴 연휴에 모처럼 마음먹고 5만 원짜리 레이저 관리를 받는다고 생각해 보자. 거금 5만 원을 들인 덕분에 피부도 반짝반짝 빛나고 기분도 들떠 있는 당신에게 실장님이 넌지시 속삭인다. '1만 원만 더 내시면 모공 청소까지 해드려요. 지금 받으신 시술이랑 같이 하시면 효과가 정말 좋아요!' 당신은 어느새 그 귀한 세종대왕님을 건네고 있을지도 모른다.

30만 원. 30만 원은 큰돈이다. 학생이라면 30만 원이 한 달 생활비일 수도 있다. 한 달을 견디기 위해서는 한 달을 30등분하여 주야장천 편의점에서 식사하고 저렴한 음료수만 마셔야 한다. 어쩌다 스타벅스 커피나 맛있는 파스타로 사치라도 부리고 나면 '아차! 오버해서 써버렸다. 내일은 다이어트 겸 굶어야지'라고 반성해야 30만 원으로 한 달을 견딜 수 있다. 당신이 사회 초년생이라면 부모님의 은혜에 보답하기 위해 감동의 현

65

금 선물 30만 원을 드릴 수도 있겠지만, 30만 원이라는 돈은 정말 선뜻 쓰기에는 쉽지 않은 거금이다. 그러나 때로 당신이 스스로 행복하고 특별한 하루를 만들고자 한다면, 30만 원은 의외로 쉽게 허용되는 영역일 수도 있다. 애인과의 기념일, 당신의 생일, 너무 기쁜 날 당신을 위한 선물, 어쩌면 너무 힘들고 우울한 날 당신을 기운나게 할 선물, 즐거운 해외 여행 등 특별한 순간에 당신은 30만 원을 의외로 쉽게 지출할지도 모른다. 그리고 그 지출은 아마도 당신의 인스타그램에 올려져 당신에게 확실한 행복을 선사할 것이다.

돈을 쓰는 것은 우리가 삶을 영위하는 데 가장 필수 불가결한 행위다. 다이아수저, 금수저로 태어났거나 또는 당신이 성공한 사업가로 수입이 엄청나게 많아서 자잘한 지출에 신경 쓸 필요가 없는 극히 예외적인 사정이 없는 한, 우리는 모두 자신만의 평균수입으로 지출 계획을 세운다. 이처럼 돈을 쓰는 과정에서 우리는 이 정도 금액 이상은 '쓰기 아깝다'고 느끼고, 이 정도 금액 이하는 '써도 괜찮다'고 느끼는 심리적 마지노선을 정하기 마련이다. 이 마지노선은 고정돼 있는 것이 아니라 100원부터 100만 원까지 개인에 따라, 상황에 따라 변할 수 있다. 재미있는 것은 마지노선의 변화에서 단순히 0이 몇 개 더 붙어 있는가 또는 덜 붙어 있는가는 실제 심리적 저항감과 그대로 비례하여 적용되지는 않는다는 점이다.

이 장에서 주목하고자 하는 것은 원래 개인이 가지고 있었던 심리적 마지노선이 어떤 구매 현장에서 추가 결제가 요구될 때 의외로 쉽게 변화할 수 있다는 점이다. 그리고 그 결과는 결제에 대한 부담감 또는 결제에 대한 허용감으로 상반되게 나타날 수 있다는 점을 풀어가 보려 한다.

추가 결제의 심리는 크게 다음과 같은 요소로 설명할 수 있다.

첫째, 소비에 대한 허들 설정값을 얼마로 했는가?

둘째, 초기 서비스를 접했을 때 추가 금액을 서비스 내에 포함하여 인지했는가?

셋째, 소비한 돈을 스스로 합리화하는 데 성공했는가?

넷째, 추가 결제가 이루어지지 않았을 때의 불안감이 크지 않은가?

다섯째, 매몰비용의 오류에 빠지지 않았는가?

이 다섯 가지는 소비가 이루어지는 곳이라면 어디에서든 관찰할 수 있는 심리다. 음식, 쇼핑, 미용, 제품 구매 등 어디에서도 소비 심리는 발동하고 있으며, 판매자들은 이 소비 심리를 철저하고 교묘하게 이용한다.

지금은 쇼핑의 시간!

일상적으로 소비에 대한 허들이 낮아지는 시기는 당신이 해야만 하는 쇼핑을 하고 있을 때다. 생활필수품 구매는 살아가기 위해 당연히 요구되는 부분인 만큼, 쇼핑에 나서는 당신은 '나는 지금 돈을 쓰는 중이다'라고 스스로 강하게 사고하기 마련이다. 이를테면, 마트에서 쇼핑을 할 때는 1,000원짜리 과자나 500원짜리 사탕 같은 것이 평소보다 쉽게 쇼핑카트에 담긴다. 보통 마트에서 장을 볼 때는 사야 하는 물건 외에도 당신과 가족의 소소한 만족감을 위한 일정 금액의 자유 소비 물품이 설정된다. 이런 자유 소비 물품에 1,000원짜리 과자나 500원짜리 사탕은 쉽게 포함될 수 있다. 반면에 당신이 쇼핑 중이 아니라 목적지를 가기 위해 길을 바빠 걷는 중이라고 생각해 보자. 걷다가 갑자기 '단것이 먹고 싶다'는 생각이 들 때 500원짜리 사탕을 사기 위해 편의점에 들어가는 경우는 많지 않다. 대부분 '먹고 싶다'는 충동적인 생각을 그냥 흘려보낸다. 소비를 하겠다는 결심이 서지 않았기 때문이다.

물건을 파는 기업에서는 이 심리를 아주 잘 알고 있다. 소비에 대한 허들은 쇼핑을 시작하는 그 순간 낮아진다. 그래서 특가로 포장된 미끼상품을 통해 소비자를 쇼핑의 장까지 끌어들이는 것이다. 미끼상품을 쇼핑 카트에 넣는 순간 허들은 낮아지고, 소비자들은 '온 김에 다른 것도 둘러볼까'라는 생각을 하며 추가 쇼핑을 시작한다.

음식점에 가서 전골을 시켜 먹을 때도 비슷한 심리가 발동한다. 3만원짜리 전골을 시키면서 3,000원짜리 계란찜은 쉽게 주문할 수 있다. 이왕 외식하러 나가서 3만 원짜리 전골을 주문했다면, 아마도 당신의 마음속에 오늘의 지출에 대한 금액 설정은 제법 높았을 것이다. 3만 원 이상 쓰기로 작정한 당신에게 3,000원을 추가하여 계란찜의 만족감을 더 얻는 것은 그리 어렵지 않을 수 있다. 그러나 점심을 먹으러 가서 8,000원짜리 음식을 시켰는데, 문득 계란이 먹고 싶어 3,000원짜리 계란찜을 추가로 주문하는 것은 부담스러운 일이다. 아마도 당신의 허들은 1만 원 이하일 테니까. 또 전골에는 그 음식을 더 맛있게 하는 여러 가지 사리가 추가되는데, 이 사리의 선택은 같은 금액의 다른 물건을 구매하는 것과 비교하면 허들이 낮은 편이다. 사리 가격을 보면서 '아깝다'는 생각이 들기보다는 '어차피 맛있게 먹으려고 왔는데 2,000원 아껴서 더 맛있게 먹을 수 있는 기회를 빼앗기고 싶지 않다'는 생각이 더 강하게 든다. 결국 많은 사람이 사리를 추가해 만족스럽게 식사를 한다.

원래 포함된 거 아니었나요?

초기 서비스를 접했을 때 추가 금액을 서비스 안에 포함하여 인지했는지가 소비 심리에 크게 영향을 미친다. 예를 들어 커피숍에서 카페모카를 주문할 경우 보통은 휘핑크림이 얹어져 나올 것이라고 기대한다. 그런데 "카페모카 나왔습니다. 휘핑크림은 500원 추가인데 올려드릴까요?"라고 묻는 순간 잠시 망설여진다. 카페모카 가격에 휘핑크림이 포함되었다고 인식하고 있었기 때문이다. 만약 그 커피숍이 주변 커피숍보다 커피 가격이 평균 500원 저렴했더라도, 그것은 또 다른 문제다. 휘핑크림이 없는 카페모카라니, 거기에 추가 금액을 내야 한다니! 이때의 500원에는 '아깝다'는 심리가 강하게 작용한다.

이런 까닭에 슈퍼마켓에서 비닐봉지를 판매하기 시작했을 때 소비자들의 심리적 거부감이 강했다. 쇼핑을 하면 비닐봉지를 주는 것은 당연한 일이었기 때문이다. 내지 않던 돈을 내라고 하면, '아깝다'는 심리가 강하게 솟아오른다. 1995년 시행된 종량제 쓰레기봉투 판매가 그랬다. 수십 년간 그냥 쓰레기를 버려 왔는데, 거기에 돈이 부과되니 시민들은 매우 당혹스러워했고 몰래 투기하는 사람도 여럿 적발되었다.

목욕탕에서 머리를 말리는 비용이 아깝다고 느껴지는 것도 마찬가지다. 이 금액이 목욕탕 비용에 포함되어 있어야 한다는 심리가 발동하기 때문이다. 실제로 목욕탕 안에서 사용하는 물, 전기, 수건, 치약 등 대부분의 서비스가 입장 가격에 포함되는데 유독 헤어드라이어는 추가 금액을 받는다(물론 돈을 받지 않고 비치해 둔 곳도 있다). 그러나 수십 종에 달하는 팩이나 음료수의 판매는 서비스에 포함된다는 생각을 하지 않기에 여기에 추가로 돈을 지불하는 것은 부담스럽다고 느끼지 않는다. 세신을 하면서 2만 원을 내는 것이나 마사지를 추가로 받으면서 5만 원을 내는 것은 괜찮다고 생각하지만, 만약 대부분 목욕탕에서 지금 무료로 제공하는 치약을 100원 주고 구매해야 한다면 굉장히 아깝다는 생각이 들 것이다.

성형외과에서 수술을 받을 때도 이와 비슷하다. 복부지방 흡입 수술을 할 경우 기본적인 마취, 수술, 수술 후 관리까지 모든 것이 결제된 금액에 포함되지만, 수술 후 꼭 입어야 하는 압박복은 예외로 추가 요금을 받는다. 병원 측에서는 외부 업체에 주문하는 것이기 때문에 별도로 돈을 받는다고 설명한다. 그러나 사실 모든 금액을 포함해서 받고 병원에서 외부 업체에 지불해도 상관없을 것이다. 소비자로서는 이미 결제가 끝났는데 추가로 무언가를 사야 한다는 사실이 부담스럽다. 그러나 이런 방식은 본 제품이나 서비스 자체의 가격이 더 저렴해 보이는 착각을 일으키기에 충분하다. 모발 이식 수술을 하는 경우에도 수술 자체에 대한 금액을 결제한 뒤 환자가 사용하는 약용샴푸를 5만 원 정도의 가격으로 판매하는 곳도 있다. 그 금액은 수술을 결정하는 사람 입장에서는 본 가격에 포함되어도 수술 결정에 영향을 미치지 않는 수준이지만 추가 결제는 부담이 된다.

음식점에서 우리가 당연히 포함되어야 한다고 생각하는 공기밥도 마찬가지다. 김치찌개를 시켰는데 밥이 나오지 않을 때가 있다. 공기밥은 별도로 결국 김치찌개는 1인분에 7,000원이 아니라 8,000원이었던 것이다.

공기밥을 추가로 1,000원 주고 사 먹는 문화는 익숙하지만, 찌개에는 공기밥이 포함된다는 것이 통상적인 생각이기에 이 경우에도 손님들의 심기는 불편해진다. 치킨집에서도 예전에는 찍어 먹는 소스를 으레 포함하여 치킨을 판매했다. 그런데 어느 순간부터 소스의 종류가 많아지고 선택지가 늘면서 기본 소스도 추가로 주문해야 하는 가게가 늘고 있다.

이 정도는 써도 괜찮아……

돈을 소비하고 있는 사람이 자신이 쓰는 돈에 스스로 합리화를 적용했는지가 추가 결제의 부담 여부에 영향을 미친다. 우리는 수많은 곳에 합리화를 하면서 살아간다. 합리화는 나를 불안으로부터 보호해 주는 방어 기제로, 그럴듯한 이유나 변명을 들어 나를 포장해 주는 수단이다. 오늘 하루만 해도 얼마나 많은 합리화를 했는가. 아침을 먹어야 한다는 걸 알면서도 거른 사람이라면 '그 시간에 잠을 조금 더 자면 피로가 풀려 하루 일과를 더 잘 마칠' 거라는 합리화가 발동했을 것이고, 식당에서 제일 비싸고 맛있는 음식을 고르는 대신 조금 더 저렴한 음식을 골랐다면 '이게 칼로리도 더 낮고, 굳이 특별한 날도 아닌데 이렇게 비싼 음식을 먹을 필요가 없지'라는 합리화가 발동했을 수 있다.

돈을 사용하는 데에서도 합리화가 발동하지 않을 수 없다. 정말 어쩔 수 없이 사야 하는 생필품 소비를 제외하면, 내가 나를 설득해야만 지출이 가능해진다. 내게 설득되지 않은 지출은 계속해서 불편한 감정을 일으킨다. 치과를 예로 들 수 있다. 한 여성이 며칠간 이에 통증을 느끼다가 치료를 받기 위해 치과에 방문했다. 상담을 받고 치아 상태를 확인해 보니 치료 비용으로 40만 원가량 든다고 한다. 적잖은 금액이었지만 당장 이가 아프니 충치 치료는 해야 한다는 생각이 들었다. 40만 원 정도는 쓰자고 결심했는데, 막상 치료를 시작하고 보니 주변 치아에도 충치가 번져 예상 금액보다 20만 원이 더 든다는 이야기를 들었다. 이미 치료는 시작되었고, 지금은 한껏 불편한 자세로 입을 벌리고 있다. 이런 상황에서는 울며 겨자 먹기로 치료를 진행하게 된다. 이때 이 여성은 추가적으로 지불한 20만 원이 계획하지 않은 금액이었기에 심리적으로 계속 불편해질 것이다. 그리고 누군가에게 이 20만 원에 대해 푸념을 늘어놓을 수도 있다. 그러나 치과의 치료 구조상 시작하기 전에는 보이지 않던 충치가 발견되는 경우가 자주 생긴다. 사람들이 '치과는 비싸다'고 생각하는 이유는 단순히 절대 가격 때문이 아니라 치료비가 추가되는 일이 잦기 때문일 것이다.

스스로에게 합리화가 이루어졌다면 어떤 추가적인 소비라도 납득할 수 있다. 한 여성이 오랫동안 낡은 휴대폰을 쓰다가 자신에게 주는 선물로 가장 비싼 최신형 스마트폰을 사기로 결심했다고 가정해 보자. 오늘만큼은 여유롭게 비싼 것을 지르자고 생각한 그녀에게 추가 결제는 큰 고민을 가져오지 않는다. '휴대폰 보험료가 매달 5,000원씩 결제되고요……'라는 말을 들어도 '해주세요'라고 쉽게 대답한다. '오늘은 내게 투자하기로 했으니까'라는 좋은 합리화가 구현된다. 여성들이 소비에 대해 '써도 괜찮아'라고 판단할 때 사용하는 근거는 외모와 자주 직결된다. 주름이 이미 깊이 패이고 나면 나중에 없애기가 더 어렵다, 피부는 좋을 때 관리해야 한다는 등의 이유로 외모에 쓰는 돈에 대해서는 다른 소비보다 관대하다. 언젠가 들었던 '젊어서 관리를 못한 것이 아쉽다'는 어머니의 푸념도 떠오른다. 합리화가 끝났다면 서둘러야 한다. 피부는 한시라도 더 젊을 때 관리해야 하니까.

안 사면 바보 될 것 같은 불안감

추가 결제가 이루어지지 않았을 때의 불안감이 추가 결제를 했을 때의 부담감보다 크면 우리 지갑은 더 쉽게 열린다. 이것은 자동차를 구매할 때도 적용된다. 우리가 깡통차라고 부르는 무옵션 차량과 풀옵션 차량은 가격 차이가 크게 난다. 현대자동차 그랜저의 출시가가 2,625만~4,251만 원으로 표기되어 있는 것만 해도 그 예가 될 것이다. 소비자는 조금이라도 저렴하게 차를 구매하려 하고, 딜러들은 조금이라도 높은 가격에 차를 판매하려 한다. 이때 소비자들은 추가 옵션이 없으면 자동차를 얼마나 불편하게 운전하게 되는지에 대해 듣게 된다. 후방카메라가 없으면 후진 주차할 때 사고 위험이 있다. 운전석이나 핸들에 열선이 없으면 겨울에 차를 탈 때마다 추위에 떨어야 한다. 엔진을 고사양으로 선택하지 않으면 원하는 만큼 출력을 얻지 못할 것이다. 접이식 사이드미러를 옵션으로 선택하지 않으면 매번 손으로 접어야 하는 불편함을 겪게 될 것이다. 그 밖에도 자동차 옵션을 선택하지 않아서 겪어야 할 불안감, 그리고 옵션을 선택하여 얻는 만족감은 결론적으로 점점 더 많은 옵션을 선택해 차량 가격을 올리게 한다.

이런 불안감은 음식점에서도 적용된다. 언젠가 부대찌개 가게에서 식사를 할 때였다. 주문을 하는 과정에서 햄사리 추가를 권하기에, 햄사리를 추가하지 않으면 뭐가 나오는지 물었다. 점원은 '맛없는 햄 한 가지만 나온다'고 설명했다. 햄사리를 추가하지 않는다면 맛없는 햄 한 가지만 있는 부대찌개를 먹게 될 운명이라는 것이다. 돈 주고 맛없게 먹고 싶은 사람은 아무도 없기에 이곳의 거의 모든 손님은 부대찌개에 햄사리를 추가하고 있었다. 또 어느 죽집에서는 내게 이렇게 물었다. "노른자는 500원 추가됨니다. 노른자를 하나 넣어 드릴까요, 2개 넣어 드릴까요?" 내가 "노른자를 아예 안 넣으면 어떻게 돼요?"라고 묻자, 직원은 이렇게 대답했다. "맛이 없지 않을까요……?" 노른자에 알러지가 있지 않은 이상 누구라도 노른자를 선택할 수밖에 없는 상황이다.

건강과 관련된 문제에서는 이러한 추가 결제가 좀 더 큰 유혹으로 다가온다. 무언가를 추가하면 '더 건강해진다'는 말은 너무나도 강렬한 유혹이다. 피트니스센터에서도, 건강보조식품 판매 업체에서도 애초에 목적한 것보다 더 결제하고 나온 것이 하루이틀이 아니다. 건강 문제에서 추가 결제를 하지 않으면 건강을 챙길 수 없을 것 같다는 불안감은 누구에게나 무서운 요소가 된다.

마트나 편의점에서 자주 볼 수 있는 1+1 판매 역시 이런 심리를 조장한다. 2개에 6,000원인 물건을 1개에 4,000원 주고 사는 것은 누가 보기에도 비합리적인 소비다. 그래서 필요하지도 않은데 하나를 더 산다. 스스로에게는 이렇게 합리화한다. '어차피 쓰는 거니까 미리 사두지 뭐!' 세제나 샴푸, 치약 같은 소모품은 어차피 살 테니 한꺼번에 사도 공간만 넉넉하다면 괜찮다. 그러나 빵이나 음료수처럼 시간이 지나면 상하거나 억지로 먹어 살만 찌게 되는 소비는 현명하지 않다.

1+1 판매 수법이 소비자가 1개만 사는 것을 비합리적이라고 생각하게 만드는 것처럼, 멤버십 시스템도 소비자가 '바보 되기 싫어서' 가입하게끔 유도하는 역할을 한다. 화장품을 사려고 계산대에 섰다고 하자. 당신은 굳이 귀찮게 멤버십에 가입할 생각이 없다. 쿨하게 5만 원을 결제하고 떠나려는데 가게 직원이 속삭인다. "고객님, 오늘 멤버십에 가입하시면 지금 당장 1만 5,000원이 할인되고요. 5,000원 상당의 제품도 서비스로 드려요.

그리고 앞으로 다른 상품을 구매하실 때도 항상 15% 할인됩니다. 멤버십 가입비가 3만 원이긴 한데, 혜택이 좋아서 손해는 아닐 거예요!" 혜택이 많아 보이지만, 엄밀히 계산하면 당신이 소비한 3만 원의 멤버십 가입비는 해당 브랜드에서 10만 원 이상 결제해야만 이득을 만들 수 있다. 어쨌든 가게 직원의 설득에 혹해서 멤버십에 가입했다면, 아쉽게도 당신은 곧 멤버십의 존재를 까먹거나 대수롭지 않게 생각하게 된다. 무엇보다 화장품 브랜드가 너무 많아 당신이 굳이 이 매장에서 앞으로 10만 원 넘게 구매할 확률은 그리 높지 않다.

놀이동산이나 아쿠아리움의 멤버십 시스템은 적어도 세 차례는 방문해야 가입 비용을 보전할 수 있고, 4회 이상 방문해야 비로소 이득을 볼 수 있다. 예를 들면, 놀이동산의 1년 자유이용권 가격은 약 3회의 방문 가격으로 구성되어 있다. 그러나 1년에 4회 이상 놀이동산이나 아쿠아리움을 방문하는 사람은 의외로 그리 많지 않다. 2회의 입장 비용만 더 내면 1년 내내 계속 들어올 수 있다는 달콤한 말은 멤버십에 가입하지 않고 여길 계속 오면 바보가 된다는 느낌을 주기에 충분하다.

조금만 더 쓰면 될 거 같아서

'엎질러진 물을 쓸어 담는다'는 말이 있다. 이미 엎질러진 물은 담으려 노력해도 소용이 없는데, 그것도 모르고 되돌리려 노력하는 사람을 빗대어 하는 말이다. 이미 어느 정도 돈을 써버렸고, 그에 대한 아까움 때문에 계속해서 추가 결제를 하게 되는 경우가 있다. 이를 매몰비용의 오류라고 한다. 과거에 치른 금액은 이미 묻혀서 사라져 버린 돈인데, 그것이 미래의 의사결정에 계속 영향을 미친다. 매몰비용의 오류는 콩코드의 오류라고도 불린다.

콩코드는 영국 항공사 브리티시에어웨이즈(British Airways)와 프랑스 항공사 에어프랑스(Air France)가 합작하여 만든 세계 최초의 초음속 여객기다. 그러나 기존 여객기에 비해 몸체가 좁아 수용 인원이 제한적이었고, 연료 소모량이 많아 탑승 비용이 높았다. 세계적인 불황과 석유파동으로 1970년 위기에 직면했고, 사람들은 실용성과 경제성이 낮은 콩코드기를 외면하기 시작했다. 그러나 영국과 프랑스는 정부의 자존심과 실패를 인정해야 한다는 부담 때문에 끝까지 콩코드기를 포기하지 않았다. 결국 2000년 콩코드기 폭발 사건으로 탑승자 전원이 사망하자 누적 적자를 버티지 못하고 2003년 운항을 중단했다. 이 여객기 이름에서 비롯된 콩코드의 오류는 그저 과거에 투자한 것이 아까워 잘못된 결정을 인정하지 않고 정당화하기 위해 밀고 나가는 심리 현상을 의미한다. 도박꾼들이 본전을 뽑으려고 노름판을 떠나지 못하는 심리도 이에 해당한다.

이 심리는 소비뿐만 아니라 실생활에서도 쉽게 발견된다. 몇 년 전 〈호빗(The Hobbit)〉이라는 영화를 본 적이 있다. 나는 그 유명한 〈해리포터〉와 〈반지의 제왕〉 시리즈도 보지 않고 넘어갔던, 판타지에 크게 관심이 없는 사람이었다. 영화관에 갔는데 마침 그 시간에 볼 것이 〈호빗〉밖에 없었고, 판타지면 중간은 간다고 했던 친구의 말에 표를 끊고 영화를 보기 시작했다. 그런데 이건 너무 취향에 맞지 않아 보기가 힘들었다. 영화관에서 일분 일초가 이렇게 길 수도 있구나 하는 신기한 체험을 했다. 그러나 그때 끊은 표 값이 아까워서 꾹 참고 그대로 보았다. 그 시간 동안 자리를 지키고 있느니 다른 재미있는 일을 하는 편이 더 좋았을 텐데, 그만 콩코드의 오류에 빠지고 만 것이다.

연애를 할 때도 마찬가지로 매몰비용의 오류가 적용된다. 가끔 헤어지기 직전의 남녀가 '내가 너한테 투자한 게 얼만데!'라며 구차하게 싸우는 모습을 보게 된다. '내가 너한테 사준 거 다 내놔'라는 치사한 말들도 오고 간다. 연애가 결코 투자는 아니지만 돈과 시간, 정신적 에너지가 서로에게 들어가는 것은 사실이다. 몸이 아픈데도 휴일을 위해 돈을 많이 썼다는 이유로 무리하게 외출하는 것도, 만년 고시생이 되어서도 포기하지 못하고 계속 시간과 돈을 쓰며 고시에 매달려 있는 것도 마찬가지다. 이 모든 미련에는 들인 시간과 돈에 대한 집착이 작용한다. 그러나 그에 못지않게 과거에 자신이 했던 선택이 틀렸다고 인정하는 것에 대한 두려움도 한몫할 것이다.

문화의 차이

앞서 큰 범주에서 다루지는 않았지만, 문화적 차이와 이해 부족으로 추가 비용이 부담스럽다고 느껴지는 경우도 있다. 유럽 일부 국가에서는 테이블에서 식사할 경우 테이블 값을 따로 받는다. 마치 포구 근처 식당에서 상차림 비용을 받는 것과 같은 느낌이다. 사실 상차림비를 처음 낼 때도 상당히 생소했다. 태국에 처음 방문한 사람은 식당에서 물을 마시면 물값을 받고, 물티슈를 쓰면 물티슈 값을 받는다는 사실에 놀라기도 한다. 외국인들이 우리나라에 와서 좋다고 평가하는 것 중 하나가 바로 리필 서비스인데, 반찬을 계속 제공한다는 것이 어떤 문화권에서는 생소하기만 하다. 가까운 일본만 해도 기본 반찬을 비우고 더 먹고 싶으면 추가 비용을 내는 곳이 대부분이다. 우리가 물이나 물티슈, 반찬의 추가 결제가 불편한 것은 단지 가격 때문만이 아니다. 그보다는 이것이 우리 문화권에서는 통상적으로 서비스 안에 포함되는 금액으로 여겨지기 때문일 것이다.

세금 전 금액을 표기하는 나라에서도 생각한 것보다 돈을 더 지불해야 하는 경우가 발생한다. 책이나 식자재부터 식당 메뉴까지, 미국은 대부분 세전 금액이 표기되어 있다. 여기에 세금을 더하고 팁까지 내면 언뜻 메뉴판만 보고 들어갔을 때와 달리 가격이 부담스러워진다. 고급 회식집이나 참치집을 제외하고는 팁 문화 자체가 생소한 우리에게 여기서의 지출은 부담으로 다가온다. 미국에서 학비를 인터넷으로 내려 할 때 추가 비용이 발생한다는 것 역시 매우 생소했다. 인터넷 결제가 늘 오프라인 결제보다 저렴하다고 단단히 믿고 있었기 때문일까, 편의 수수료(Convenience Fee)라는 명목의 추가 요금 7달러가 몹시 아까웠던 기억이 있다.

사람은 언제라도 자기를 합리화할 수 있다

예나 지금이나 사람의 심리는 연구 대상이다. 특히, 물건을 판매해 수익을 얻으려는 기업들은 소비자의 심리만큼 알고 싶은 것도 없을 것이다. 언젠가는 소비자의 심리를 분석하면서 합리성에 근간을 둔 적이 있었다. 요컨대, 사람은 늘 현명하고 합리적인 소비를 추구하므로, 소비자의 마음을 사로잡기 위해서는 더 나은 품질, 더 나은 서비스를 더 저렴하게 제공해야 하며, 따라서 합리적인 제품과 서비스는 소비자의 심리를 사로잡을 수밖에 없다는 것이었다. 옳은 말이다. 인간은 합리적인 측면이 있으므로, 또 그들의 예산은 무한정하지 않으므로 제품 구매에서 합리적인 결정을 내리곤 한다. 그러나 재미있는 것은 모든 소비자가 합리성만으로 움직이지는 않는다는 것이다. 소비자는 합리적인 선택은 재미가 없어서, 남들과 다르고 싶어서, 생각하는 게 귀찮아서, 편리한 것이 좋아서, 옆 사람이 좋다고 말해서 등 얼마든지 다양한 이유로 합리적이지 않은 판단을 내릴 수 있다. 그리고 그럴 때마다 소비자는 자신의 합리적이지 않은 소비를 정당화하기 위한 자기 합리화를 할 수 있다. 따라서 요즘 마케팅에서는 비합리적인데도 소비하고자 하는 소비자의 그 미묘한 마음을 공략하곤 한다. 유튜브, 페이스북 등 다양한 SNS 매체에 수많은 바이럴 광고가 등장한다. 무슨 광고를 이렇게까지 하나 화가 날 때도 있지만, 또 홧김에 비합리적인 소비를 하게 되는 경우도 분명히 있다.

같은 소비자에게 같은 1,000원의 지폐라고 해도, 어떤 순간에는 1만 원처럼 여겨져서 선뜻 쓰지 못하기도 하고, 어떤 순간에는 100원처럼 여겨져 쉽게 쓰기도 한다. 중요한 것은 결국 당신의 마음이다. 당신의 마음이 어디로 움직이는지에 따라 '여기서 더 내야 하나요?'가 될 수도 있고, '이 정도는 쓸 수 있지요'가 될 수도 있다. 수많은 마케팅 전략과 기업들의 술수에 놀아나지 않으려면 이 당연한 사실을 좀 더 잘 알아야 한다. 당신의 마음이 어떤 이유로 움직이는지, 그리고 어떻게 움직이는지를 안다면 당신만을 위한 소비 전략을 세울 수 있을 것이고, 너무 불편하지도 너무 지루하지도 않은 재미있고 합리적인 소비를 할 수 있을 것이다.

트렌드를 바꿔라!
돈이 따라오는
창업은 따로 있다

report.

#4

창업 전문가

임흥렬 컨설턴트

대형 유통 업체 홈플러스에서 능숙하게 '갑'질을 하다 '을'들의 마음을 이해하고자 과감히
프리랜서 시장에 덤벼들었다. 체인 오퍼레이션의 이해를 바탕으로 소상공인 및 프랜차이즈
컨설팅을 전문으로 해오고 있다. 시장의 변화를 위해 업계의 비리를 가감 없이 폭로하다
보니 창업계의 '타이거 마스크'라는 별명을 얻게 됐다.

창업 시장은 정말 알다가도 모르겠다. 누가 봐도 뻔히 안 될 만한 브랜드가 우수수 쏟아지고, 객관적으로 참 괜찮아 보이는 가게들은 순식간에 사라지기도 하니 말이다. 그래서 우리는 이런 얘기를 나누곤 한다.

'대한민국은 너무 유행이 빨라.'

이런 얘기를 나눈 지도 벌써 수년이 흘렀는데, 왜 아직도 같은 현상이 반복되는 것일까?

대한민국에는 수많은 열풍이 밀물처럼 밀려왔다 썰물처럼 사라져 갔다. 벌꿀아이스크림, 대왕카스테라, 치즈등갈비, 찜닭 등등. 반복된 유행속에 우리는 또다시 이런 유행이 올 것이라고 생각하고 마음의 다짐을 한다. '난 창업을 하더라도 유행 타는 브랜드는 하지 말아야지!' 그렇다면 여기서 질문을 하나 던져 보자. "그 수많은 유행을 탄 브랜드를 선택한 사람들은 '난 유행을 타는 브랜드를 선택해야지'라는 마음가짐으로 브랜드를 선택했을까?"

81

처음 프랜차이즈 브랜드를 선택하고 계약하는 상황에서 우리는 이 브랜드가 얼마나 갈지 알 도리가 없다. 누구나 오래 영업을 하고 싶어 하기 때문에, 유행을 탈 만한 브랜드라는 생각이 들면 망설이게 된다. 그런데도 수많은 유행 브랜드가 나오는 이유는 무엇일까? 그리고 불나방처럼 그 불속으로 뛰어드는 상황이 반복되는 이유는 무엇일까? 정답은 우리나라 프랜차이즈 시장에 있다. 대한민국에는 다양한 별명이 따라붙는다. 어떤 별명이 가장 먼저 떠오르는가? 나는 '프랜차이즈 공화국'이라는 말이 가장 먼저 떠오른다. 얼마나 프랜차이즈가 많으면 이런 별명이 지어졌을까. 공정거래위원회가 제공하는 정보공개서 열람 서비스에서 브랜드 수를 확인해 보면 2015년 4,827개, 2016년 5,225개, 2017년 5,700개, 2018년 6,022개로 매년 300~400개의 브랜드가 꾸준히 늘고 있다. 이쯤 되니 전 세계적으로 잘 알려진 브랜드를 모두 합한 수보다 국내에 존재하고 있는 브랜드가 더 많을지도 모른다는 우스갯소리가 나오기도 한다. 브랜드가 나오기까지 절차가 그렇게 까다롭지 않기 때문일 것이다. 그런데 브랜드의 운영 목적이 가맹점주에게 오랜 영업을 보장하기 위한 것은 아니다.

프랜차이즈의 수익 구조는 크게 두 가지로 나뉜다.

---

1. 매장을 만들면서 생기는 개설 수익
   - 가맹비, 교육비, 이행보증금, 인테리어 및 시설 차익 등
2. 매장이 운영되며 발생하는 운영 수익
   - 물류 마진, 로열티 등

운영 수익이 많이 발생하려면 당연히 매장이 많이 개설되어야 하고, 그러다 보니 대부분의 프랜차이즈가 초창기에는 매장을 늘리는 '개설 영업'에 치중할 수밖에 없다. 그런데 이러한 개설 영업을 하려면 많은 비용을 들여 광고를 하고 알려야 하기 때문에, 자본이 탄탄한 프랜차이즈가 아닌 이상에는 쉽게 시작할 수 없다. 그럼 자본이 탄탄하지 않은데도 프랜차이즈를 운영할 수 있을까? 물론 가능하다. 창업 관련 영업을 대행하는 조직에 개설 수익의 일부를 나눠 주는 조건으로 진행할 수 있다. 해당 조직에서는 광고를 대행해 주고, 본인에게 수수료를 많이 주는 브랜드를 광고를 보고 유입된 고객들에게 소개해 영업하는 구조로 작동한다. 프랜차이즈 본사에서는 고정비용이 발생하지 않고, 수익이 발생할 때마다 일부만 나눠 주면 되니 부담이 적다. 구조적으로 그런 수수료가 1,000만 원을 상회하다 보니, 예비 가맹점주에게 그 부담이 고스란히 돌아간다는 데 문제가 있다. 결국 브랜드에서 직접 광고를 진행할 여력조차 되지 않아, 억지로 개설 비용을 올려서 점주에게 부담시키고, 여기서 생겨나는 개설 수익 중 1,000만 원 이상을 창업 컨설팅 조직에 공급하고 있는 상황이다.

그렇다면 이러한 창업 컨설팅 조직은 어떻게 고객을 유입할까? 유명한 프랜차이즈 브랜드나 창업 관련 키워드를 포털에서 검색했을 때 어떻게든 본인의 사이트가 나오도록 억대의 광고비를 집행하고 있다. 잠시 시간을 내어 포털에서 검색해 보면 누구나 쉽게 확인할 수 있다. ○○창업, 대박창업 등 다양한 형태의 홈페이지가 쏟아져 나오는데, 수많은 예비 창업자가 해당 사이트를 통해 창업을 진행한다. 이러한 영업 대행 조직과 프랜차이즈 간 공생 관계가 끝나지 않는 이상, 가맹점주에게 부담이 전가되는 개설 비용은 당연히 개선되지 않을 것이다. 문제는 이뿐만이 아니다. 이렇게 영업을 해주는 조직이 있으니, 브랜드를 공장에서 찍어내듯이 만들어내는 프랜차이즈 본사들이 있다. 이들의 주특기는 '복사'다. 이들은 시장에서 주목받기 시작하는 업종, 메뉴 등을 그대로 베껴서 원조 브랜드보다 수수료를 많이 주는 형식으로 영업을 강요하기 시작한다. 처음에는 독창적이었을 원조 브랜드는 몇 안 되는 매장만으로 운영하고 싶었을 것이다. 그러나 이러한 카피 브랜드의 범람으로 결국 해당 업종, 메뉴가 유행을 타게 되고, 그러다 보면 소비자들은 식상함을 느낀다. 결국 다 함께 사라지고 마는 결과가 반복된다. 문제는 또 있다. 이들이 대한민국을 뒤흔들고 있는 권리금 시장에 미치는 영향력은 실로 어마어마하다는 점이다. 일반적인 창업을 희망하는 사람들이 쉽게 이해할 수 있도록 직장에 다니고 있는 가상의 인물을 예로 들어 살펴보려 한다.

example

하루에도 열두 번씩 때려치우고 싶습니다. 직장 상사 얼굴만 봐도 두 시간 전에 먹은 점심이 체할 것 같습니다. 오죽하면 '입사를 하는 이유는 퇴사를 하기 위해서다'라는 '웃픈' 농담이 돌아다니겠어요.

저도 그랬습니다. 겨우 일을 마치고 퇴근하면 팀장님에게 연락이 와서 왜 자료가 미흡하냐고 질책을 받곤 했습니다. 다시 돌아가서 일을 하거나 다음 날 찝찝한 마음으로 출근하며 조바심을 낸 적이 한두 번이 아니었어요.

지금도 우리나라의 수많은 직장인들은 사표를 내는 순간을 꿈꾸며 하루하루를 버티고 있을 겁니다. 그러나 이러한 자리라도 잡기 위해 얼마나 노력했던가요.

고등학교 시절에는 좋은 대학에 가기 위해 잠을 쪼개 가며 공부를 했습니다. 대학에 입학하고 나서는 '스펙'을 쌓기 위해 학점 관리와 동아리 활동, 대외 활동 등으로 쉴 새 없이 달려왔고요. 드디어 원하는 직장에서 합격통지서를 받은 순간, 이제 비로소 꿈이 이루어져 행복한 나날이 펼쳐지겠구나 하고 '만족'하는 순간, 그러나 그

것이 '착각'이었음을 깨닫고 새로운 방황이 시작되는 데는 그리 오랜 시간이 걸리지 않았습니다.

물론 원하는 직업을 얻고 만족하며 살아가는 사람도 있겠지만, 대부분 직장인은 골라서 들어갔다기보다는 골라져서 들어가게 된 처지이다 보니 만족하기가 쉽지 않은 것이 사실입니다. 자연스레 이런 생각이 들더군요. '아, 나도 때려치우고 장사나 해볼까?' 결혼 자금으로 모아둔 돈에 퇴직금과 대출금을 보태면 얼추 시작할 수 있을 것 같기도 했습니다. 그러나 그 결정이 쉽지만은 않았습니다. 언론에서는 자영업자들이 힘들다는 얘기만 하고, 꼬박꼬박 들어오는 월급은 이제 너무나 소중한 삶의 도구가 된 지 오래되었으니까요.

이런 고민을 자주 하게 되더군요. '내가 나중에라도 창업을 하게 되면, 이런 창업은 하지 말아야지. 이런 아이템을 찾아봐야지.' 그러나 창업의 순간은 생각보다 빨리 다가왔습니다. 미처 고민이 끝나지도 않았고, 제대로 공부를 해보기도 전인데, 직장 내의 갈등과 그 밖의 몇 가지 이유로 결정의 순간을 맞이했습니다. 결국 등을 떠밀리다시피 창업을 할 수밖에 없었습니다. 일단 직장을 그만두고 나니 당장 다음 달 생활비가 걱정되고, 아침 일찍 일어나 성실하게 근무하던 습관이 몸에 배어 쉬는 날이 어색하게만 느껴졌습니다. 휴가라고 생각하고 여행도 다니고 휴식을 취해 보지만 뭔지 모를 찜찜함에 그다지 편하지만은 않았습니다.

결국 이렇게 창업을 할 수밖에 없는 상황이 되어 '검색'을 하기 시작했습니다. 기왕이면 편한 일이었으면 좋겠다. 그래도 밤일은 피했으면 좋겠다. 집에서 가까웠으면 좋겠다. …… 직장을 다니며 불만스러웠던 부분을 희망 사항으로 바꾸어 창업 아이템을 선정하게 되더군요. 그리고 '진실의 순간'을 맞이했습니다.

1. 회사의 힘이 아닌 개인의 힘으로 할 수 있는 일: 노동력(아이템)
2. 앞으로 맞서 싸워야 할 대상: 고객
3. 버틸 수 있는 내공: 자금

전공이나 경력을 살려 창업할 수 있다면 다행이겠지만, 실제로 그런 경우는 많지 않았습니다. 되돌아보면 저는 '회사원'이었고, '직업'이 있는 사람이 아니라 '직장'에

다니고 있던 사람이었을 뿐이더군요. 필요한 자료는 관련 부서의 도움으로 언제나 쉽게 얻을 수 있었습니다. '나의 업무' 외에는 신경을 쓴 적도, 노력을 기울인 적도 없었습니다. 경력을 살리자니 창업 아이템으로는 적합하지 않고, 결국 경력과 무관한 다른 아이템을 선정해야만 했습니다.

제 경력과 상관없는 아이템을 찾는 일은 생각보다 쉬웠습니다. 포털에서 '검색'을 하기 시작하자, 생각지도 못했던 자료와 신세계가 펼쳐지는 듯했습니다. ○○병원 죽집, ○○대학교 내 카페, 시청 근처 유명 프랜차이즈 브랜드 ○○○ 등등 이름만 들어도 알 수 있을 듯한 상권과 브랜드의 매장들이 나오고, 이를 인수할 경우 금액, 인수 후 예상 순이익 등이 일목요연하게 정리된 홈페이지가 다수 눈에 들어왔습니다. 몇 가지 매장을 골라 몇 개의 홈페이지를 들어가며 비교해 보니, 여러 명의 '창업 컨설턴트'의 이력과 사진을 확인할 수 있었고, 심사숙고 끝에 직접 상담을 받아 보기로 했습니다.

상담 결과는 정말 놀라웠습니다. 생각지도 못한 내용까지 알게 되었는데, '오토(auto)'로 운영되는 매장입니다. 오토로 운영되는 매장은 사장 없이 직원들로만 운영되는 매장이라는데, 사장이 바뀌더라도 큰 변화가 없기에 매출 걱정을 하지 않아도 된다고 합니다. 내가 할 줄 아는 게 많지 않더라도 충분히 운영된다는 이야기지요. 더욱이 해당 매장들은 운영된 지 1년이 훨씬 넘었기에 단골이 충분히 확보되어 있어 매출의 낙폭이 크지 않을 거라고 합니다.

창업이라고 하면 당연히 내가 모든 것을 알아보고 시작해야 하고, 매출을 예상할 수 없는 불안 속에서 하루 이틀 버텨 나가고, 내가 모르는 분야에 몰입하기 위해 학원에 다니고 공부를 해야 할 줄 알았는데, 너무나 의외였습니다. 하지만 문제는 권리금이었습니다. 이런 매장을 인수하려면 권리금을 주고 기존 사장에게 영업권을 양도받아야 한다는데, 찜찜함을 지울 수 없어 일단은 보류하기로 했습니다.

가만히 두고 보면 수상한 게 한두 가지가 아닙니다. 우선, '이렇게 좋은 매장을 왜 팔지?(물론 다 이유가 있다고 하고, 게다가 굉장히 디테일합니다. 그렇다고 해도?!)'라는 생각이 들더군요. 실제로 홈페이지에서 확인했던 매장은 대부분 이미 계약되었다는 이유로 거래가 불가하다고 하며 다른 매장을 보여줘 검토 중입니다. 그런데 그 후에도 버젓이 홈페이지에서는 같은 매장이 보이는데, 이거 혹시 내가 당하는 건 아닐까요?

자, 과연 이런 절차를 겪은 예비 창업자들은 결국 어떤 판단을 내리게 될까? 다행히 이런 생각을 하는 사람들은 계약까지 진행하지 않을 가능성이 높다. 그러나 결국 대안이 없어서 혹은 해당 매물에 매력을 느껴서 실제 계약을 하게 되는 경우가 굉장히 많다. 어느 순간 돌아보면 처음 생각했던 것과는 전혀 다른 매장의 사장이 되어 있는 본인의 모습을 확인하게 된다. 이들은 왜 이런 계약을 하게 되었을까? 아마도 이러한 내면의 갈등 끝에 계약을 결정하게 되었을 것이다.

---

1. 이렇게 큰 회사에서 소개해 주는 물건인데 당연히 문제없을 거야.
2. 이 정도 자금에 이런 수익을 낼 수 있는 게 많지 않겠지.
3. 기회는 잡는 사람이 임자야.
4. 어찌 되었든 나만 열심히 하면 되지 않을까?

대부분 초보 창업자들은 이러한 갈등 끝에 어렵게 장사를 시작한다. 그러나 가장 큰 영향을 미친 것은 결국 '수익성'이었을 것이다.

'오피스텔을 하나 구매해도 연 ○○%의 수익이 보장된다고 하는데, 내가 직접 사장으로 일하면 당연히 그것보다는 많이 벌어야지.'

'내가 전 재산을 투자해서 하는 일인데, 이만큼도 수익이 보장되지 않으면 할 이유가 없지 않을까?'

'내가 남 밑에서 일해도 그 정도는 버는데, 그래도 사장인데 이것보다는 더 벌어야지.'

이렇듯 매월 들어와야 하는 돈에 쫓겨 결정하게 되는 것이다. 그러나 이런 예비 창업자의 심리를 절묘하게 이용하는 것이 바로 앞서 소개한 '창업 컨설턴트' 조직이다. 그렇다면 이런 조직을 통해 소개받는 매장들은 어떤 문제가 있을까? 가장 큰 문제는 이러한 매장의 기본 자료를 증빙하기가 쉽지 않다는 것이다. 물론 확인할 수 있는 자료가 있기는 하다.

1. POS를 기반으로 하는 매출 자료(카드사별 카드 매출금 포함)
2. 부가세 신고 자료

생각보다 믿을 수 있는 자료가 많다고 느껴지는가? 장사의 기본은 순이익을 남기는 데 있다. POS를 기반으로 하는 매출 자료는 대략의 매출은 확인할 수 있으나 사용한 비용에 대해서는 확인할 수 없다는 문제가 있다. 이를 보완하기 위해 부가세 신고 자료를 확인할 수 있지만 부가세의 경우, 매출과 매입에 따른 부가세 신고 내용만 확인할 수 있기에(즉, 인건비 등은 부가세에 해당하는 내용이 아니다) 물건을 판매하기 위해 매입한 물건, 임대료, 그리고 기타 일부 금액이 매출을 넘기는 경우는 많지 않다. 심지어 실제 운영은 적자일지라도 부가세는 추가 납부해야 하는 경우가 있을 수 있기 때문에, 해당 자료를 확인했다고 해서 100% 흑자를 보고 있는 매장이라고 판단하기는 어렵다(실제로 적자를 보는 매장 가운데 부가세를 추가 납부하는 경우가 더러 있다). 따라서 위의 두 가지 내용만 확인해서는 가장 중요한 순이익을 산출하는 데 한계가 있을 수밖에 없다. 대략적인 셈법만을 가지고 초보 창업자가 해당 매장의 정확한 매출 내역을 기반으로 순이익을 뽑아내기란 당연히 어려울 수밖에 없고, 이는 잘못된 판단을 내리는 데 치명적인 역할을 한다.

또 한 가지 문제는 적절한 인수 금액에 대한 증빙이다. 설령 해당 매장이 흑자를 내고 있다 하더라도, 인수 금액이 적절한지에 대해서는 누구도 논리적인 근거를 제공하지 못한다. 현재 부동산 시장에서 권리금에 대해 주장하는 바는 다음과 같다.

---

1. 해당 상권에서 보장되는 '바닥권리'
2. 기존 매장을 그대로 인수하는 경우 인정되는 '영업권리'
3. 기존 매장의 시설투자비를 고려한 '시설권리'

위 세 가지 내용을 적절히 조합해 '이런 매장 하나를 열기 위해 들어간 비용이 ○○원이고, 매출이 이 정도 나오면 ○○원 정도 받는 것이 시세이고, 이런 상권은 망해서 나가도 ○○원은 받고 나가는 곳입니다'라고 주장하며 최종 권리금을 제시하는 것이다.

그렇다. 이 '권리금'이 항상 제일 골치 아픈 부분이다. 권리금을 중개하는 조직들은 권리금이 높을수록 수익이 많이 돌아온다. 그러다 보니 당연히 권리금을 부풀리는 데 선수일 수밖에 없고, 이는 고스란히 초기 투자비 증가로 이어진다. 초기 투자비가 크다고 해도 장사만 잘되면 상관없다. 그러나 많은 돈을 주고 매장을 운영하게 되니 결국 본인이 원하는 만큼 수익을 내기가 쉽지 않다. 처음 소개받을 때는 이 정도는 싸게 들어가는 금액이니 유지만 해도 권리차익까지 볼 수 있을 것이라고 소개받지만, 막상 매장을 처분하려고 보면 금액이 맞지 않아 매각되지 않기가 일쑤다. 매장을 싸게 처분하려고 하면 '본전' 생각이 나서 도저히 엄두가 나지 않는다. 이렇게 시간은 흐르고 처음 인수한 금액이 터무니없었다는 것을 깨닫게 되는 순간, 매장은 헐값에 다른 사람에게 넘어간다. 그제서야 '당했다, 속았다'는 생각과 함께 처음 본인의 선택에 후회하게 된다.

지금까지 살펴본 내용이 터무니없다고 느껴지는가? 그러나 아직도 국내 프랜차이즈 업계 혹은 창업 컨설팅 조직은 대부분 단순한 '창업'만을 목적으로 하는 예비 창업자들을 유린하고 있다. 이들에게는 시작하는 순간을 맞이하는 것이 중요할 뿐, 그 후의 내용은 그다지 중요하지 않은 듯하다. 창업, 즉 장사의 무서움은 무엇보다 실패했을 때 다시 딛고 일어날 힘이 없다는 데 있다. 여유 자금 중 일부만을 이용해 창업하는 사람이 얼마나 있을까? 평생 모은 돈, 심지어 대출까지 끌어모아 정말 '목숨'과도 같은 전부를 걸고 하는 경우가 대다수다. 이런 사람이 실패를 겪게 된다면, 다시 일어설 힘조차 남지 않는 것이 너무나도 당연하다.

나는 이러한 실패를 피하고 싶은 사람들에게 다음의 세 가지 내용을 강조하여 설명한다.

첫째, 창업은 투자가 아니라는 사실을 잊지 말라

예비 창업자들은 대부분 본인이 투자한 금액을 기준으로 해당 사업의 수익성을 판단한다. 물론 수익성도 보지 않고 결정하는 것 또한 현명한 선택은 아니다. 그러나 실질적인 수익 금액과 투자 금액이 반드시 정비례한다고 생각하는 것은 위험하다.

소형 테이크아웃 전문점과 대형 커피 매장을 예로 들어 살펴보자. 총 창업 투자금은 사업체를 운영하는 데 필수적인 내용들을 마련하기 위한 것이고, 이는 대부분 부동산(보증금, 권리금)과 시설투자금(인테리어, 기타 집기 및 장비)으로 구성된다. 따라서 투자금은 업태에 따라, 그리고 면적에 따라 달라질 것이다. 그렇다면 과연 매출이나 순이익에도 그렇게 영향을 받을까? 현재 커피 시장 점유율 1, 2위를 다투고 있는 국내 브랜드인 이디야와 투썸플레이스, 그리고 최근 인기가 급상승한 빽다방의 표준 매출을 기반으로 비교해 보자.

	이디야 커피	투썸플레이스	빽다방
평당 개설 비용	2,090	1,844	2,120
기준 면적(평)	20	45	15
총비용	41,800	83,000	31,800
매장별 평균 매출액	209,936	518,384	252,374
매장별 면적당(평당) 평균 매출액	8,706	7,835	19,801

단위: 천 원 / 2018년 말 기준(출처: 공정거래위원회)

기본 매출과 개설 비용만 봐도, 전체 매출액은 면적 및 개설 비용과 일부 비례할 수는 있지만 면적당 매출액을 보면 대형 커피 매장의 효율성이 오히려 떨어진다는 것을 알 수 있다. 더불어 운영 형태를 고려하면 대형 매장을 운영하는 데 필요한 인건비와 고정비용(임대료 등)이 높기 때문에 당연히 순이익의 효율성도 떨어질 것이라는 점을 예상할 수 있다. 앞의 표에서 보이는 개설 비용에는 부동산이 포함되지 않았다. 브랜드별 운영 형태에 따라 실질적인 개설 비용은 몇 배로 늘어날 수 있다. 홀 매출 위주인 대형 커피 브랜드는 유동 인구가 많은 곳에 입점하길 선호할 것이고, 소형 테이크 아웃 전문점은 골목의 이면에도 충분히 입점할 수 있다. 그 모든 것을 고려하여 총투자비 대비 매출과 순이익의 효율성을 따진다면, 당연히 소형 매장을 운영하는 것이 맞는다는 답을 도출할 수 있다.

물론 매출과 순이익은 시장의 변화를 참고하여 면밀히 검토해야 한다. 과거 대형 매장 위주로 시장이 편성되었을 때는 소형 매장의 효율성이 훨씬 떨어지는 경우도 있었다. 중요한 것은 이렇듯 단순히 큰 매장을 운영한다고 해서 순이익이 올라가는 것은 아니라는 사실이다.

둘째, 취업을 할 때만큼 창업에도 노력을 기울여라

창업은 본인이 취업할 곳을 만드는 과정이다. 우리가 취업을 위해 했던 수많은 노력을 생각해 보라. 당연히 창업은 그 이상의 노력이 필요하다.

우리는 사회생활을 시작하면서 경력을 쌓아 나간다. 어느 정도 경력이 인정되면 그에 따른 처우와 급여를 받는다. 그러나 창업할 때 경력을 이어 갈 방법이 많지 않다 보니, 사장으로서 본인이 원하는 수준만큼 급여를 챙기기가 쉽지 않다. 나는 말하자면 신입사장이고, 앞으로 쌓아야 할 경력이 수없이 많기 때문이다. 급여만이 아니다. 우리가 상상하는 사장의 모습은 어떤가? 느지막이 일어나도 될 것 같고, 직원들이 알아서 일을 척

척 해줄 것 같고, 통장에 들어오는 돈만 잘 관리하면서 그동안 하지 못했던 자기 관리와 취미 생활을 하며 여유롭게 사는 모습을 그려 보지 않았던가? 사장은 단지 돈을 받고 계산하는 일만 하는 사람이 아니다. 조직 운영 관리부터 인사관리까지 모든 업무에 대해 파악하고 지시해야 하는 사람이다. 물론, 모든 것이 완전히 준비되어야만 시작할 수 있는 것은 아니다. 그동안 유관 부서와 협업하며 조직 내에서 일을 처리해 나갔듯이, 일을 할 줄 아는 사람들을 확보하는 것이 가장 중요하다. 더불어 어떤 문제가 발생하면 어떻게 처리해야 하는지를 담은 사전 프로세스 매뉴얼도 철저히 준비해야 한다. 무엇보다 사장이 역할을 다하지 못하면 사업체의 매출과 이익은 줄어들 것이고, 그렇다면 본인의 수입(급여)도 당연히 줄어든다는 점을 분명히 인식해야 한다.

이렇게 자신을 사장으로 취업시킬 터전을 만드는 과정이 창업이기 때문에 취업할 때보다 더한 노력이 필요하다고 강조한 것이다. 처음 자영업을 시작하는 사람들은 대부분 평소 하지 않았던 사람들을 대하는 일이 어려웠다고 토로한다. 우선 어떤 조직 안에서 그 일부로 지내 왔던 자신을 버리고 조직을 이끌어 나가는 수장으로서 마음가짐을 새롭게 해야 하며, 고객부터 협력사 혹은 경쟁사까지, 그 모두를 진심을 다해 직접 응대해야 한다. 처음이라고 누구나 다 '초짜'는 아니며, 오래되었다고 누구나 '베테랑'이 되는 것은 아니라는 점을 명심하라.

셋째, 올바른 자금 계획을 세워라

가장 중요한 부분이다. 누구나 공감하겠지만, 문제는 어떤 방법이 올바른지 알기가 쉽지 않다는 데 있다.

가용 예산이 총 1억 원인 가상의 인물을 예로 들어본다.

직장생활을 하며 모은 1억 원이라는 금액은 누군가에게는 쉽게 만져보지 못할 큰 금액일 수도 있다. 그러나 막상 창업을 하려고 보면 부족하게만 느껴진다. 우선 가장 큰 난관은 부동산에서 시작된다. 보증금에 권리금까지 있는 자리를 찾다 보면 금액이 1억 원을 훌쩍 넘어가 버린다. 권리금이 없는 자리를 찾아보지만, 그런 자리는 임대료가 높거나 입지가 좋지 않은 경우가 대부분이다.

거기에 시설 투자까지 하려고 보면 아무래도 금액이 맞지 않는다. 여기서 우리가 쉽게 도움을 받을 수 있는 것이 '대출'이다. 찾아보면 창업자에게 대출해 주는 기관이 굉장히 많다. 정부 지원 정책 역시 대부분이 '대출'과 관련 있어 부족한 돈은 이처럼 빌려서 시작하게 된다. 조금 모자란 금액을 빌려서 괜찮다고 판단되는 입지를 골라 예상 투자비를 뽑는다. 시설과 집기 등은 충분히 구매할 수 있을 것으로 보여 계약을 한다.

이제 또 다른 난관이 '철거' 단계에서 시작된다. 최대한 기존 매장을 살리면서 시작하려 했지만 일부 정리해야 하는 철거 비용은 항상 예산을 뛰어넘는다(애초에 반영하지 않은 경우도 많다). 철거가 마무리되면 업종에 따라 필요한 공사(인테리어)가 시작된다. 그런데 건물 여건상 도시가스나 전기의 용량이 부족해 증설해야 하는 경우 역시 빈번하게 발생한다. 마찬가지로 적은 돈이 아니다.

공사 과정에서는 끊임없는 추가 견적이 발생한다. 처음 받아 본 견적에는 포함되지 않아 예상할 수도 없었던 소방, 후드·덕트, 간판 등에 대한 추가 비용이 발생한다. 공사를 진행하다 보니 3~4주의 기간이 훌쩍 지나고, 어느새 임대료를 내야 할 시기가 다가온다. 첫 임대료는 장사를 해서 번 돈으로 낼 수 있다고 생각했다면, 역시 여기서 또 초과되는 금액이 발생한다. 인건비 역시 마찬가지다. 가게를 열기 전부터 교육 등을 위해 채용해 놓은 직원과 아르바이트는 첫 달 매출로는 감당하기 어려운 수준이다.

마지막으로, 초도 물류비가 있다. 물류는 월 마감 결제를 대부분 허용해 주는 편이긴 하지만, 첫 발주분에 한하는 초도 물류비의 경우 금액이 크기 때문에 대부분의 물류 업체에서 초도 물류비는 제외하는 경우가 더 많다.

겨우겨우 고비를 넘겨 개업을 했다. 처음에는 '오픈빨'인지 장사가 잘되는 듯하다가 갑자기 매출이 떨어지기 시작한다. 이때부터 긴밀한 대응이 필요하다. 바로 '마케팅' 비용이 필요한 시점이 다가온 것이다. 그저 매장만 열심히 운영하면 될 거라고 생각해서 예산에 반영하지 않았던 '고정비'가 발생한다.

더불어 개업 과정에서 부족한 금액을 '대출'로 메꾸다 보니 '원금 상환금+이자'라는 고정비가 추가된다. 이 또한 개업 전에는 전혀 예상조차 하지 못했던 부분이다.

그 와중에 매출이 오르지 않아 어쩔수 없이 직원을 재조정한다. 인력이 줄어들게 된 매장은 결국 매출에 한계가 생기고, 이렇게 처음 예상했던 매출과 차이를 보이며 운영의 어려움은 가중된다.

아무리 잘 예상하고 예산 계획을 세워도 앞서 언급한 것들 중 한두 개라도 놓치면 반드시 어려움을 겪을 수밖에 없다. 그러니 다음의 내용을 꼭 체크해야 한다.

1. 임대차 계약 기간 중 렌트프리(rent-free) 기간을 확보한다(공사 시 임대료 지급 방지).

2. 건물 내 제반 시설, 본인의 업종에 필요한 시설을 체크한다.

3. 추가 견적으로 발생할 수 있는 부분을 사전에 확인한다(인테리어 공사 계약서 필수).

4. 첫 달 임대료, 인건비, 초도 물류비는 예산에 반영해 둔다.

5. 평소 고정비로 나갈 항목을 세부적으로 체크한다.

매출의 흐름 역시 잘 예상해야 한다. 매출은 기본적으로 매장의 하드웨어(넓이 - 테이블 수, 직원 수 - 상품이 전달되는 데 소요되는 시간)와 긴밀하게 연결되어 있다. 그 밖에도 계절, 날씨, 경기 영향, 경쟁점 동향 등 다수의 예측 가능한 요소와 예측 불가능한 요소가 관련되어 있다.

처음 시작하는 이들은 대부분 '장밋빛 미래'만을 꿈꾸는 실수를 한다. 장사에서 관건은 대박을 치는 것이 아니라 '쪽박'을 피하는 데 있다는 점을 염두에 두고 계획을 세운다면 언젠가 '대박'의 기회를 맞이하게 될 것이다.

초보 창업자의 가장 큰 어려움은 이러한 데이터를 사전에 알 수 없다는 데 있다. 물론 장사를 오래 했다고 해서 누구나 이러한 데이터를 활용하는 것도 아니다. 그렇기 때문에 사전에 간접적인 데이터를 확인하고 시작하는 것이 중요하며, 이는 곧 '쪽박'을 피하는 지름길이다. 창업에는 연습이 없다. 곧바로 실전이다. 천천히 레벨을 끌어올릴 시간이 주어지지 않는, 단기간 내에 만렙을 달성하느냐 못하느냐의 싸움이다. 따라서 가장 중요한 점은, 어쩌면 당연한 이야기일 수도 있겠지만, 자신이 가장 '잘'하는 일이어야 한다는 것이다. 그래야만 스스로 즐겁게 일할 수 있고, 버틸 힘이 생긴다. 돈을 많이 벌 수 있다는 자극적인 영업, 보도자료, 대박을 친다는 프랜차이즈 등등 그들이 추천하는 것은 자신에게는 해당되지 않는 업종일 수 있다.

단순히 돈을 쫓아가는 창업을 할 것인가, 아니면 천천히 돈이 쫓아오는 창업을 할 것인가?

사업 제대로 해라!
돈을
아끼거나,
만들거나,
바꾸거나!

report.

#5

**해외 쇼핑 앱
셀러문**

노한나 대표

어릴 때부터 다른 나라를 동경했지만 정작 스물일곱 살에 해외여행을 처음 떠났던
자칭 프로 경험러. 그 이후 17개 국가, 26개 도시를 다니며 세계의 상점을 모두 갖고 싶다는
생각으로 창업했다. 상품을 제공하는 자와 원하는 것을 갖고 싶어 하는 자가
모두 행복해지는 유통 프레임을 만드는 것이 목표다. 그래서 감정적 문자 집착자에서
조금씩 호기심 많은 현실주의자가 되어 가는 중이다.

돈을 아끼는 게 먼저!

돈을 두 배로 불리는 가장 안전한 방법은 돈을 반으로 접어 주머니에 넣는 것이다.
- 킨 허바드

우리는 아끼는 게 습관이 된 사람들이다. 얼렁뚱땅 하는 소비에 잠시 기쁨을 느끼더라도 줄줄 새어 나가는 잔고를 보고서는 스스로를 자책할 수 있다.

사람들이 돈을 아끼는 이유는 다양하다. 주택 대출 이자를 내야 하고, 자녀 양육비로 쓸 돈을 남겨야 하고, 일 년에 한번쯤은 가족들과 해외여행을 가야 한다. 우리는 돈을 아껴서 어떤 형태로든 미래에 더 나아지길 바란다. 더구나 시장은 당신의 아끼는 습관을 너무나 잘 알고 있다. 당신이 아끼는 패턴을 지지하고 흥정을 제안한다. 예를 들어 마트에 있는 1+1 상품, 오늘만 반값, 깎고 싶어 하는 당신을 위한 남용에 가까운 쿠폰 발행으로 소비에 도움을 준다. 그리고 아주 합리적인 소비를 했다는 기분 좋은 합리화를 만들어 준다.

그렇다면 돈을 아끼는 저만의 방식이 있을까? 돈을 아끼는 첫 번째 방법은 저축이다. 저축에는 '크기'라는 것이 있다. 이 크기는 내가 벌어들이는 수입과 오르락내리락하는 물가에 따라 달라진다. 무엇보다 저축의 크기를 결정하는 것은 나의 감정 상태에 따라 달라지는 소비 패턴이다. 즉, 돈을 아낀다는 것은 소비를 아낀다는 것이 되고, 소비라는 굴레에 갇혀 돈을 아끼는 계획을 가지고 있다면, 우리는 더더욱 소비하는 행동에 집중할 수밖에 없다.

지금부터 1분간 다이어트만 생각한다면 무슨 일이 벌어질까? 다이어트 네 글자를 떠올리는 순간 어제 먹었던 치킨, 낮에 커피를 마시며 먹은 달콤한 초코케이크, 마음이 헛헛해지는 퇴근길에 들러 구워 먹었던 삼겹살이 생각난다. 특정한 생각을 억누르려 할수록 그것이 떠오르는 백곰효과와 마찬가지로 하지 말아야 하는 명령어에 갇혀 하지 말아야 할 것을 하게 되는 부자연스러운 얽매임을 경험하게 된다. 이렇듯 아낀다는 생각에 사로잡힐수록 우리는 감정적 소비를 한다.

누구나 감정적 소비 패턴을 가지고 있다. 이를테면 커피 값은 아껴도 택시는 꼭 타야 하는 것처럼 말이다. 한번은 친구와 함께 이탈리아로 여행을 갔다. 베네치아부터 피렌체, 로마, 나폴리까지 위에서부터 아래로 내려오는 여행을 했다. 우리는 아래로 내려올수록 스파게티 면이 딱딱해진다는 사실을 알게 되었다. 도시마다 스파게티 면을 익히는 정도가 달랐다. 그런데 그 여행 내내 불편했던 점은 함께 간 친구가 여행 중에 먹는 음식과 마시는 것, 보는 것까지 돈을 아껴 제대로 누리지 못했다는 것이다. 여행 경비를 아끼게 되어서 다행이라고 생각한 것도 잠시, 나는 깜짝 놀랐다. 그 친구는 돌아오는 공항 면세점에서 여행 경비를 훌쩍 넘는 해외 제품을 샀다.

그때 나는 돈이라는 것에도 '감정의 위치'가 있다는 것을 느꼈다. 한정된 자원 안에서 자기 기분에 따른 소비 습관을 갖게 되고, 그것이 반복되면 같은 이유로 돈을 아끼는 동시에 소비하게 된다. 우리는 이런 습관으로 대출금 상환을 번번이 미루는 사람이 되고 있다. 아끼는 것이 문득 억울할 뿐 아니라 앞으로 잘 벌 수 있을 거라는 어설픈 기대감 때문에 엉뚱하게 새어 나가는 돈이 걷잡을 수 없을 때가 많다.

아끼는 행동, 즉 감정의 소비를 하는 행동에서 자유로워지려면 어떻게 해야 할까? 다시 다이어트 이야기로 돌아와, 돈을 아끼는 행동을 몸무게를 줄이는 행동 원리에 비유해 보자. 지금부터 5킬로그램 감량이라는 목표를 세웠다면 섭취하는 지방을 줄이는 것이 먼저일까, 몸 속 지방을 태우는 것이 먼저일까? 아니면, 결국 지방을 단백질로 바꾸는 것이 먼저일까?

돈을 만드는 게 먼저?

돈을 만드는 방법은 사람들이 정확하게 알고 있다. 시간을 들여 일을 하고 수입을 얻거나, 돈을 들여 투자한 뒤 수익을 얻거나 또는 두 가지를 동시에 한다. 물론 일을 하는 형태와 투자의 대상은 다양하다.

먼저, 시간을 들여 일을 하는 이야기를 해보자.

나는 스타트업 CEO가 되기 전에 방송작가로 활동하고 있었다. 작가 생활을 하는 동안 내가 맡았던 업무는 기업인을 섭외해 대담을 나누는 프로그램을 기획하는 것이었다. 그때 출연자와 인터뷰하면서 회사의 여러 사정을 듣게 되고 자연히 홍보에 관련된 콘텐츠를 만들어 달라는 부탁을 받게 되었다. 기업이 주최하는 행사의 스크립트를 작성하거나, 기업의 제품명을 정하고 제품의 스토리를 만들거나, 대표가 회사를 설립하게 된 이유를 스토리로 만들어 달라는 일이었다. 하나씩 맡다 보니 방송은 나의 영업 루트가 되고 관련된 여러 곳에서 보수가 많은 일이 꾸준히 들어왔다.

어느 순간 수입이 커지자 나는 딴생각을 하기 시작했다. 일에 투여되는 시간을 한 달 중 최소한으로 잡고 밤을 새어서라도 마감한 뒤 나머지 시간에는 일을 하지 않았다. 나는 30일 중 10일을 일하고 20일을 놀았다. 한 달을 살아가는 1대 2 법칙을 만든 것이다. 일하지 않는 동안 나는 17개 국가를 여행하며 시간을 보냈다. 2년 뒤에 어떤 일이 일어났을까? 한 달 중 20일을 쉬면서 여행하는 데 많은 돈을 썼다. 돈이 필요해지자 수입을 늘리기 위해 1대 2법칙을 20일 일하고 10일 쉬는 2대 1 법칙으로 바꿔야 했다. 그러나 이것도 얼마 가지 않아 새로운 선택의 순간이 왔다. 더 많은 시간을 들여 일을 하거나 시간을 얻기 위해 수입을 포기해야 했다. 결국 나는 방송작가를 그만두었다. 다행히 그동안의 여행 경험을 담아 지금의 서비스를 만들고 스타트업 CEO가 되었지만, 시간과 수입의 비례에 또다시 직면하게 되었다.

직원을 채용할 때 나는 회사의 자금 상황에 맞춰 한정된 연봉을 지급할 수밖에 없었다. 그러나 우리 회사에는 경력사원이 필요했다. 스타트업은 특정한 시장에 문제의식을 갖고 해결 방법을 플랫폼—App(애플리케이션) 또는 Web(웹사이트)—으로 제안하기 때문에 IT 업계의 경험과 노하우가 많은 경력 개발자가 필요했던 것이다. 그들은 내가 지급할 수 있는 것보다 훨씬 많은 연봉을 요구했다. 지금의 기술을 갖기까지 많은 시간을 들여 일을 하고 자기 경험에 투자해 왔기 때문이다. 수입을 규정짓는 프레임이라는 것이 있다. 그것은 정확히 시간과 비례한다. 우리에게는 돈을 만들어내는 데 있어서 시간을 뛰어넘을 능력이 없다.

다음으로, 돈을 들여 투자하는 이야기를 해보자. 지금 종잣돈 3,000만 원이 생긴다면 어디에 투자해야 할까? 이자를 보장받는 저축과는 달리 투자는 기대 수익에 못 미칠 수도 있고, 심지어 원금을 유지하지 못할 수도 있다. 수익률이 불확실하다는 것인데, 이런 사실을 알면서도 투자하는 순간에는 리스크를 보기보다 긍정적인 기대를 갖게 되는 심리가 있다. 떨어지는 낙하산에 돈을 던질 사람은 아무도 없다. 그러나 이런 심리를 넘어 투자하고 수익을 내기까지 소요되는 시간을 계산하거나 구체적인 계획을 세우기는 어렵다.

'바쁜 직장인은 부동산 아니면 펀드밖에 할 게 없지 않나요?'

'주식은 안 해요?'

'해외 주식 아니면 삼전(삼성전자)이나 겨우 할 뿐이에요.'

'앞으로 어디에 투자해야 할까요?'

'글쎄요. 공부를 좀 해야 하지 않을까요?'

'이건 뭐, 뱃살 빼겠다고 요가학원비에 투자했더니 매일 한 시간을 또 투자하라는 격이네요.'

은행에 다니는 친구가 아침마다 동료와 차를 마시며 나누는 실제 대화다. 돈이 돈을 생산해내기 위해서는 구체적인 계획과 목표가 필요하다.

증식한 돈으로 빚을 갚겠다는 목표도 좋고, 여행을 가겠다는 목표도 좋다. 그렇게 목표를 가지고 에너지를 집중해도 투자한 돈을 지켜내기는 어렵다. 결론적으로 돈을 만드는 데는 시간의 한계와 불확실성이라는 리스크가 있다. 신의 축복으로 상속을 받는 것 말고는 우리는 아끼거나 만들거나 하면서 꾸준히 돈과 싸워 나가야 한다.

우리는 돈의 가능성을 +, -의 수직적 구조로 보지 말고 수평적 구조로 바꾸는 작업을 시도해 볼 필요가 있다. 돈을 바꾼다는 것은 스스로 확보 가능한 재화만으로 진정한 생산 과정을 만들어내는 것이다. 여기에는 투자금도 필요 없다. 수입을 위해 과도한 시간이 들지도 않는다. 돈을 바꿔 나가는 과정에는 다양한 방법이 있겠지만, 그 방법 가운데 하나로 나의 비즈니스를 소개하려 한다. 나는 셀러문이라는 플랫폼으로 진정한 생산 과정을 만들기 위해 노력하고 있다. 지금부터 그 과정을 소개한다.

내 것 하나 더 사는 기분으로

나를 CEO로 만든 '셀러문' 서비스는 해외여행 중의 인스타그램으로 시작되었다. 17개 국가를 돌아다니면서 나는 수많은 해외 상점을 찾았다. 팬시 중독인 나는 각 나라의 노트를 수집하고 비교하는 습관이 있다. 도쿄에서 산 노트의 종이는 서울에서 산 노트의 종이보다 조금 더 얇아 다음 장을 넘기는 기분이 좋았고, 프랑크푸르트에서 산 노트는 사라사 문양의 양장 표지에 열쇠고리가 달려 있었다. 파리에서 산 노트는 표지가 물감 아트였고 풀 붙임 노트가 아닌 끈 묶음 노트였다. 나는 기록하는 의미로 노트를 산 상점 사진과 수집한 노트 사진을 인스타그램에 올렸다. 그러자 '나도 파리에서 본 적 있어요'라며 사고 싶다는 댓글이 달렸다. 한국에 돌아온 뒤 당장 나부터가 걱정이었다. 파리 노트를 다시 사고 싶어도 비행기를 타고 가지 않는 한 살 방법이 없었다. '좀 더 많이 사올걸' 하는 아쉬움만 남았다.

그럴 때마다 생각했다. '사람들은 해외 여행지에서 경험했던 상품을 다시 사고 싶을 때 어떻게 할까?' 그 생각이 조금 더 발전해 '사람들은 해외 제품을 어떤 방법으로 사지?'라는 호기심으로 자랐을 때, 한국에서 해외 제품을 구매할 수 있는 세 가지 방법을 알게 되었다.

첫째, 아마존과 같은 직구 사이트를 통해 직접 구매하는 방법이 있다. 영문 또는 각 나라의 언어로 된 사이트에 접속해 직접 VISA나 마스터 카드로 결제한 뒤 한국으로 배송받는다. 그러나 각 나라의 정책에 따라 해외 배송이 안 되는 품목이 많고, 상품 상세 정보를 정확히 파악하기도 어렵다.

둘째, 직구 사이트에서 해외 배송이 안 되는 상품을 현지에서 직접 수령해 대신 배송해 주는 일명 '배송대행지' 업체가 있다. 그러나 배송대행지 사이트를 처음 이용하는 고객은 너무 복잡해 구매를 포기하기도 할 만큼 편의성이 떨어진다. 더구나 위메프에서 운영하던 배송대행지 위메프박스는 실적 악화로 서비스를 종료한 사례가 있다.

셋째, 해외로 이동하면서 상품을 판매하는 구매 대행 업체가 있다. 이들은 소비자의 니즈를 고려하기보다 판매자 중심으로 이윤이 많이 남는 상품을 공급하며, 블로그 등의 일관적이지 않은 판매처를 통하다 보니 안정성이 떨어진다.

그동안 위 세 가지 방법을 번갈아 쓰면서 '사람들이 원하던 해외 상품을 갖는 기쁨을 누릴 수 있었을까?' 하는 근본적인 의문이 들기 시작했다. 나는 사이트를 통해 해외 상품을 구매한 경험보다 해외여행을 하며 직접

105

상품을 구매한 경험의 비율이 높다는 사실을 알게 되었다. 즉 사람들이 해외 상품을 찾는 것은 자신이 직접 경험했던 상품을 재구매하는 경우가 많다는 뜻이다.

독일 프랑크푸르트를 여행하다가 괴테하우스 옆에 있던 100년 전통의 바커스 커피(Wacker's Kaffee)를 마셔 본 사람은 웹사이트에서 바커스 커피 원두를 사는 방법을 찾게 될 것이다. 그리고 미국 유학 중 피츠 커피(Peet's Coffee) 매장에 앉아 책을 읽던 경험이 있는 사람은 구수했던 맛을 떠올리며 피츠 커피 원두를 구매하고 싶어 할 것이다.

나는 그동안 해외 제품을 구매하던 방법과는 다른 마켓이 필요하다고 느꼈다. 애플리케이션으로 서비스되고 있는 셀러문은 해외 상점에 접근할 수 있는 사람이라면 누구에게나 자기만의 상점을 열어 주고 취향에 맞는 해외 상품을 등록하게 했다. 또 구매자들에게는 본인이 경험한 해외 제품을 직접 요청할 수 있도록 했다. 우리가 서비스를 시작한 뒤 가장 집중한 것은 해외에 있는 판매자(셀러)와 한국에 있는 구매자 사이의 연결이었다. 이들이 서로 연결되어 거리의 장벽 없이, 결제의 장벽 없이 원하는 것을 주고받게 하는 일에 집중했다.

그러자 놀라운 일이 생겼다. 해외 제품을 구매할 수 있는 세 가지 방법만으로 살 수 없던 독특한 상품이 셀러문에 나타나기 시작했다. 입소문만으로 바로 공급할 수 있는 속도감 있는 마켓이 되자 셀러문에서 한창 유행하던 상품이 8개월 뒤 올리브영에 입점하는 상황을 지켜볼 수 있었다.

나는 이 서비스의 필요성을 느꼈던 처음 시점을 끝까지 기억하려고 했다. 그 노력의 일환으로 내가 인스타그램에 올린 사진을 보고 사고 싶다고 댓글을 단 팔로워들에게 내 것 하나 더 사는 기분으로 상품을 사다 주었다. 내게 작은 취향의 연결과 그것이 돈이 되는 희열감을 안겨 준 소중한 기억이다.

잘 파는 사람들의 비밀

셀러문은 해외에 있는 사람들이 그곳에 있는 온오프라인 상점의 재화를 국내의 소비자와 공유하면서 수익을 얻을 수 있는 해외 상품 거래 플랫폼이다. 투자자들은 셀러문 마켓을 표현하는 '취향의 공유', '비행기를 타지 않아도 해외 상점이 내 손 안에'라는 말랑한 문장을 들을 때면 눈을 동그랗게 뜨고 쳐다본다. '저래서 사업이 되겠어?'라는 표정을 짓지 않아도 나는 그들의 속내를 읽을 수 있다.

그러나 우리는 안정적인 비즈니스 모델이 작동하도록 세 가지 거래 패턴에 대한 정의를 분명하게 내리고 있다. 또 운이 좋게도 든든히 우리를 응원하는 주주가 있으며, 얼마 전 한 셀러가 월매출 1,600만 원을 달성했다. 그리고 빠른 시일 내에 월매출 1억 원 셀러를 배출하는 것이 목표다. 1,600만 원이라는 숫자의 의미를 한 번 더 짚고 넘어가자면, 한국에서 해외로 이사 간 K씨가 회사를 다니거나 다른 경제 활동을 하면서 소소하게 시작한 일이었는데, 1개월에 50~80건 이상의 물건을 판매하게 된 것이다. 물론 K씨는 매출이 나는 시점에 사업자로 전환한 뒤 세금을 내며 상품을 판매하고 있다.

셀러에게 많은 혜택을 주고 구매자를 연결하는 플랫폼을 운영하면서 회사 수익을 위해 장기적인 목표를 세워야 하는 우리 같은 서비스가 숫자로 인정받아 투자를 받는다는 것은 엄청나게 어려운 일이다. 그러나 활동

107

하는 셀러들을 보면 가능성과 방향성이 절로 잡힌다. 이제는 우리가 셀러의 MD(Merchandiser, 상품기획)를 따라가지 못할 정도로 그들의 속도가 빠르다. 셀러문의 장점 중 하나는 상품 정보가 궁금한 고객이 셀러에게 메시지를 보낼 수 있다는 점인데, 이 메시징이 고객보다 셀러에게 유리한 점으로 작용한다. 셀러의 MD가 날로 발전하는 이유는 꾸준히 고객과 접점을 유지하면서 그들의 구매 행동 변화를 스스로 찾아내고 있기 때문이다.

이쯤에서 잘 파는 사람들의 비밀을 하나 알려주려 한다.

현재 월매출이 1등인 셀러도 처음부터 잘 팔지는 못했다. 셀러가 셀러문 플랫폼에 적응하고 안착하기 위해서는 시간이 필요하다. 평소 지인에게 우스갯소리로 셀러문은 '핸드메이드 앱'이라고 표현할 만큼 고객에 맞춰 한 땀 한 땀 곳곳에 정성을 들인 세밀함이 있다. 기능이 많다는 것은 결코 아니다. 다만 플랫폼을 잘 활용해야 셀러로서 잘 안착한다는 것이다. 처음에 소소하게 10건 정도 판매한 뒤 어느 정도 적응한 셀러가 본격적으로 판매량을 늘리기 위해서는 다른 맥락의 시도를 해야 한다. 한마디로, 셀러만의 콘셉트가 필요한데 셀러들은 그것을 스스로 찾아가고 있다.

한 독일 셀러는 현지 마트에서 장을 볼 때나 청소를 할 때, 그리고 TV를 보다가 문득 '아하!' 하고 통찰이 온다고 한다. 그렇게 떠오른 상품들을 셀러문에 등록하는데, 그냥 '이런 상품이 있어요'라고 등록하지 않는다. 셀러만의 창의력으로 아이디어를 만들고 상품에 콘텐츠를 입히는 것이다. 이를테면 한강공원에서 펼쳐두고 여름을 즐길 '피크닉 와인 세트 바구니'를 판매하면서 죠지(George)의 곡 'Let's Go Picnic'을 함께 소개하는 것이다. 앱에서 음악을 연결하려면 상품 등록 후 셀러문 MD에게 제안해야 한다. 이렇게 콘텐츠가 입혀진 상품은 셀러문 입장에서도 광고하기가 훨씬 수월하다. 셀러의 특색을 잘 살려 공을 던지듯 광고를 던지다 보면 한 아이템이 폭발하는 현상이 일어난다. 한 아이템으로 신나게 팔다 보면 그렇게 이슈를 만들어낸 경험으로 다음 아이디어를 생각하고, 그렇게 또 잘 팔리는 상품을 만들어내는 것이다.

소비의 속도는 달리는 코끼리보다 빨라서 지금 사람들이 좋아하는 것만 쫓아가면 뒤처지기 마련이다. 잘 팔리는 상품은 금세 변하고, 판매자의 일방적인 상품은 싫증을 자아낸다. 우리가 새로운 제안으로 고객에게 합리적인 소비를 설득할 때 더 이상 '1+1 상품'이나 '오늘만 반값'과 같은 흥정이 통하지 않는다. 우리는 그들에게 새로운 만족감을 주어야 한다.

다시 구매하는 심리 _ 다이어트 약은 왜 잘 팔릴까?

매일 무엇을 어떻게 팔아야 할지 생각하다 보면 스스로 어떤 광고에도 설득당하지 않겠다는 괜한 고집이 생기곤 한다. 고객을 설득해야 하는 사람으로서 마케팅을 바라보는 분석적 시선을 가지려 노력하지만 늘 실패하고 구매하게 되는 아이템이 있다. 바로 다이어트 약이다. 여름이 가까워지자 다이어트 약 광고가 SNS를 열자마자 눈에 띈다. 다이어트 약을 잘 팔리게 하는 공식이 있다. 아마도 다이어트 약 판매에 한해서이겠지만.

첫 번째 공식은 적당한 가격대다. 단품 기준으로 1개월 섭취분의 가격을 3만 원대로 만든다. 그다음으로 2개 묶음에 5만 원(1만 원 할인), 3개 묶음에 7만 원(2만 원 할인) 하는 식으로 패키지 상품을 만들어 구매를 유도한다.

두 번째 공식은 광고 콘텐츠 소재를 전염성 강한 동영상으로 만드는 것이다. 살짝 통통한 20대 여성을 섭외해 실제로 인터뷰를 나누며 날씬해지는 과정을 시간 흐름에 따라 찍는다. 그리고 1개월 뒤 텅 빈 바지를 보여주며 '저도 이렇게 될 줄 몰랐어요~ 호호' 하는 인터뷰 모습을 보여준다. 모델이 그 약을 먹고 뺐는지 엄청난 운동을 했는지 알 수 없지만, 그것을 보는 사람은 '나도?' 하는 기대심리를 갖게 된다.

세 번째 공식은 광고하는 영상 피드에 엄청난 댓글이 달리는 것이다. 물론 알바와 실제 구매자가 적절히 섞여 있겠지만 보통은 댓글을 읽기보다 댓글 개수만 보고 빠르게 구매를 선택하기 때문에 상관없다.

네 번째 공식은 구매하는 웹사이트를 아주 단순하게 만드는 것이다. 영상에 혹한 구매 가능자가 사이트에 들어왔을 때 다른 어떤 상품도 소개되어서는 안 된다. 영상에서 본 다이어트 약만 상품으로 존재해야 고민 없이 빠르게 구매할 수 있다.

최근 조금 지능화된 다이어트 광고를 본 적이 있다. 나는 이미 그 다이어트 약을 사서 섭취하고 있었는데, 처음 봤던 광고 콘텐츠가 아니었다. '한 달 섭취했는데 안 빠져서 다시 시도해 보았습니다!'라는 솔직한 후기로 다시 다이어트에 도전하는 모습의 동영상이었다. 나는 설마하면서도 그 영상을 끝까지 보았고 결국 또 구매하게 되었다. 이른바 낚인 것이다.

그렇다면 다이어트 약은 왜 이렇게 잘 팔리는 것일까? 그것도 한 번의 구매로 그치지 않고 어떻게 다시 구매하게 만드는 것일까? 심지어 한 친구는 다이어트 영상 광고가 눈에 띌 때마다 종류별로 구매해 비교하며 섭취하고 있었다.

나는 셀러문을 운영하면서 사람들이 다시 구매하는 심리를 관찰했다. 셀러문이 앱 서비스로만 광고할 때는 고객을 유치하기가 힘들었으나 재구매율이 높다는 장점이 있었다. 한번 앱을 설치한 사람은 떠나지 않고 다시 구매하며 쇼핑의 즐거움을 느끼는 것 같았다. 그러나 우리가 웹 서비스로 확장하고 네이버 로그인을 적용하는 순간 고객 유치율과 구매 전환율은 높아졌지만 재구매율은 급격히 떨어졌다. 플랫폼을 만드는 과정에서 서비스의 첫 이미지를 보인 뒤 고객을 유치하는 일, 유치한 고객이 어떻게든 빠르게 구매하게 하는 일, 배송받은 뒤 재구매하게 하는 일이 모두 어느 하나 빠짐없이 중요하다.

앞서 설명했듯이, 웹 서비스로 확장한 뒤 재구매율이 떨어지는 현상은 플랫폼 환경과 상관관계가 있을 거라고 생각했다. 그러나 다이어트 약을 다 먹기도 전에 다시 구매하는 고객의 입장이 되고 보니 다시 구매하게 하는 행동에는 플랫폼 환경보다 더 강력한 어떤 힘이 있다는 생각을 하게 되었다. 다시 구매하는 힘은 어디에 있을까?

다이어트 약으로 돌아가 나의 구매 후기를 떠올려 보면, 분명 약의 효과를 보지 못하고 실패한 구매를 했다고 느꼈다. 그러나 내가 다시 구매할 때의 심리에 집중해 보면, 구매 효과의 실패를 다이어트 약(타인)이 아니라 나의 탓으로 돌렸다.

'내가 많이 먹어서일 거야'

'내가 운동을 하지 않아서일 거야'

다이어트는 철저하게 남을 탓할 수 없는 구조로 되어 있다. 사람들은 타인의 탓이 아니라 자기 탓일 때 재구매한다. 여름휴가를 위해 선글라스를 구매했는데 선글라스의 다리가 부러졌다면 똑같은 상품을 다시 사지 않겠지만 잃어버린 거라면 같은 상품을 다시 사게 되는 심리와 비슷할 것이다. 그래서 다이어트 약은 불패의 신화를 만들며 여전히 잘 팔리고 있다.

우리 앱에서 재구매율이 떨어진다면 고객에게 셀러문 탓을 할 여지를 주었음을 짐작하게 된다. 도대체 사람들은 어떤 이유로 셀러문 탓을 하고 있는지, 그들을 다시 구매하게 하는 비밀은 무엇인지 여전히 찾는 중이다.

다시 구매하게 하는 힘 _ 습관을 부르는 소비

분명히 사람들이 다시 구매하는 것에는 그만한 비밀이 있다. 앞서 우리는 셀러문이 앱에서 웹으로 확장하는 플랫폼 환경의 변화에 따라 재구매율이 떨어졌다고 판단했다. 그러나 그것이 얼마나 고객을 얕고 단순하게 파악한 것인지 반성하게 된다. 어쩌면 사람들의 소비는 절대 합리적일 수가 없다. 우리가 고객의 행동 변화에 집중해 패턴을 분석하고 '더 알아보기' 버튼을 '구매하기' 버튼으로 좀 더 직접적으로 바꾸면서 구매를 유도하고 있다고 해도 사람들은 다시 사지 않는다. 만족스러웠던 레스토랑을 두 번째로 가면 실망하기 마련이고, 나의 고통을 해결해 줄 만한 극적인 이유가 있지 않은 한 새로운 곳에서 새로운 경험을 하고 싶은 것이 고객의 심리인 것이다.

셀러문은 새로운 만족감을 주는 독특한 마켓이 되어야 한다는 분명한 비전이 있다. 그러나 사실 조금 혼란스러운 문제에 닥치게 된다. 성공하는 영화, 비틀즈처럼 많은 사람이 좋아하는 음악, 1초에 하나씩 팔려 나가는 아이템도 잘되는 이유를 들여다보면 익숙함에서 오는 친숙함이 있다는 사실을 발견하게 된다. 성공하는 영화 시퀀스에는 관객을 낯설게 하지 않는 성공의 공식이 있고, 비틀즈의 아름다운 멜로디도 어디선가 들어본 듯한 아련함에 자꾸만 듣게 된다. 남들은 다 가지고 있는데 나만 가지지 못하면 뒤처진다는 느낌 때문에 1초에 하나씩 팔려 나가는 아이템이 되는 것이다. 사람들에게 확산되는 것들을 보면, 거기에는 분명 익숙함이 있다.

그래서 더더욱 셀러문은 독특한 마켓만 고집할 수 없다.

결국 색다름과 친숙함의 저울질이다. 시장은 트렌드라는 조각을 모아 유행이라는 테두리를 갖게 된다. 트렌드와 유행의 관계처럼 우리는 색다른 호기심을 익숙하게 만들어내는 힘이 필요하다. 과연 그 힘을 길러내는 데 성공한다면, 우리는 고객으로 하여금 다시 구매하게 할 수 있을까? 솔직히 예측할 수 없다. 앞서 말한 대로 소비의 패턴은 빠르게 변화하고, 다시 사고 싶은 고객의 감정은 때에 따라 바뀐다. 그러므로 색다름과 친숙함의 저울질 또한 무의미한 순간이 오는 것이다.

서비스 이후 현재까지 2년이 넘도록 단 한번도 셀러문을 떠나지 않은 고객이 있다. 나는 그분을 통해 고객의 생각을 짐작하고 많은 패턴을 배우기도 한다. 처음 그분은 셀러문에 악성 민원을 제기한 고객이었다. 당시는 무수한 앱 업데이트로 셀러문이 갖가지 시행착오를 겪으며 한창 실수를 저지르던 시기였다. 그분은 구글플레이의 셀러문 페이지에 악플을 단 행동과는 별개로, 우리의 반복되는 실수만큼이나 꾸준히 구매를 했다. 그리고 조금씩 셀러문이 커가는 모습을 지켜보면서 지금도 반복적인 구매를 하고 있다. 그분은 단지 사고 싶은 게 있었을 뿐일지도 모른다. 그동안 산 물건들을 보면 셀러가 추운 겨울날 어묵탕에 곁들여 먹던 유자향이 나는 유자와사비 같은, 여전히 일본 식탁에 놓여 있는 듯한 스토리가 있는 물건을 찾았다. 해외에서 일상을 보내다가 자연스럽게 발견한 상품을 공유하는 셀러의 물건만 반복적으로 구매한다. 셀러문을 통해 소비로 경험을 대신하는 것이다.

우리가 색다름과 친숙함의 저울질 속에서 소비 패턴을 분석하기만 한다면, 한정된 자원 안에서 지는 게임을 하는 것인지도 모른다. 물론 저울질을 하지 않을 수는 없겠지만 이미 공룡이 된 마켓들과 싸울 셀러문만의 방법이 필요하다. 우리는 해외의 셀러와 함께 끊임없이 상품을 재생산해야 한다. 그것이 셀러문이 가장 잘하는 일, 즐거운 일이 될 것이다.

그러니까 돈을 바꾸는 게 먼저!?

다시 돈을 아끼는 것과 돈을 만드는 이야기로 돌아와 보자. 우리가 여전히 수직적인 돈의 관점으로 소비를 하게 된다면 어쩔 수 없이 저축통장을 바라보며 줄어드는 숫자에 집착하거나 불확실한 투자에 불안해진다. 그러나 돈을 수평적 구조로 이해하는 훈련을 하게 되면 내게 주어진 재화만으로도 진정한 생산 과정을 만들어낼 수 있다. 그 방법을 셀러문에 비유하긴 했지만, 사실 정말 다양하다.

우리는 돈이 교환의 수단이라는 것을 기억해야 한다. 거래의 기초가 물물교환이므로 내게 주어진 재화를 돈 대신 사용할 수 있다. 나를 둘러싼 환경에서 돈이 아닌 다른 가치를 발견할 필요가 있다. 그러면 돈의 구조는 새롭게 설정되고 자유로워진다. 어떻게 하면 수입을 더 높일지 고민하기보다 확보된 시간 안에서 원하는 일을 즐겁게 하는 데 집중하면 얼마 후 성장해 있는 자신을 발견할 수 있다. 어디에 투자해 소득을 얻을지 고민하기보다 가진 돈을 유지하는 방법을 찾는 것만으로도 자본을 증식하는 기본적인 태도를 배울 수 있다. 이런 가치의 발견은 돈을 숫자로 파악하지 않고 점차 돈이 스스로 움직이게 만드는 힘을 만들어낸다. 즉 생각만으로 돈을 벌 수 있다.

진정한 생산을 위해서 자신이 가진 재화, 즉 자신이 잘하는 일부터 발견하자. 무엇에 만족감을 느끼고 무엇에 집중할 수 있는지 파악하는 것이 중요하다. 우리는 돈을 바라보는 태도와 생각을 바꿔야 한다.

> 돈이 인생의 목적이라면 달성하기 어려울 것이다. 현재 하는 일을 사랑하
> 라. 그리고 고객을 중시하라. 그러면 성공은 조용히 당신을 찾아온다.
> – 레이 크록(맥도날드 창업자)

국민연금만 믿지 마라!
지상 최고 수익률
태양광발전 투자

재생에너지 솔루션 업체
에너지팩토리

심정현 대표

일간지 기자 생활을 하던 중 급작스러운 회사의 부도로 길가에 나와 버렸다.
여러 가지 일을 고민하다 2009년까지만 해도 아직 생소했던 태양광발전 사업을 과감하게
결심하고 에너지팩토리를 차렸다. 처음에는 자가 상업용 태양광발전소를 만드는 것이
목적이었던 회사가 시간이 지나며 다른 사람의 태양광발전소를 만들어 주는 회사로 커가는
중이다. 햇빛을 팔아 돈을 번다는 황당한 사업 아이템으로 만든 회사는 지금까지
잘 운영되고 있으며 불법과 사기, 오해가 판치는 세상에서 그나마 정도를 걷고 있는
회사라 자부하고 싶다. 재생에너지가 점점 더 필요한 세상에 한 줌 도움이
되고자 하는 소박한 꿈을 가지고 있다.

내가 태양광발전 사업을 준비하고 시작한 것이 2009년쯤이니 태양광과 함께한 지도 벌써 10년이라는 시간이 지났다. 우리나라에서 태양광발전설비가 본격적으로 보급된 것이 2007년 무렵이니 거의 초창기 멤버가 아닐까 싶다. 그동안 우리나라의 주요 태양광발전 지원 제도는 발전차액지원제도(Feed In Tariff, FIT)에서 신재생에너지 의무할당제(Renewable Portfolio Standard, RPS)로 바뀌었고, 이에 따라 사업 추진 과정에 많은 제도적·환경적 변화가 있었다. 그사이 신재생에너지에 대한 국민 인식도 많이 바뀌었다. 환경을 생각하는 삶, 깨끗한 자연, 자연 친화적인 에너지가 그 변화되는 인식의 중심에 있다. 그리고 2019년 현재에도 태양광발전 사업에 관한 정부의 정책·제도·법령은 크게 변화하고 있는 중으로 태양광발전 사업자들이 사업을 추진하는 데도 어려움이 많아졌다. 방송에서 수차례에 걸쳐 태양광발전 사업을 진행하는 데 여러 가지 어려움을 겪고 있다고 이야기한 것도 이와 같은 맥락에서였다. 그럼에도 많은 사업자와 사업

117

예정자들은 태양광발전 사업을 하려고 정보를 알아보고 있다. 왜 그럴까? 그 이유는 간단하다. 태양광발전 사업이 지금 이 시대에 돈이 되기 때문이다. 더불어 비교적 안정적이기도 하다. 심지어 친환경적이다. 이제부터 그 이유를 알아보려 한다.

방사능 공포, 미세먼지 없는
안전한 대한민국에서 살고픈 마음

우리나라는 핵발전소 천국이다. 이 작은 나라에 2019년 현재 핵발전소가 30개(5개는 건설 중)나 있다. 국토의 남쪽, 동쪽, 서쪽이 모두 핵발전소에 둘러싸여 있다. 북쪽으로는 휴전선이 막고 있으니 통일이 빨리 되지 않는 한 핵발전소가 터지면 도망갈 곳이 없다. 심지어 우리의 핵발전소들은 한곳에 옹기종기 모여 있기까지 한다. 어느 지역 1호기, 2호기, 3호기, 4호기, 5호기, 6호기…… 정부와 원자력 마피아들은 단위면적당 최고의 효율을 내기 위해 핵발전소들을 모아 놓았다고 자랑하고 있지만, 이것은 재앙이다. 만약 이 중 하나라도 터진다면 모여 있는 핵발전소는 모두 터진다고 봐야 한다. 그렇게 되면 우리나라의 거의 모든 국토가 방사능에 오염되고 회복 불능의 상태가 될 것이 자명하다.

33년 전, 옛 소련의 체르노빌에서 원자로가 폭발하는 사고가 있었다. 사고 후 방사능오염 때문에 핵발전소를 콘크리트로 덮었다. 그 후 시간이 지나면서 균열 등의 문제가 계속 발생하자 러시아는 2016년 말 폐원자로를 철관으로 덮고 있다. 강철 돔이다. 이것은 인류가 만든 움직이는 구조물 돔 중 가장 큰 것이다. 지금까지 강철 돔을 만들고 옮기는 데 한화로 약

2조 8,000억 원의 비용이 발생했고, 앞으로도 얼마나 더 비용이 들어갈지 모른다고 한다.

안전 문제에 관한 한 세계 최고라는 일본

동일본대지진으로 발생한 후쿠시마 핵발전소 폭발로 일본은 이미 한화 약 200조 원을 지출했다. 일본 정부의 발표에 따르면 앞으로 비용이 얼마나 더 들어갈지 모른다는데, 안전 문제에 대해서는 세계 최고라는 일본도 후쿠시마 방사능오염에는 별다른 대책이 없어 보인다. 일본은 후쿠시마 방사능 사고에 대해서는 현재도 앞으로도 '노답'이다. 그렇다면 우리나라는 어떨까? 핵발전소 폭발 사고가 났을 경우에 어처구니없는 제도로 기업을 보호하고 있다.

핵발전소는 A라는 건설회사가 만들고, 한국수력원자력(주)이 운영한다. 우리나라에서 원전 사고가 나면 운영사인 한수원이 5,000억 원 한도에서 사고에 대한 배상에 책임을 진다. 건설회사인 A는 사고에 대한 비용을 전혀 부담하지 않는다. 일본 후쿠시마의 경우, 지금까지 약 200조 원이 사고 후 처리 비용으로 들어갔다. 그렇다면 우리나라에서 원전 사고가 나면 누가 나머지 비용을 지급하게 될까? 바로 우리다. 우리의 세금이 사고 후 처리 비용으로 쓰이게 될 것이다.

최근 3년 동안 경주와 포항 인근에 지진이 계속 발생하고 있다. 이곳은 약 400만 명이 살고 있는 우리나라 제2의 도시 부산과 인접해 있다. 고리/월성 핵발전소 13기가 조밀하게 몰려 있는 곳이기도 하다. 이제 우리나라도 지진 안전 국가는 아닌 듯하다. 만약 이곳에 지진이 난다면? 정말 생각하기도 싫다. 가짜 뉴스들과 원전 옹호론자들, 보수 세력들은 이렇게 말한다. 핵발전소는 미국이 98기이고 중국이 46기인데, 우리는 30기밖에 안 되니 더 지어야 한다고 말이다. 틀린 말은 아니다. 그러나 그 나라들의 국토는 우리보다 100배 이상 넓다. 결국 비교할 수 없는 것을 비교하는 것이다. 대부분 이런 식으로 가짜 뉴스가 사람들 사이를 떠돈다.

가까이에 있는 일본은 우리나라 면적의 네 배 크기이나, 현재 42기의 핵발전소를 운영하고 있다. 일본은 이미 18기의 핵발전소를 폐기했다. 후쿠시마에서 대재앙을 맛보았기 때문이다. 이것이 바로 학습효과다. 일본은 히로시마, 후쿠시마 두 곳에서 핵 피폭을 당한 유일무이한 국가가 아니던가. 독일 또한 29기의 핵발전소를 폐기했으며, 영국 역시 30기의 핵발전소 가동을 중지했다. 미국도 35기의 핵발전소가 이미 폐기됐다. 이 모든 것이 의미하는 것은 무엇일까? 국토 단위면적당 핵발전소 보유량은 대한민국이 이미, 그리고 앞으로도 당분간 세계 최고다. 이런 나라에 사는 우리는 잠재적인 방사능 재앙에 항상 노출되어 있다.

화력발전은 어떨까? 화력발전은 주원료가 석탄이다. 연료용 석탄은 크게 무연탄과 유연탄으로 나뉘는데, 발전과 동시에 필연적으로 환경오염이 동반된다. 화력발전은 미세먼지의 주범이기도 하다. 환경 관련 전문가들의 절대 다수가 국내에서 발생하는 미세먼지의 원인으로 최근 석탄(화력)발전소를 지목했다. 2018년 12월 기준으로 국내 석탄발전은 총 발전설비의 31%를 차지하고 있다. 특히 61기의 석탄발전소 가운데 미세먼지 배출량이 많은 30년 이상 된 노후 석탄발전소가 6기나 된다.

얼마 전 뉴욕에 다녀왔다. 뉴욕에서 한 달 정도 시간을 보내면서 많은 것을 느꼈다. 자연을 바라보며 '미국이 부럽다'는 생각이 들었다. 특히 부러운 것이 바로 '하늘'과 '공기'다. 뉴욕 같은 대도시도 하늘을 보면 참 맑다. 공기도 서울에 비해 깨끗하다. 뉴욕만이 아니다. 다른 곳들도 공기, 하늘이 예쁘기 그지없다. 그에 비해 2019년 현재 서울의 공기는? 전국을 돌아다니는 직업이다 보니 많은 지역을 둘러보지만, 이제 우리나라에 공기와 하늘이 깨끗한 지역은 별로 없는 것 같다.

전기는 필요하다. 그러나 이제 전기를 생산하고 소비하는 것에 대해 진지하게 생각해 봐야 하는 시점에 와 있다. 현 시점에 가장 현실적인 대안이 바로 태양광발전이라고 생각한다. 재생 가능한 에너지, 무한한 에너지원인 태양광을 이용한 전기발전을 두고 우리는 많은 이유와 논리로 '해야 한다', '하지 말아야 한다'고 서로 싸우고 있다. 깨끗한 에너지를 쓰자는 것에 진보와 보수가 나뉘어 지금처럼 싸울 이유가 없다. 이념 논리도 중요하지만 결국 우리에게는 삶이 더 중요한 것이 아닌가. 안전하게 생산된 전기, 깨끗하게 생산된 전기를 사용하는 것이 얼마나 중요한지는 이미 다른 선진국에서 그 방법을 보여주고 있다. 적어도 태양광발전은 방사능의 공포에서 자유로울 수 있다. 또한 다른 발전에 비해 자연을 비교적 덜 훼손하면서 필요한 에너지를 얻는 방법이기도 하다.

돈은 필요하다

우리가 학교에서 많은 시간을 공부하고, 많은 책을 읽고, 좋은 학교에 들어가고, 좋은 직장을 구하려 애쓰는 이유는 결국 안정적인 삶을 영위하기 위해서다. 삶의 안정성과 질을 높이는 가장 큰 요소가 바로 돈이다. 너무 대놓고 돈을 밝히는 것 같지만 사실이다. 그래서 은행, 증권사, 투자사, 보험사, 연금회사 등 다양한 금융기관에서는 항상 수익을 올릴 수 있는 여러 금융 투자 상품을 출시해 판매하고 있다. 그 이름도 상품처럼 다양해 무슨 펀드, ELS, 무슨 연금보험, 해외 국채, 해외 펀드 등이 있고, 가끔은 다단계 상품이 투자자들을 유혹하기도 한다. 그러나 이 모든 상품들에 대해 금융 전문가들은 한결같이 말한다.

"연 0~2% 기준금리 사회에서 10% 이상의 안정적인 고수익은 불가능하다."

근본적으로 매년 10% 이상 수익을 내는 안전한 금융상품은 이 세상에 없다고 생각해야 한다. 그리고 그것이 있다고 광고하는 상품이 있다면, 나는 그런 상품은 사기라고 단언한다. 그나마 안정적인 수익을 보장하는 대한민국의 금융상품은 정부의 국민연금밖에 없다는 것이 내 결론이다. 정부가 매년 공식적으로 밝히고 있는 국민연금의 수익률은 연평균 5% 이상이다.

국민연금을 살펴보자. 국민연금공단에서 밝힌 지난 30년의 누적 수익률은 5.92%다. 물론 원금이 보장된다. 이것은 정부가 공식적으로 밝힌 수치이니 어느 정도 믿음을 가져도 된다. 물론 반론도 많다. 해마다 국민연금은 적자라며 수익률을 의심하는 사람들도 있다. 국민연금이 국내외 증시에 투자 비중을 늘리면서 증시가 내림세이면 운용수익률이 1%대까지 떨어지기도 하고 증시가 오름세이면 10%가 넘는 수익률을 올리기도 한다. 국민연금의 증시 투자 비중이 높아지면 불규칙한 수익률은 어쩔 수가 없다. 이것도 투자이니 말이다. 그러나 정부 발표를 보면 실제로 국민연금을 받는 369만 명의 가입자들은 현재 월평균 39만 6,000원을 받고 있다고 한다. 이들이 낸 월평균 보험료는 9만 8,000원으로, 가입자들의 수명이 변수가 되겠지만 높은 수익을 보장하는 것은 맞다. 결국 국민연금은 낸 돈보다 받는 돈이 더 많은 까닭에 대한민국의 인구가 감소해 연금 납부액이 줄어드는 2030년경부터는 기금이 고갈된다는 단점이 있지만, 이 문제 역시 정부가 잘 해결할 것이라고 믿는다.

그래서 나는 이 시점에 태양광발전 사업이 국민연금보다 더 높은 수익을 안전하게 보장한다고 주장한다. 태양광발전 사업이 금융상품은 아니지만 안정적인 수익을 보장하는 투자 상품이라는 생각에는 지금도 변함이 없다. 단, 정부 정책이 지금과 같은 기조로 계속 이어진다는 전제하에서 말이다. 앞으로 정부의 제도와 지원액 등이 변하면 물론 수익이 떨어질 수도 있다. 그러나 현존하는 대한민국의 투자처 중 태양광발전 사업이 현재 가장 안전한 것만은 확실하다. 온실가스 감축, 미세먼지 저감, 친환경 사업이라는 깨끗한 이미지 또한 우리 정부가 추구하고 있는 녹색성장이라는 큰 어젠다와 그 틀을 같이하고 있다.

태양광발전 사업의 장단점을 간단하게 정리해 보면 다음과 같다.

👍 / 장점

1. 수익을 어느 정도 예측할 수 있다.
2. 매년/매월 거의 고정된 금액이 수익으로 생긴다.
3. 공사 기간이 짧다.
4. 태양이 뜨는 한 수익은 지속된다.
5. 다른 원자재가 필요 없으며, 매연 등의 환경 피해가 전혀 없다.

건축물 위에 발전사업허가를 받아 태양광발전설비를 설치할 경우 가중치 1.5를 받는다.

👎 / 단점

1. 초기 투자비용이 비교적 커 목돈이 들어간다.

2. 은행 대출로 자금을 조달하는 까닭에 금리에 항상 신경 써야 한다.

3. 인허가 기간이 꽤 길고, 허가를 못 받을 수도 있다(최소 6개월~1년 이상).

4. 정부 정책과 제도의 변화가 빨라 정보에 귀를 기울여야 한다.

그럼 이제 우리나라 태양광발전 사업의 수익 구조를 알아보자.

세계적으로 태양광발전 사업의 국가 지원 제도는 크게 FIT와 RPS로 양분되어 있다. FIT는 단일 단가 고정 가격 제도이고, RPS는 이원 단가 변동 가격 제도다. 쉽게 설명하면, FIT는 정부가 정한 일정 기간에 사업자들이 태양광발전설비를 설치하면 정부가 고시한 고정된 가격에 전기를 구매하는 제도다. 반면 RPS는 일정 규모 이상의 대규모 발전설비를 보유한 사업자(우리나라의 경우 한국전력공사 산하에 있는 6개 발전자회사 등)에게 정부가 일정 규모의 할당량을 정해 주고 사업자가 그 비율만큼 의무적으로 신재생에너지로 발전하거나, 만약 하지 못하면 신재생에너지로 발전된 전기를 구매하게 해서 할당량을 채우는 제도다.

2019년 현재 태양광발전 사업의 정부 지원 제도는 RPS에 기반을 두고 있다. 과거에는 우리나라도 사업자에게 유리한 FIT 제도를 운영했지만 2011년을 마지막으로 이제 더는 시행하고 있지 않다. FIT 제도에 정부의 재원이 많이 들어가기 때문이라고 한다. 더불어 우리 정부의 태양광발전에 대한 지원 제도는 RPS 이외에도 여러 가지가 있다. 각자 자신이 처한 상황에 맞춰 적절한 지원 제도를 통해 태양광발전설비를 설치하면 된다. 그중에서 수익으로만 보면 RPS 제도가 현재로서는 사업자에게 가장 많은 수익을 안겨 주고 있다. 그럼 여기서 우리나라의 RPS 제도에 대해 좀 더 알아보자.

RPS 제도에서 수익 계산은 아래 공식으로 설명할 수 있다.

$$발전량 \times SMP + (REC \times 가중치) = 발전\ 판매\ 수익$$

SMP(System Marginal Price, 계통한계가격)는 전력 도매가격 정도로 생각하면 된다. REC(Renewable Energy Certificate, 공급인증서)는 공급인증서의 발급 및 거래 단위다. 즉 신재생에너지 발전설비에서 공급된 MW 기준의 신재생에너지 전력량에 설비상태 등에 따라 가중치를 곱하여 부여되는 단위다(1,000kW=1REC로 표기).

　가중치는 설치 상태에 따라 한국에너지공단 신재생에너지센터에서 신재생에너지 설비를 확인할 때 부여하는 일종의 가산점 또는 가감점을 말한다. 예를 들면 보통 건축물 지붕이나 옥상을 활용하면 가중치 1.5(150%)를 부여하고 임야에 설치하면 가중치 0.7(70%)을 부여한다. 즉 정부 입맛에 맞게 태양광발전설비를 설치하면 가중치를 더 주고 아니면 덜 주는 방식이라고 생각하면 된다. 가중치가 사업자의 태양광발전 수익에 중요한 변수가 된다.

　건축물 위에 설치된 99kW 용량의 태양광발전설비에서 2019년 3월 1일부터 31일까지 1개월 동안의 발전량이 1만 3,000kW라고 가정(이 기간에 SMP는 112원/kW, REC는 7만 원/REC라고 가정)한다면 수익 계산은 다음과 같다.

발전수익=13,000kW×112원+(13REC×가중치 1.5×REC 단가 70,000원)
2,821,000원= 1,456,000원+1,365,000원

　즉 건축물 위에 설치된 99kW 태양광발전설비에서 생산된 전력의 판매금액은 총 282만 1,000원이 되는 것이다. 단순하게 1년이 12개월이니 12를 곱하면 1년에 3,385만 2,000원의 수익이 생긴다.

한국전력에 전기를 판매하고 받는 금액(매출)= 발전량×SMP
REC 판매금액(공급 의무 발전사를 통해 얻은 매출)=발전량×REC×가중치

현물시장	계약시장
• 수요와 공급에 의해 매매가 체결되는 시장 • 장기 계약을 하지 않은 발전 사업자 거래 • 매주 2회 개설 (화/목요일)	• 매매 당사자끼리 계약을 체결하는 시장 • 별도 의무공급량 입찰에 의한 매매계약 • 연중 개설 (신재생에너지센터 연/2회) • 계약 기간: 20년 • 계약 내용: 해당 설비로부터 발생하는 공급인 증서 전량 계약 (SMP+REC 고정가격입찰)

이렇게 사업자에게 1개월에 2회 각각 입금된다. 물론 이 수익 계산은 우리가 매일 날씨를 정확히 예측할 수 없으니 변동이 있다. 이 기준에서 수익이 감소할 수도 있고 더 늘어날 수도 있겠지만 대략적인 금액을 따져 볼 수는 있다.

REC는 현물시장과 계약시장을 통해 시장에서 현금으로 바꿀 수 있다. 두 시장 중 어느 시장을 선택하느냐는 전적으로 사업자의 판단에 따른다. 또 한번 계약시장에 들어와 발전자회사와 장기 계약을 하면 계약 해지가 거의 불가능하다. 즉 한번 결정된 금액은 20년간 바꿀 수 없으니 계약할 때 사업자가 모든 내용을 신중히 선택해야 한다.

그럼 99kW의 태양광발전설비를 설치하려면 비용이 얼마나 들어갈까? 2019년 4월 현재 토지나 건축물이 있다는 가정하에 순수 설치 비용은 약 1억 5,000만 원 내외다. 이는 절대적인 금액은 아니며, 단지 기준 정도로 생각하면 된다. 당연히 모듈 사양이나 인버터 사양에 따라 금액이 바뀔 수 있고, 특히 토목공사의 유무와 그 내용에 따라 금액이 증감될 수 있다. 만약 보강토 등으로 옹벽을 설치해야 한다면 비용이 크게 늘어난다. 그리

토지 위에 설치한 태양광발전설비. 잠자던 토지를 활용해 수익을 올릴 수 있다.

고 토지 위에 설치한다면 개발 행위 허가 비용, 지적공사의 측량 비용 등이 추가될 수 있고, 그 밖에도 민원 해결에 예상치 못했던 비용이 들어갈 수 있다. 한전 계통연계 거리에 따라 한전 불입금 납입액이 달라질 수 있으니 이 점도 참고해야 한다.

만약 태양광발전설비를 설치할 토지나 건축물이 없다면 그 비용 또한 추가로 들어가야 하니 당연히 비용이 더 든다. 2019년 5월 현재, 토지가 없는 사람이 태양광 분양 업체를 통해 태양광발전설비를 분양받는 금액은 99kW당 2억 5,000만 원 내외로 형성되어 있다.

토지나 건축물이 있어 약 1억 5,000만 원을 투자해 1개월에 약 250만 원 정도의 수익을 낸다면 이보다 더 좋은 투자처가 있을까? 더불어 이 투자는 안정적이기까지 하다. 만약 발전자회사와 20년간 고정 가격 계약을 한다면 사업자는 20년 동안 안정적으로 거의 일정한 수익을 얻을 수 있다.

보통의 경우 99kW 태양광발전설비의 금융 조달 비용을 제외한 초기 투자비(2019년 기준)는 다음과 같다.

건축물 위에 설치할 경우 약 5,000만 원 안팎(대출 1억 원 안팎)

토지가 있을 경우 약 6,000만 원 안팎(대출 1억 1,000만 원 안팎)

토지가 없을 경우 약 9,000만 원 안팎(대출 1억 5,000만 원 안팎)

종합해 보면 99kW 태양광발전소를 건축물 위에 설치할 경우 1억 5,000만 원을 투자(5,000만 원 자부담/1억 원 대출)해 20년 동안 월 약 250만 원의 수익을 얻게 되며, 수익 중 대출 원리금 약 100만 원을 상환한다면 순수익으로 약 150만 원이 남는다는 결론에 도달한다. 2019년 현재, 이만한 수익에 이 정도로 안전한 상품이 또 있을까? 1억 5,000만 원이 투자비라고 생각하고 1년 수입이 약 3,000만 원이라고 예상해 보면 투자비 원금은 약 5년이면 회수할 수 있다. 이자까지 생각한다면 약 7년 정도면 충분히 회수된다.

태양광발전 사업은 이른바 대박이 나는 사업은 아니다. 안정적으로 꾸준히 일정 금액의 수익이 장기간 생기는, 국민연금과 비슷한 사업이라고 생각하면 될 듯하다. 실제 사례를 몇 가지 소개한다.

example

건축물 위에 20kW 발전설비를 설치한 A씨

경기도 화성에서 작은 공장을 운영하는 A씨는 공장을 운영하는 개인사업자다. 주변 공장이 지붕 위에 태양광발전설비를 설치하고 수익을 올린다는 이야기를 듣고 공부해, 2007년 봄에 태양광발전설비 20kW를 본인의 공장 지붕 위에 설치했다. 총설치비는 3,200만 원이 들었고 유지비는 현재 거의 없다.

매달 한전(SMP)으로부터 약 25만 원, 1년에 약 300만 원의 수익을 얻고, 발전자회사에 REC를 1년에 43REC 정도 판매하고 있다. REC 판매 금액은 약 300만 원으로 1년에 SMP와 REC를 더하면 총 약 600만 원의 수익을 내고 있다. 매월 50만 원 정도의 수익으로, 건축물 위에 설치하여 가중치 1.5를 받아 일반 토지 위에 설치했을 때보다 수익이 높다.

A씨는 은행 대출 없이 본인 부담으로 설비를 설치했으니 약 5~6년이면 원금이 회수된다. 그 후부터는 온전히 그의 수익이다. A씨는 매월 비록 크지는 않지만 꾸준히 수익이 발생하는 자신의 투자에 만족한다.

example

30년 동안 세금만 내던 임야에 1MW의 발전설비를 설치한 B씨

B씨는 돌아가신 아버지에게 경기도 용인에 있는 약 5,000평의 임야를 물려받아 소유하고 있었다. 그러나 서울에서 대기업에 다니는 B씨는 매년 재산세 등 세금만 낼 뿐 그 땅을 관리도 못할뿐더러 어떻게 활용할지도 잊어버리고 살았다. 심지어 본인 토지 옆에서 농사를 짓는 마을 주민이 토지 절반 정도를 B씨의 허락 없이 농지로 사용하고 있는 상황이었다. B씨는 자신의 땅에 5년 넘게 한 번도 가보지 않은 것이다. B씨의 땅은 지목만 임야일 뿐 경사가 완만한 정남향 토지였다.

2007년 가을, B씨는 임야에 태양광발전설비를 설치하면 지목이 잡종지로 바뀌고 수익도 발생한다는 사실을 알게 되었다. 태양광발전설비에 투자하기로 결심한 그는 업체를 선정해 계약하고 허가 및 공사 등 모든 업무를 위탁했다. 허가나 공사에 대해서는 전혀 모르기 때문에 전문 업체에 모든 것을 믿고 맡긴 것이다. 개발 행위 허가, 마을 민원 등 몇 가지 힘든 문제가 있었지만 업체는 무난히 허가를 받고 공사를 시작해 2008년 여름에 발전설비를 준공했다.

현재 B씨는 발전설비에서 매달 약 2,000만 원의 발전수익을 올리고 있으며, 은행 대출 원리금을 상환하고도 매달 약 1,000만 원의 실수익을 올리고 있다. 비록 15년이라는 대출 기간이 길다면 길지만 발전자회사와 20년 장기계약을 해두었기에 크게 걱정하지 않는다. 더불어 토지 가치도 상승해 임야로 있을 때보다 개발이 끝난 토지의 시세가 많이 올랐다. 지금 당장은 아니지만 미래 가치로 보면 B씨는 부동산 투자도 잘한 셈이다. B씨는 몇 년 후 승진을 못하면 퇴직할 예정인데, 그 후에도 걱정할 것이 전혀 없는 삶을 살 수 있다고 좋아한다.

그렇다면 태양광발전 사업이 안전한 이유는 무엇일까?

첫째, 태양광발전 사업은 근본적으로 토지를 가지고 하는 부동산 사업이다. 즉 토지 위에 하는 설치 사업이므로 토지가 있는 한 다른 어느 사업보다도 계속될 가능성이 높다. 또 현재까지 태양광발전설비가 들어가는 토지는 준공 후 지목이 잡종지로 바뀌기 때문에 향후 다른 목적의 사업으로 토지를 전용하는 데도 상당히 유리하다(지목이 임야인 경우 2018년 10월부터 개발 행위 허가가 일시 전용으로 바뀌었다).

둘째, 한전 또는 한전의 발전자회사들과의 장기계약(20년)을 통해 투자 수익이 조기에 확정지어져 대략의 수익 금액을 한눈에 알 수 있기 때문에 자금 운용이 편하다. 즉 수익 분석이 가능하다는 장점이 있으며, 따라서 미래를 예측할 수 있고 또 자금 계획을 세울 수 있다.

셋째, 날씨라는 변수가 있지만 결국 태양은 항상 뜬다. 우리 곁에 태양이 항상 존재한다는 것, 이것은 정말 중요한 장점이다. 전기를 만드는 원자재, 즉 태양광은 무한하며 우리 모두에게 무료다.

태양광발전 사업을 하고자 한다면, 이것만은 꼭 확인했으면 한다. 일단 태양광발전 사업을 하려면 사업 예정자는 사업이 가능한 토지를 가지고 있어야 한다. 즉, 사업 부지가 확보되어 있어야 한다. 건축물을 소유하고 있다면 그 건축물의 지붕이나 옥상도 사용할 수 있다. 그 토지나 건축물은 되도록 임대보다는 사업주 소유여야 한다. 그래야 사업주 의지대로 사업을 이끌어 갈 수 있다. 또한 해당 부동산에 대출(근저당) 및 제한 조건이 없어야 한다. 그래야 토지 및 건축물을 담보로 하는 태양광 대출이 가능하다. 즉 부동산은 투자 비용에 포함시키면 안 된다는 것이 중요하다.

현재는 토지를 매입해 태양광발전 사업을 하기가 무척 어렵다. 이제 전국에 태양광을 하기 위해 구입할 수 있는 저렴한 토지는 거의 없다고 보아야 한다. 그런 까닭에 토지가 없는 사람들은 태양광발전설비 분양에 관심을 갖는다. 그러나 태양광발전설비 분양도 쉬운 것만은 아니다. 분양 역시 누가 어떻게 하느냐에 따라 그 내용이나 설비가 하늘과 땅 차이다. 또 원래 계획대로 진행되지 않는 경우도 허다하다. 발전설비 분양과 관련한 실제 피해 사례를 몇 가지 소개한다.

example

분양계약서를 제대로 확인하지 못한 A씨

태양광 사업 예정자 A씨는 태양광 분양 업체 B와 충남 부여에 위치한 99kW 태양광발전소 2구좌를 분양받는 계약을 맺고, 1구좌당 계약금 5,000만 원씩 총 1억 원을 지급했다. 분양 업체 B는 발전 사업 허가 및 개발 행위 허가를 전부 받았으니 사업에는 전혀 문제가 없다고 자신만만했다. A씨가 계약할 당시 1차분 16구좌는 전부 분양되어 실제로 전기 준공되어 가동 중이었고, A씨는 1차분 옆에 있는 2차분 18구좌 중 2구좌를 분양받았으니 발전소 준공에는 별 문제가 없을 거라고 생각했다. 그러나 시간이 한 달 두 달 계속 흘러가도 공사가 진행되지 못하고 있었다. 답답해진 A씨는 분양 업체 B에 왜 공사를 못 하느냐고 문의했지만 B는 마을 주민들의 민원 때문에 공사를 못하니 계속 기다리라는 답만 할 뿐이었다. 계약한 지 반년이 흐른 뒤 더 기다리지 못한 A씨는 계약을 해지하고 계약금을 환불해달라고 분양 업체에 요청했지만 불가하다는 답변을 받았다.

분양계약서에는 마을 민원 등의 해결 주체가 갑(A씨)의 업무 영역으로 되어 있어서 마을 주민들의 여러 가지 민원(마을발전기금 등)을 결국 A씨가 해결해야 하는 상황이었다. 심지어 마을 주민들은 허가와 관련해 지자체장을 고발하고 행정심판까지 청구한 상황이었다. 지금까지도 A씨는 문제를 해결하지 못하고 있다.

불성실 신고 세금 폭탄을 맞은 C씨

태양광 사업 예정자 C씨는 태양광 분양 업체 D와 전남에 있는 99kW 태양광발전소 4구좌를 분양받는 계약을 맺고 공사를 진행했다. 분양 업체에 계약금을 지급했고, 공사가 진행되어 은행과 대출 계약도 맺고 중도금을 지급했으며, 공사가 끝나 잔금도 지급했다. 발전설비 역시 무사히 준공되어 발전을 시작해 C씨에게는 매달 발전대금도 입금되었다.

아무 문제 없이 다 끝난 줄 알았던 C씨는 1년이 조금 지난 시점에 국세청 조사를 받고 불성실 신고 가산세 등 세금 폭탄을 맞아 어찌할 줄을 모르고 있다. 분양받았던 발전설비의 토지등기 이전 과정에서 분양 업체가 문제없다고 했던 다운계약서가 문제의 발단이었다. 분양 업체 D는 500평씩 4개 부지를 C씨에게 분양하면서 토지등기 이전을 위해 분양 업체 D 명의로 하지 않고 원토지주와 직접 계약서를 작성하게 했다. 특히 토지매매계약서는 실제 매매 금액보다 거래 금액을 줄인 다운계약서를 작성하게 했다. C씨는 분양 업체와 99kW 발전설비 1기당 2억 3,000만 원에 계약했을 뿐, 해당 토지 매매 금액이 얼마인 줄도 몰랐다고 한다.

분양 업체 D가 미등기 전매로 수익을 올렸다고 판단한 국세청은 검찰에 고발하고 세금 탈루를 조사하고 있다. 또한 다운계약서를 작성해 허위 신고한 원토지주와 C씨에게는 불성실 양도소득세 신고에 대해 세금을 추징했다.

이 외에도 피해 사례가 많다. 그래도 '나는 땅이 없어 분양을 받아야 한다'는 사람은 다음의 몇 가지 사항을 꼭 확인하라.

첫째, 토지 명의자를 꼭 확인하라. 대부분의 분양 업체가 토지를 빌려서 발전 사업 허가 및 개발 행위 허가를 받는다. 이때 차후에 세금 문제 등이 복잡해질 수 있으며, 계획대로 인허가를 받지 못하면 분쟁의 소지가 될수 있다.

둘째, 모듈 및 인버터 사양을 확인하고 가능하면 좋은 제품을 사용하기 바란다. 태양광모듈과 인버터는 발전설비의 핵심 부품이다. 한번 설치하면 바꾸거나 환불받기 어려우니 신중히 선택하고, 분양의 경우 사업주의 뜻에 따라 제품들을 선택하기 어려울 수 있으니 분양회사와 잘 상의해 결정해야 한다.

셋째, 환불 조건 등 분양받지 못할 경우를 대비하라. 최근 태양광 분양 시장을 보면 발전설비 공사를 하고 준공을 하는 곳보다 진행이 안 되는 경우를 더 많이 보게 된다. 이때 분양회사와 분양자들 사이에서 문제가 되는 것 중 가장 큰 이슈가 이미 지급된 비용 문제 등으로 생기는 갈등이다. 아무리 계약서를 잘 만들고 문제 없이 진행되었다 하더라도 마을 주민들의 민원을 해결하지 못하고 개발 행위 허가를 받지 못해 최종적으로 불발되는 경우를 꼭 대비하기 바란다.

제발 바뀌었으면 하는 것들
공룡 기업 한국전력

이 회사는 외형적으로는 주식회사다. 대한민국 증시에도 상장되어 있으며, 2019년 5월 기준 시가총액 20위의 거대 공룡 회사다. 이 정도 규모의 에너지 회사는 전 세계로 넓혀 보아도 한국전력이 거의 유일하다. 한국전력은 대한민국의 에너지 산업 전체를 독점하고 있다.

미국 경제 전문지 〈포브스〉가 선정한 세계 상장 기업 순위에서 삼성전자가 지난해보다 한 계단 오른 13위를 기록했다. 한국 기업으로는 삼성전자가 유일하게 100위권에 들었다. 반면 지난해 295위이던 한국전력은 500위권 밖으로 밀려났다. 한국전력은 2016년 97위를 기록해 삼성전자와 더불어 100위 안에 든 유일한 기업이었다.

한국전력 전체 지분 가운데 외국인 지분 비율이 28% 정도 되고 산업통상자원부, 즉 정부 지분이 60%가 넘는다. 결국 국가가 운영하는 회사라고 보아야 한다. 사장, 임원 등도 전부 정부에서 임명하며, 지금까지도 모든 직원의 정년이 보장된다. 한국전력 산하에 6개의 발전자회사가 있다. 6개 회사 모두 한전이 100% 출자한 회사로, 2000년 초 한국전력에서 발전 부문을 분리해 나왔다. 특히 대한민국의 모든 핵발전소를 운영하는 한국수력원자력㈜는 나머지 5개 발전자회사의 매출을 합한 것보다 매출이 큰, 자회사들 중 대장 회사다.

통신 시장도 개방되어 3사(KT, SK, LG)가 경쟁하듯이, 전력 시장도 이제는 개방하면 어떨까? 한전이 원하는 민영화가 아닌 국민을 위한 민영화가 추진되었으면 한다. 전력 시장이 개방되고 한전 같은 전력회사가 3개만 있어도 지금처럼 말도 안 되는 독점 시장은 사라질 것이다. 너무나 방만한 경영, 직원들의 안일함, 경쟁 없는 연봉 구조 등 문제를 말하자면 참 많지만, 어쨌든 한전도 경쟁을 해야 살아남는다는 것을 알았으면 한다. 한전이 민영화되어 비슷한 회사들과 경쟁하게 되면, 전력거래소 또한 한전이나 정부의 눈치를 보지 않고 주식시장처럼 시장경제에 따라 움직일 것이다. 발전자회사는 정직한 가격에 전력거래소를 통해 전력을 한전 등의 배전회사에 납품할 것이고, 투명한 시장경제가 만들어질 것이다. 전력 도매가격이 투명하게 형성된다면 전력 구조 또한 지금보다는 수월하게 개편되지 않을까.

시골 이장은 '대통령'

내 땅에 정식 절차를 거쳐 허가를 받아 집을 지으려 해도 지을 수가 없다. 태양광발전설비를 설치하려고 해도 할 수가 없다. 거짓말 같지만 현실이다. 우리의 고질적인 문제다. 바로 지역 이기주의인데, '내가 하면 로맨스요 남이 하면 불륜'과 마찬가지 이야기다. 모든 정식 절차를 밟아 허가를 받고 어렵게 신고 등을 끝내고 공사를 하려고 하면 꼭 끝에 가서 안 되는 부분이 있다. 마을 사람들과의 협상, '인사'가 바로 그것이다. 특히 외지에서 토지를 매입해 공사하는 사람에게는 거의 100% 요구하는 것이 바로 이 인사다. 시골 인심 좋다는 이야기는 친척들끼리, 식구들끼리의 이야기일 뿐이다. 좋게 말해 마을 민원이지, 사실상 시골에서 무엇을 하려는 사업주에게는 공갈협박과 다를 것이 없다. 대한민국에서 이게 말이 되는 일인가? 하지만 이런 일들이 실제로 일어나고 있다. 그것이 현실이다.

그런데 '인사'가 도대체 무엇일까? 시골에서 말하는 민원 인사는 바로 '돈'이다. 액수는 천차만별이다. 100만 원이 될 수도 있고, 1억 원이 될 수도 있다. 상황에 따라, 분위기에 따라 다 다르다. 그러나 해야만 한다. 그래야 모든 일이 수월하게 넘어간다. 지자체에서 허가를 담당하는 공무원들조차 암묵적으로 마을 '인사'에 동조한다. 그들은 "마을에 인사하고 공사하시죠. 민원 들어오면 저희가 피곤해져요"라고 말한다. 어찌 보면 공무원들이 바로 공범이다.

시골에서는 '이장'이 대통령보다 더한 권력을 가지고 있다. 모든 일은 이장과 상의해야 한다. 이장에게 잘못 보이면 아무것도 못하기 십상이다. 이것이 지금 2019년의 대한민국 시골이다. 바뀌어야 한다. 변하지 않으면 발전할 수 없다.

📢 / 태양광발전설비를 시공할 때 사업주가 꼭 확인해야 할 사항

1. 모듈 사양 및 보증 조건

2. 인버터 사양 및 보증 조건

3. 구조물 사양 및 설치 방법(구조물 기초 등 확인)

4. 토목공사비 및 기타 부대공사 비용 주체 결정

5. 인허가, 토지 분할, 경계 측량, 개발부담금, 각종 토지전용비, 세금 등 확인 및 비용 부담 주체 결정

6. 환불 조건

7. 시공 가능한 용량

8. 하자 보증 조건

9. 계약금, 중도금, 잔금 조건

10. 설치 방위 경사각, 입사각 등과 배열 간 이격 거리 확인

11. 한전계통연계비 지불 주체

12. 은행/보증서 등 대출 가능 여부 및 이율

13. 건축의 경우 구조 보강 비용

14. 민원 해결 주체 결정

15. 명의자 확정

바이오하라!
4차 산업혁명
기술 트렌드

바이오FD&C

모상현 대표

시골에 태어나 산과 들에서 호기심 왕성한 아이로 자랐고, 2027년에 대한 꿈을
갖게 되었다. 유전공학, 생명과학, 나노과학을 공부해 과학자가 되었고, 30대에
㈜바이오에프디엔씨를 창업하여 안티에이징을 연구하고 식물세포 플랫폼 기술을
개발하고 있다. 두뇌는 창의적으로 미치고, 심장은 뜨거운 박동으로, 손발은 바쁘게
움직이라고 말하며, 스스로 실천한다. '어떤 일이든지 동기부여가 되면(Motivate)
그것을 정의하고(Define), 도전하라(Challenge). 그리고 우리의 도전으로
가속화하라(Accelerate)'라고 가끔 스타트업 사람들에게 강의한다. 사람들 사이에서
사회 진보를 향한 밑거름이 되고 싶은 호기심 많은 아이의 꿈은 여전히 진행 중이며,
실천과 도전으로 매일 한 걸음씩 내딛고 있다.

#7

전 세계에서 가장 강력하게 뜨거운 바이오 열풍이 불고 있는 곳, 바로 대한민국이다.

2018년에 벤처캐피털 회사가 바이오 업계에 투자한 금액이 5,000억 원을 넘었다. 대학교 교수들 혹은 바이오 기업에 근무했던 연구소장 출신 들이 창업한 회사가 최근 몇 년 사이에 수십 개를 넘어 100여 개에 이를 정 도다. 대한민국은 '바이오 드림'이라고 불릴 정도로 바이오 스타트업 회사 들이 생겨나고 있고, 연구 경력이 확실할 경우, 기업 가치가 높다는 판단 아래 초기 투자도 이루어지고 있다. 투자된 지 3~4년 사이에 기술평가특 례 제도를 활용한 코스닥 상장기업도 많아져 여기저기서 잭팟을 터트리 고 있다.

불과 10여 년 전만 해도 창업을 하려면 여기저기 돌아다니고, 투자를 받기 위해 수십 번 IR(Investor Relations) 발표를 하고, 인력을 구하기 위해 시간과 노력을 들여야 했는데, 지금은 상황이 많이 바뀌었다. 바이오 분야에서 창업 가능성이 있는 교수나 연구자들을 거꾸로 투자사나 개인 액셀러레이터들이 찾고 있다. 이에 따라 바이오 관련 기술과 신약 혹은 치료제 개발에 관한 명확한 전략만 있으면 손쉽게 창업할 수 있을뿐더러 정부의 투자 지원 정책 제도도 잘 활용할 수 있게 되었다. 확실한 기술력이 있으면, 중소벤처기업부의 TIPS (Tech Incubator Program for Startup Korea) 과제를 활용하여 2년에 5억 원 정도의 R&D 과제를 수주할 수 있고 투자도 받을 수 있다. 2013년에 도입된 민간 주도형 기술 창업 지원 프로그램인 TIPS는 석·박사 기술 인력의 창업을 촉진하기 위해 만들어졌는데, 올해 TIPS에 배정된 정부 예산만 1,454억 원이나 된다.

2016년 1월 20일 클라우스 슈밥(Klaus Schwab) 박사가 스위스 다보스 포럼에서 제4차 산업혁명을 언급하면서부터 바이오산업은 더욱더 뜨거운 분야로 떠올랐다. 인공지능, 사물인터넷, 빅데이터, 블록체인, 로봇 기술, 자율주행 기술 등도 있지만, 투자에 비해 가시적 성과를 가장 빠르게 돋보일 수 있는 분야가 바이오 기술이라고 할 수 있기 때문이다. 바이오 기술 분야 기업들은 기술성 평가를 통해 일정 요건을 갖추게 되면 미래 기술 가치를 반영하여 매출 없이도 코스닥에 상장할 수 있다.

2018년 12월 31일을 기준으로 대한민국에는 2,111개의 상장사(유가증권시장 788개, 코스닥시장 1,323개)가 있고, 시가총액은 1,572조 원(유가증권시장 1,344조 원, 코스닥시장 228조 원) 규모다. 최근 몇 년 사이에 바이오 관련 상장 기업들은 미래 기술 가치를 반영하는 기술특례상장 제도를 통해 코스닥에 입성하였고, 기업의 시가총액도 수백억부터 조 단위까지 이른다. 항체 신약 개발 회사들은 3,000억 원에서 조 단위로, 유전자 치료 개발 회사들은 3,000억 원대, 케미컬 신약 쪽은 1,000억에서 2,000억 원대, 진단시약 혹은 의료 기기 분야는 수백억에서 1,000억 원대로 기업 가치를 평가받고 있다.

바이오 전성시대라 할 정도로 바이오 스타트업 기업이 많아지고 있는데, 이것은 1953년 DNA 이중나선 구조가 밝혀지고 바이오 개념이 등장한 이후 바이오 산업혁명이라 불릴 만큼 파격적인 변화라 할 수 있다. 최근에는 창업한 지 2~3년도 되지 않아 기업의 시가총액이 1,000억 원을 넘는 바이오 스타트업 회사들이 많이 생겨나고 있고, 실질적인 투자도 많이 이루어지고 있다. 창업 초기의 회사에 투자하기 위해 일반인들까지 지인의 지인을 통해 투자처를 소개받는다. 더 나아가 발 빠른 사람들은 투자 전문기관에서 엔젤투자 교육도 받고 있다. 한국의 2000년대 부동산 광풍이 바이오 투자 광풍으로 이어지고 있고, 잭팟을 터트리는 투자자도 많이 생겨나고 있다. 단순 투자자만이 아니다. 스타트업 회사에 도전하는 젊은 석·박사 연구자들의 기업가정신도 불타오르고 있다.

전 세계에서 평균 IQ가 106 이상으로 최정상 수준에 있는 한국의 역동적인 DNA가 바이오산업에서 꽃피고 있다. 1953년 종전 이후 헐벗고 굶주렸던 1960년대를 넘어 한국은 1970~80년대에 전통적인 제조업 분야에서 박차를 가하고, 1990년대에 IMF 위기를 극복하며, 2000년대에 IT 강국으로 발돋움한 뒤 곧 다가올 2020년대에는 바이오 강국으로 꽃필 것이다.

인터넷의 발명으로 시작된 제3차 산업혁명 시기인 1969년에 삼성전자가 설립된 후 '빠른 추격자(Fast Follower) 전략'으로 40여 년의 시간을 보내고 세계 1위 반도체 기업으로서 '선도자(First Mover)'가 되었다. 바이오산업 분야는 대단위 생산설비와 투자가 필요한 전자산업 분야와는 달리 혁신적인 아이디어와 전략이 신약 개발 혹은 기술 개발의 무기가 되는 인적 두뇌 플레이 산업이라 할 수 있다. 전자산업은 대규모 장치산업일 뿐 아니라 시장 크기 및 연평균 시장성장률이 제한되어 있지만, 바이오산업은 인간의 생명과 직·간접적으로 연결된 산업 부문으로 새로운 블루오션 시장이 될 수 있어 시장 크기가 기하급수적으로 커질 가능성이 존재한다.

이미 한국의 젊은 석·박사 연구자들이나 과학자들은 세계 최정상의 연구 및 기술 수준에 도달해 있으며, 바이오 분야 최전선에서 세계 무대를 대상으로 경쟁하고 있다. 이는 한국의 많은 바이오산업 스타트업 플레이어들이 다양한 헬스케어 시장 분야에서 세계시장을 선점하고 개척할 가능성을 시사한다.

세계적인 컨설팅 그룹 딜로이트(Deloitte)에 따르면, 전 세계 보건의료 연간 지출 비용은 2017년 7조 724억 달러(약 9,129조 원)였다. 2022년 경에는 10조 59억 달러(약 1경 1,889조 원)에 이를 것으로 추정한다. IMF (International Monetary Fund, 국제통화기금)에서 제시한 2019년 데이터에 따르면, 2018년 전 세계 국가의 총생산 금액은 87조 2,700억 달러(약 10경 3,153조 원)로 대략 전 세계 국민총생산 대비 8~9%가 보건의료 비용으로 지출되고 있다. IMS연구소(The IMS Institute for Healthcare Informatics)가 제시한 자료에 따르면, 2020년 전 세계 의약품 시장 규모는 1조 4,000억 달러(약 1,654조 원)로 빠른 성장률을 보이고 있다. 현재 글로벌 헬스케어 산업 분야의 시장점유율은 매우 낮지만, 최근의 역동적인 바이오 스타트업 기업들의 도전은 머지않아 한국의 미래 먹거리를 만들어낼 것이다.

2019년 바이오산업에서 뜨거운 분야는 항체신약, 세포치료제, 마이크로바이옴(Microbiome), 유전체 편집 기술(Genome Editing Technology), 식물세포 배양 기술(Plant Cell Culture Technology)인데, 이제부터 하나씩 알아보자.

암 치료의 새로운 역사를 열다
— 항체면역항암제·항체의약품, 면역세포치료제

최근 바이오산업에서 항체면역항암제·항체의약품 개발은 가장 뜨거운 분야로 떠올랐다. 2019년 4월에 열렸던 '바이오 2019 콘퍼런스'에서 개방형 혁신(Open Innovation)을 이끄는 최신 기술을 주제로 면역항암제 및 항체의약품이 집중 조명되었다. 의약품 시장 중 가장 큰 비중을 차지하는 항암 분야에서 새로운 돌파구로 급부상한 면역항암제에 대한 연구가 활발히 이루어지고 있다. 여러 바이오 스타트업 기업이 암 치료의 패러다임을 바꾼 3세대 암 치료제인 면역항암 치료제의 국내외 비임상, 임상 1상, 임상 2상 연구 등을 진행 중이다.

그뿐 아니라 면역항암제 개발 기술 가운데 가장 주목받는 CAR-T, CAR-NK 세포 분야 또한 기존 바이오제약 상장사를 비롯, 여러 바이오 스타트업 기업이 도전하고 있다. 케미컬 항암제와 달리 항체 신약을 개발하는 데는 보통 임상 1상 진행 시까지 비용이 70~80억 원 가까이 소요된다. 부담스러운 투자비용에도, 연구 결과가 성공적이면 수익이 큰 '잭팟'으로 기대받고 있어서 수많은 벤처캐피털 회사가 너도나도 앞다투어 투자하고 있다.

그뿐 아니라 BMS, 화이자, 노바티스 등 글로벌 제약사들도 국내 항체 개발 기업을 눈여겨보며 기술 이전이나 투자, 공동 개발에 눈독을 들이고 있다. PD1, PDL1 이중 항체 개발 기술, 항체 약물 접합 기술, CAR-T,

CAR-NK 등 수많은 표적에 도전하고 있고, 미래의 잭팟 가능성으로 창업 2~3년 만에 1,000억 원 이상의 회사 가치를 인정받는 경우도 많이 생겨나는 중이다.

면역 요법(Immunotherapy)은 암과 같은 질병을 퇴치하기 위해 인간 면역 체계의 특정 부분을 사용하는 치료법으로, 최근 새로운 유형의 암 면역 치료법(Cancer Immunotherapy)이 주목받고 있다. 면역 체계의 중요한 부분은 신체의 정상 세포와 '남의 것, 즉 이물(Foreign)'로 보이는 세포를 구분할 수 있는 능력이다. 우리 몸의 면역계가 정상 세포만 남겨두고, 암세포 같은 불필요한 외래 세포를 공격하게 하려면 '체크 포인트(Checkpoint)'라 불리는 면역 검문소를 활성화해야 하는데, 암세포 또한 살아남기 위해 체크 포인트를 조절하고 있다. 즉, 면역 T세포는 PD1, 암세포는 PDL1이라는 바이오마커(Bio-marker, 단백질이나 DNA, 대사 물질 등을 이용해 몸 안의 변화를 알아낼 수 있는 지표)를 발현하는데, 서로 조절하고 있다고 할 수 있다. 그래서 PD1, PDL1을 타깃으로 항체면역항암제 개발이 이루어지고 있고, 최근 T세포에서 발현되는 TIM3, LAG3 및 CTLA4 바이오마커 타깃 항체면역 항암제 개발도 한창이다.

CAR-T 세포 치료는 T세포라고 불리는 면역 세포를 실험실에서 변화시켜 암세포를 발견하고 파괴할 수 있게 하는 암 치료법을 말한다. 하지만 CAR-T 세포가 암과 싸우기 위해 몸에서 스스로 증식함에 따라 발열 같은 부작용도 보고되고 있다. T세포 변형체이기 때문에 암세포를 죽이기 위해 세포에서 사이토카인(Cytokine)을 분비한다. 이 분비량이 증가하면 사이토카인 방출 증후군(Cytokine Release Syndrome, CRS)이 유발될 수 있으며, 이는 고열과 저혈압 같은 부작용을 동반할 수도 있다. 그럼에도 불구하고 획기적인 암 치료법이어서 최근 많은 바이오 제약사들이 CAR-T 세포 치료법에 도전하고 있다. 또한 T세포뿐 아니라 NK세포, 수지상 세포(Dendritic cell)도 암세포를 죽일 수 있는 암 치료 타깃 세포로 CAR-NK 세포, CAR-Dendritic 세포가 향후 개발될 것으로 보인다.

쇠똥구리 놀이
— 마이크로바이옴(Microbiome)

마이크로바이옴은 마이크로바이오타(Microbiota)와 게놈(Genome)의 합성어로, 특정 환경에 존재하는 미생물들과 이들의 유전정보 전체를 일컫는다. 인간 마이크로바이옴은 인간의 몸 안팎에 서식하는 미생물 군총을 말한다. 인간을 구성하는 세포 수가 대략 70조 개 정도인데, 사람 몸에 공생하고 있는 미생물의 수는 개인 차가 있지만 수십 조에서 수천 조에 이른다. 의학계에서는 수많은 미생물이 인체 내 세포와 상호작용하고 있으며, 건강에 직접적인 영향을 주고 있다고 본다. 특히, 최근에는 장내 미생물의 대사 작용도 면역반응에 직결되는 것으로 보고 있다. 이 미생물의 균형이 깨지면 알러지 같은 피부 질환부터 크론병과 같은 희귀 장 질환에 이르기까지 다양한 질병이 유발된다. 최근 프로바이오틱스 산업이 급격히 증가하여, 아침에 일어나서 많은 사람이 유산균을 먹는 모습을 쉽게 볼 수 있다. 종근당건강의 2018년 락토핏 매출은 수백억 원대로 급격히 증가했으며, 셀바이오텍의 듀오락골드 등 많은 유산균 제품이 장 건강을 위해 건강기능식품으로 개발되고 있는 등 관련 시장은 드라마틱한 성장세를 보이고 있다.

식품뿐 아니라 화장품 산업까지 그 범위가 확장되어, 이제는 박테리아를 죽이는 시대가 아니라 박테리아를 화장품 소재로 활용하거나 기존 피부 상재균을 잘 활용하는 방향으로 화장품이 개발되고 있다. 메타게노믹스의 발달로 피부에 있는 유용한 미생물의 생리 대사를 활용하는 마이크로바이옴이 2020년 화장품 마케팅의 주요한 트렌드로 떠오를 것이라 예상된다.

똥 치료를 들어 본 적이 있는가? 미국에서는 건강한 사람에게서 채취한 똥을 크론병 같은 희귀 질환 환자에게 주입하여 치료한 사례가 있고, 똥은행까지 만들어 건강한 사람의 분변을 보관하고 그 속에 있는 박테리아를 연구한다. 즉, 장내 세균을 교체해 질병을 치료하는 시대가 열린 것이다. 우리 몸의 대장 내에는 분변 1그램당 수천만~1조 개의 장내 세균이 포함되어 있다. 이 마이크로바이옴 생태계를 조절하여 면역 시스템을 향상할 수도 있고, 난치성 질병을 치료할 수도 있다. 또한 오랫동안 사람과 공생했던 박테리아들이 우리가 질병에 걸리는 것을 막아 주거나 때로는 사람의 신경계에 작용하여 정신 상태까지 조절한다는 사실이 최근 밝혀지기 시작했다.

정자와 난자가 만나 수정란이 만들어지고, 수정란이 자궁에 착상하여 9개월이 지나면 완전한 생명체의 아기가 된다. 이 아기의 출산 시 자궁 안의 무균실에서 박테리아들이 우글거리는 산모의 질을 통과하는데, 이때 엄마의 박테리아가 아기에게 감염된다. 신생아 마이크로바이옴의 70% 이상이 엄마로부터 유래되는데, 신생아 초기의 면역에서 중요한 역할을 하고 있다. 아기는 자라면서 수천만, 수억의 주변 환경의 미생물과 공생하면서 본인만의 마이크로바이옴 생태계를 구성한다.

염기서열 분석 기술이 발달하고 비용이 급격하게 감소함에 따라 수 많은 미생물의 유전체 분석이 빠르게 진행되고 있다. 일반적으로 미생물의 게놈은 수백만에서 수천만 염기쌍으로 이루어져 있어서 게놈을 손쉽게 연구할 수 있다. 최근 미생물의 종류를 단번에 규명해내는 메타게놈 분석 기술의 발달로, 다양한 박테리아 종들이 혼재하는 세균군집의 유전정보를 짧은 시간 내에 효율적으로 해석할 수 있게 되었다. 이에 따라 마이크로바이옴 연구가 매우 활발해졌으며, 면역항암 치료제 개발로까지 이어지고 있다.

대한민국은 세계 최고의 발효음식 국가다. 우리 조상들은 미생물에 대해 깊이 있게 알지는 못했겠지만, 마이크로바이옴을 잘 활용하는 지혜를 터득하여 일상의 음식으로 구현했다. 된장, 청국장, 간장, 김치, 삭힌 홍어, 막걸리, 매실 장아찌 등의 발효 음식을 수많은 마이크로바이옴과 식물 성분들의 상호작용으로 탄생시켰고, 맛도 좋지만 우리 몸의 면역까지 강화할 수 있는 마이크로바이옴을 같이 섭취해 장까지 도달하게 했다.

김치가 가장 잘 익어서 맛도 좋고 산도도 좋을 때, 가장 많은 유산균이 검출된다. 우리 주변에서 매일 아침 유산균을 먹는 사람들을 흔히 볼 수 있는데, 유산균 건강기능식품도 좋지만 맛있는 김치를 곁들여 먹는 것이 더 좋다. 전 세계 콩의 70%가 한반도가 주 원산지다. 시골집마다 야생콩, 돌콩, 검은콩, 서리태 등 수많은 종류의 콩을 재배해 메주를 만들어 서늘한 곳에 매달아 몇 달씩 둔다. 그 속에 수많은 미생물이 서식해 메주를 발효시킨다. 그 메주를 가지고 된장을 만들고, 간장을 만든다. 된장과 간장을 만드는 항아리는 흙을 빚어 만들어 미생물이 더 잘 발효된다. 고초균, 방선균, 황국균 등 수많은 호기성 미생물이 우리 몸에 유용한 것들을 만들어 낸다. 오래전부터 우리 선조들은 발효 음식으로 맛과 건강을 챙겼다. 막걸리가 지역마다 맛이 다른 이유는 토종 미생물의 분포가 다르기 때문이고, 따라서 발효되는 미생물 종의 차이가 생기기 때문이다.

예전 시골의 어린이들은 흙에 뒹굴다가 집에 들어가 허겁지겁 밥을 먹곤 했다. 1970~80년대에는 아토피를 앓는 어린이들이 거의 없었다. 2010년대에 들어서는 시골도 도시화되고, 어린이들이 흙에 뒹구는 일들도 별로 없어졌다. 하물며, 도시에 사는 어린이들은 아스팔트가 깔려 있는 도로나 아파트 환경에 사는 탓에 땅을 밟고 흙에서 뒹굴며 놀기가 여간 어렵지 않다. 도시에 사는 어린이 중 대다수는 아토피 같은 비정상적인 피부질환을 한 번씩 경험하게 된다.

흙에는 호기성 그람양성균이 많은데, 그 미생물들이 흙에 뒹굴며 놀 때 피부에도 감염되어 그들만의 마이크로바이옴 생태계를 구성한다. 바로 우리 피부에 있는 피부 상재균들이다. 이런 피부 상재균들은 피부에 직간접적으로 좋은 영향을 미친다. 서로 이익이 되는 상리공생을 하면서 피부 면역반응도 조절한다.

최근 아파트에 사는 아이들은 흙에서 오는 좋은 토종 호기성 미생물들을 만나기 어렵다. 며칠을 두어도 썩지 않는 밀가루로 만든 인스턴트 음식을 주로 먹고, 매일 거품이 나는 보디 클렌저로 너무 깨끗하게 씻으며, 흙을 잘 만지지 않는 아파트에서 생활하는 아이들이 아토피 피부염이나 건선 같은 피부질환으로 고생하는 모습을 쉽게 볼 수 있다. 이는 피부면역 반응을 조절하고 있는 피부 상재균과도 깊은 상관관계가 있다고 할 수 있다. 건강하고 튼튼하고 윤기 있는 피부를 가꾸고 싶다면 적당히 좋은 토양이나 자연에 있는 나무들을 만지고, 가끔은 물로만 씻고, 김치·청국장 같은 발효 음식도 자주 먹을 것을 권한다.

어릴 때 시골에서 강이 흐르는 둑에 소를 풀어놓고 둑 위에서 쇠똥구리 놀이를 많이 했다. 시골 동네에서 소는 집안의 밑천이자 일꾼이자 친구였다. 송아지를 낳으면 키워서 팔기도 했고, 소가 쟁기를 끌어 논과 밭을 일구었다. 겨울에는 벼를 추수한 이후에 남는 볏짚을 묶어 두었다가 적당한 크기로 썰어 장작불에 끓인 여물을 주곤 했지만, 4~5월이 지나는 시기부터 가을까지는 아이들이 직접 풀이 많은 강가로 소를 몰고 나가 몇 시간씩 풀을 뜯겼다. 집집마다 아이들이 몰고 온 20여 마리 소들이 뭉쳐 풀을 뜯어 먹으면서 즐거운 식사 시간을 보내면, 아이들은 아이들끼리 뭉쳐 강에서 멱을 감거나 강가의 풀숲에서 여치, 메뚜기, 개구리를 잡고 놀았다. 이 놀이 중 으뜸이 바로 쇠똥구리 놀이였다.

쇠똥구리를 잡기 위해서는 오래된 소의 똥을 찾아 겉은 딱딱해진 소똥을 조그만 작대기로 헤집으면서 쇠똥구리가 있을 만한 곳을 찾아야 했다. 각자가 오래된 소똥에서 쇠똥구리를 찾아내면, 그 쇠똥구리로 서로 싸움을 시키면서 시간을 보냈다. 소는 되새김질을 한 번 더 하면서 소화시키는데, 초식동물이어서 특히 더 많은 미생물이 장에 살고 있었을 것이다. 소똥이 1~2주가 지나면 겉은 딱딱해지고 안은 수많은 박테리아가 소화되지 않은 분변을 발효시키고 있었을 것이다. 쇠똥구리는 그것을 먹고 살았고, 우리는 그것을 잡고 만지면서 놀았다. 매일 만졌던 수많은 미생물이 피부에 옮겨온 덕에 나는 지금까지 아토피 한번 없이 건강하고 탄력 있는 피부를 유지할 수 있었다.

유전자 치료로 150세 장수
— 유전체 편집 기술(Genome Editing Technology)

세포 내에서 유전정보를 바꾸는 유전자 교정의 핵심으로 CRISPR/Cas9, CRISPR/Cpf1 기술이 있다. 크리스퍼 유전자가위로 불리는 이 기술은 난치병, 유전병을 치료할 뿐 아니라 유전자 치료를 통해 인간 수명을 150세 이상 연장할 수 있다. 앞으로 이 기술은 바이오산업 분야에서 혁신을 일으킬 것으로 보인다.

유전자가위(Programmable Nuclease)란 유전체를 자르거나 원하는 염기서열을 삽입하여 인간 세포 및 동식물 세포의 유전자를 편집하는 데 사용되는 핵산 분해 효소를 일컫는 것으로, 최근에는 유전체 편집(Genome Editing)이라는 말이 더 보편적으로 사용된다. 이 유전자 편집 기술은 인위적으로 유전자의 염기서열을 편집할 수 있다. 다양한 유전자 치료나 육종 그리고 항체 생산 기술 분야에도 응용할 수 있어서 미국의 유명한 학술지 〈사이언스(Science)〉에서는 크리스퍼 혁명이라고 할 정도의 신기술로 주목받고 있다.

유전자가위 기술은 생명체의 DNA를 잘라 교정하거나 교체하는 실험 기법이다. DNA를 읽어서 교정하려는 부분만 조작하고, 세포의 자연적인 복구 기작에 의해 회복시키는 원리로, 클라우스 슈밥의 제4차 산업혁명에 주요한 바이오 기술로 소개되면서 유명해졌다. 스마트폰 탄생 이후 5G 기술이 전 인류를 하나로 묶으며 다양한 앱을 통해 소통의 혁명을 만들었듯이, 이 유전체 편집 기술도 150세까지 수명을 연장할 수 있는 유전자 치료 시대를 탄생시킨 바이오 분야의 또 다른 혁명이라 할 수 있다.

우리 몸 안의 DNA는 쉼 없이 대사과정에서 발생하는 활성산소나 다른 요인들에 의해 우리 몸속에서 끊기며 또 저절로 이어지고 있다. 정교한 염기서열들이 유전자를 이루거나 기능을 수행하고 있기 때문에 잘못 끊기거나 돌연변이체가 유발하면 DNA 교정 작용을 통한 DNA 수선(DNA Repair) 과정을 수행한다. 간혹 끊긴 DNA를 잇는 과정에서 염기서열 오류가 생길 수 있고, 시간이 지날수록 염기서열 변이가 쌓여 유전적 다양성(Genetic Repertories)도 커질 수 있다. 이러한 변이가 쌓여 잘못된 방향으로는 암을 유발할 수도 있지만, 좋은 방향으로는 염기서열 변이가 누적되어 새로운 환경에서 살아남게 하는 개체 진화의 원동력이 되기도 한다.

CRISPR/Cas9 유전자 편집 기술은 생체 내의 이런 반응을 역이용해, 특정 부분의 DNA를 교체하거나 수선·이용하는 기술이다. 〈사이언스〉는 이 기술을 2015년 12월 '2015년 획기적인 혁신 기술(Breakthrough of the year 2015)'로 선정하고, 유전자 교정 시대의 막을 열었다고 평했다. 〈MIT테크놀로지리뷰(MIT Technology Review)〉는 2016년 '세상을 바꿀 10대 기술'에 생명과학 분야의 두 가지를 선정했는데, 둘 다 유전자 편집 기술이다. 면역 엔지니어링(Immune Engineering, 항암 치료)과 식물 유전자 교정 기술(Precise Gene Editing in Plants)이 그것이다. 이는 현재 바이오산업에서 가장 핫한 기술이며, 관련 연구개발 바이오 기업들은 수천억 이상의 기술적 가치를 평가받고 있다.

1세대 유전자가위 기술은 존스홉킨스대학교의 스리니바산 찬드라세가란(Srinivasan Chandrasegaran) 교수가 개구리의 DNA에 결합된 단백질을 이용하여 유전자를 변형시킬 수 있는 징크핑거 뉴클레이즈(Zinc Finger Nuclease, ZFNs) 기술이다. 이미 상용화하여 치료제로도 임상 시험 중에 있으나, 정확도가 낮고 설계 비용이 너무 비싸다는 단점이 있다. 2세대 유전자가위인 탈렌(TAL effector nuclease, TALEN)은 DNA 결합 능력과 뉴클레아제 활성을 이용한 기술이다. 3세대 유전자가위 기술이 바로 CRISPR/Cas9 기술을 활용한 것으로, 크리스퍼(CRISPR)라는 RNA(Ribonucleic Acid)가 DNA 염기서열 중 표적 위치에 달라붙으면 절단 효소(Cas9)가 이를 잘라내는 기술이다. 크리스퍼 기술은 하루라는 짧은 기간에도 실험 설계가 가능하고 비용 또한 수십만 원 선으로 저렴하며, 연구실에서도 쉽게 합성할 수 있다. CRISPR/Cpf1 시스템도 MIT의 장펑(張鋒) 교수가 개발하여 최근에 주목받고 있다. 크리스퍼 RNA는 전체 유전자가위 DNA의 특이성을 결정하는 작은 RNA 분자로, CRISPR/Cpf1 시스템이 CRISPR/Cas9에 비해 오작동이 적으며, Cpf1 단백질의 구조는 Cas9 단백질과 달리, 결합하는 RNA의 길이가 짧고 제작하기도 훨씬 쉬운 이점이 있다.

크리스퍼 유전자가위는 특정 염기서열을 인식해 자르고 교정하는 유전자 교정 도구다. 기존 유전자가위보다 효율성이 높고 활용이 편리해 전 세계적으로 다양하고 많은 연구가 이뤄지고 있다. 선천적 유전질환의 발병 기전을 밝히고 새로운 항암 세포 치료제를 개발하는 데 크게 기여할 것으로 보인다.

한편, 크리스퍼 유전자가위가 표적 염기서열과 비슷한 염기서열을 제거하는 오작동을 일으킬 수 있다는 보고가 나온 뒤로, 크리스퍼 유전자가위의 정확성은 매우 중요한 연구 영역으로 부상하고 있다. 전 세계적으로 글로벌 제약회사와 CRISPR/Cas9 기술을 보유한 벤처 기업들이 활발하게 협력하며 기술 개발을 주도해 가고 있다. 미국, 영국 등에서 CRISPR/Cas9을 이용한 HIV, 암, 선천성 안질환 등의 질병 치료 연구가 활발히 진행되며, 한국의 툴젠도 CRISPR/Cas9 기술 특허를 보유한 벤처 기업으로 주목받고 있다.

중국의 경우 크리스퍼 기술을 이용하여 에이즈를 회피할 수 있는 HIV 질환 면역 수정란을 만드는 데 성공했고, 2018년 말 세계 최초로 '디자이너 베이비(Designer Baby)' 루루와 나나가 태어나 엄청난 화제가 되었다. 그러나 중국 남방과학기술대학교 교수인 허젠쿠이(賀建奎)는 윤리 검토 서류를 위조해 개인의 명예와 이익을 위해 규제와 감독을 의도적으로 회피한 것으로 드러나 대학에서 축출당했으며 형사 처벌까지 받았다.

앞으로 생명체의 탄생과 직결된 유전체 편집 기술이나 배아줄기세포 연구 등은 연구자들이 관련 규정과 법을 잘 따르면서 연구해야 할 뿐 아니라, 국가 차원에서도 미리 예측하여 관련 법안을 만들어 가야 할 것이다. 제4차 산업혁명 이후 가속화되고 있는 유전체 편집 기술 개발에 찬물을 끼얹지 않기 위해서라도 범지구적 윤리 규범과 사회적 합의가 도출되어야 할 것으로 판단된다. 새로운 기술로 인한 질병 치료와 생명 현상 이해도 중요하겠지만, 그에 앞서 과학의 도덕적 윤리가 선행되지 않는다면 많은 문제점이 생길 것이다. 산업계 연구자나 순수한 호기심을 가진 과학자들에게 생명과학과 관련된 법적 가이드라인을 제공할 필요가 있어 보인다.

4000년을 넘게 사는 나무
— 식물세포 배양 기술의 시대

전 세계 식물종은 31만 종 정도로 추정 되며, 사라져 가는 식물인 멸종 위기종은 20~25% 정도다. 식물의 역사는 4억 6000만 년을 거슬러 올라

153

갈 정도로 오래되었다. 현생 인류인 호모사피엔스의 등장은 20만 년 정도 되었고, 그 이전 구인류인 원숭이와 유사한 인간 오스트랄로피테쿠스는 지금으로부터 약 300만 년 전에 아프리카 남부에서 출현한 것으로 추정된다. 구인류 시대에도 식물은 존재했고, 동물에게 많은 혜택을 주었다. 식물은 땅에 뿌리를 내리고, 태양을 바라보며, 땅에서 끌어올린 물과 공기 중의 이산화탄소를 활용하여 광합성을 하고 스스로 영양분을 만들며 살아간다.

사람은 100년을 살지만, 식물은 4,000년을 살기도 한다. 논란이 있긴 해도, 중국의 리청유엔은 256세, 아제르바이잔의 스히라리 무스리모프는 169세, 오스만제국의 자로 아가는 160세까지 살았다고 전해진다. 물론 구약에는 므두셀라가 969년, 야렛이 962년, 노아가 950년, 아담이 930년을 살았다고 기록되어 있지만, 현재의 나이와는 계산법이 크게 달랐을 것이다. 지금의 척도로는 가장 오래 산 사람이 160세 전후일 듯싶다. 앞으로 과학과 의료기술이 더 발달하면 인간이 150세까지는 살 수 있을 것이다. 반면 보통 나무들은 몇백 년씩 산다. 300년 된 포도나무도 있고, 900년 된 은행나무도 있고, 3,000년, 4,000년을 사는 나무들도 있다. 4845년 나이를 기록한 므두셀라라는 애칭을 가진 브리스틀콘 파인(Bristlecone Pine)도 있다. 척박한 땅에서 4,000년을 넘게 사는 나무들을 보면 식물이 동물보다 생명력이 훨씬 더 강하다는 것을 알 수 있다.

17세기의 영국 과학자 아이작 뉴턴은 사과가 떨어지는 것을 보고 만유인력의 법칙을 알아냈다. 지금은 떨어진 사과 잎으로부터 사과 줄기세포를 만들고, 다시 완전한 사과나무를 만들 수 있다. 식물세포 배양 기술 덕분이다. 식물은 다른 세포로 분화될 수 있는 능력과 하나의 세포가 완전한 성체가 될 수 있는 생명력을 지니고 있다. 2019년에 이르러서는 식물에 공생하는 마이크로바이옴을 식물세포와 같이 배양하는 새로운 시도가 이루어지고 있다. 식물세포와 공생 박테리아가 상호작용하여 특정 대사산물체를 만들게 하거나, 식물세포에서 새로운 대사체를 분비하게 하는 연구가 진행되고 있다. 이는 박테리아가 식물세포에서 생물학적 유인제(Biological Elicitor)로 작용된 결과이며, 이런 새로운 연구와 시도들은 인간에게 유용한 의약품 개발로 이어질 수 있는 근간을 제공한다는 점에서 큰 의미가 있다. 그뿐 아니라 식물세포 기반 유전체 편집 기술과 식물세포 기반 단백질 발현 효율을 증대하는 기술도 개발 중이다. 식물세포는 동물세포와 달리 저렴한 생산 비용과 동물성 바이러스 전염 또는 감염 위험이 없으며, 생물학적 최적화, 활성치료 단백질 및 백신의 혈액 투여가 아닌 경구 투여 가능성, 안전성이라는 강점이 있어서 차세대 바이오산업의 꽃을 피울 것으로 예상된다.

많은 글로벌 바이오제약 회사나 스타트업 회사가 식물체를 이용한 단백질 신약이나 항체신약 개발에 열을 올리고 있다. 벼, 딸기, 담배, 옥수수, 당근, 홍화, 애기장대 같은 식물체에서 특정 단백질이나 인간의 항체를 발현시켜 연구·개발하고 있다. 2014년도에 에볼라 바이러스 치료제가 식물체로 처음 개발된 이후, 많은 글로벌 제약사가 식물체를 이용한 바이러스 치료 신약들을 개발하고 있다. 최근에는 국내 연구진도 담배 식물체나 식물세포를 활용하여 항바이러스성 항체 개발을 진행 중이다.

이러한 새로운 시도와 식물체로부터 항체신약을 개발하는 도전은 발달된 과학기술 덕분으로, 다양한 방법을 통한 타깃 항체의 생물학적 최적화, 특허권의 확보 가능성, 자본 및 생산 비용의 현저한 절감, 국제규격의 상향 표준화 등 많은 이점을 가지고 있다. 실제로 FDA 허가 확률 및 시장

155

성 증대 등으로 많은 투자사의 투자 포인트가 되고 있어. 벤처캐피털 같은 투자사들은 신약 개발 파이프라인이 가능한 스타트업을 찾아 나서고 있다. 국내 바이오 벤처 업계에도 수백억에서 1,000억 원대의 엄청난 기업가치를 평가받는 기업들이 존재하는데, 그만큼 미래 가능성이 투영된 것으로 볼 수 있다.

급부상한 바이오산업
— 돈의 흐름과 새로운 투자가치의 중심에 서다

20세기에 DNA 구조가 밝혀지고 유전자재조합 기술이 태동한 이후, 전 세계 바이오산업은 급성장하고 있다. 최근 기업의 시가총액에서 드라마틱하게 변화하거나 증대된 영역은 단연코 바이오산업이며, 3년 내에 한국에서 바이오 스타트업 회사 수백 개가 창업될 정도로 바이오산업이 전성기를 맞을 것으로 보인다.

바이오시밀러(바이오의약품의 복제약)를 생산하는 업체인 셀트리온과 삼성바이오로직스는 2019년 기준 상장된 지 각각 11년, 3년 정도밖에 안 되었지만, 기업의 시가총액은 25조 원을 넘나들며 한국 내 기업의 시가총액 상위 10위 내에 자리해 있다. 미래 기술 가치를 반영한 기술상장특례 바이오기업 중 항체신약 분야에 최근 상장된 회사는 대부분 수천억 원에서 조 단위의 시가총액을 형성하고 있다. 예전보다 투자를 받기도 상당히 쉬워졌고, 창업 지원 프로그램도 다양해 바이오 분야 스타트업이 많이 생겨나고 있다. 신약 개발을 위해 10년 이상 기술 개발과 투자를 해야 했던 예전에 비해 최근에는 기술 이전의 용이성으로 짧은 기간에 성과를 창출하고 있다. 비임상이나 임상 1상 전에도 기술 개발 아이디어나 특허만으로 글로벌 제약사에 높은 가치로 기술을 이전하는 사례가 생겨나고, 3~4년이라는 짧은 기간에도 평가를 통한 상장이 가능해졌다.

예전에는 기업의 대표나 재무를 책임지는 사람이 적극적으로 투자사를 찾아 나섰지만, 지금은 오히려 투자사가 미래 지향적인 기술가치 기업들을 찾아나서고 있다. 바이오 분야의 석박사 연구원의 인력난도 심해졌다. 대학에서 배출되는 인력은 많으나, 바이오 기술 분야는 1년이 다르게 급격히 변화하는 학문인 까닭에 최신 바이오 분야 교육과정이 빈약할 수밖에 없다. 최신 항체신약 개발 분야, 식물세포 배양 기술 분야, 유전체 편집 기술 분야, 마이크로바이옴 분야, 단백질 분리정제 분야, 기술디자인이나 임상시험 관련 분야 등의 인력은 구하기가 정말 어려워졌다. 특히, 항체 기술 관련 분야는 연봉이 150~200% 인상될 뿐만 아니라 스톡옵션을 받으면서 이직하는 추세다.

바이오 기술자나 연구자의 능력이 최고의 가치로 평가받고 있는 시대다. 대학가의 생물학과, 생명공학과, 유전공학과, 미생물학과 등의 수능 점수도 가파르게 올라서 상위에 랭크되어 있고, 이러한 추세를 반영하듯 학부형들도 자녀의 미래 진로에 생물학 분야나 의학 분야를 추천하고 있다. 너무 빠른 속도로 급변하고 있어서 교과 커리큘럼이 못 따라가고 있다는 점이 우려스러운데, 이는 학과나 배출 인력은 많은 반면 산업계에서 요구하는 지식과 스킬은 많이 부족하기 때문이다.

우리는 거의 모든 분야에서 과거보다 소요 시간이 급격하게 짧아지는 시대에 살고 있다. 제3차 산업혁명 이후 인터넷을 통해 지식이 폭발하고 정보가 다양해졌다. 그리고 우리는 손 안에 있는 스마트폰 하나로 그

157

모든 정보에 언제든 접근할 수 있다. 현재 우리는 전통적인 방법으로 전문적 지식을 학습하는 것보다 짧은 시간 내에 정보를 습득하고 대응하는 '접근 능력(Access ability)'과 '적응력(Adaptability)'이 더욱 요구되는 시대에 살고 있다. 세계는 그동안의 과학적 지식과 다양한 기술 발전을 토대로 창조적 융합을 통한 '제4차 산업혁명'이라는 새로운 프레임의 시대로 접어들었으며, 바이오산업은 그 중심에 있다. 최근 이러한 트렌드에 발맞추어 바이오 분야 창업 생태계가 활성화되고 있다. 기업이 다양한 질병치료 분야에 뛰어들어 혁신을 탄생시키는 긍정적인 측면도 많지만, 자칫 잘못하면 기업가정신은 사라지고, 미래에 대한 환상으로 자본주의 사회에서 단순히 돈을 벌기 위한 수단으로 전락할 수도 있다. 또한 농업이나 제조업 분야의 기업이 상대적으로 저평가받거나 도태될 수도 있다.

앞으로 바이오산업 분야에서 창업하는 기업가들은 창업 아이템보다 중요한 기업가정신을 가지고 정도를 걸어야 할 것이다. 투자자들도 단순히 얼마를 투자하여 얼마를 버느냐는 것도 중요하겠지만, 기업이 잘 성장할 수 있도록 도와야 하고 기다려 줄 줄도 알아야 한다. 정부 정책 역시 선택과 집중도 중요하나, 기존의 전통적인 제조업이 잘 영위되면서 미래혁신 기업과 상생하는 모델 정책을 모색해야 할 것이다. 지난 수십 년간 선진국 기술을 따라잡기 위해 '빠른 추격자' 정책을 펼쳤다면, 지금은 각 분야에서 '선도자'로 도약하는 정책을 펼쳐야 할 때다.

도심을 누벼라!
히치하이커를 위한
안내서

차량 공유 업체 '찜카'
네이처모빌리티

이주상 대표

과학고, KAIST를 거쳐 삼성에서 근무했다. 해외 주재원 생활 중 모빌리티 산업의 무궁한 가능성을 보고 돌연 귀국하여 ㈜네이처모빌리티를 창업했다. 다른 선택권이 없다는 이유로 불편함을 감수하고 세 번의 환승을 하며 출퇴근하는 사람들, 혹은 경제적인 이유로 편리함을 포기해야만 하는 사람들에게 무엇을 해줄 수 있을까 늘 생각한다. 자율주행, 친환경 전기차, 커넥티드 카 등 미래 모빌리티 세상이 올 때까지 행진은 계속될 것이다.

돈의 교양은 무엇일까? 돈에도 교양이 있다면, 아마 조금 더 우아한 일이 가능하게 하는 힘일 것이다. 그 '우아함'이라는 것이 개인마다 기준이 달라서 뚜렷하게 정의 내리기는 어렵지만 말이다. 나는 가시적인 기술의 발전을 통해 이전보다 편리하게 무언가를 해낼 수 있는 것을 우아함이라고 말하고 싶다. 당황스러운 상황에도 쩔쩔매지 않고 쉽게 해결할 수 있는 것, 시간에 쫓기지 않고 목표했던 것에 안정적으로 도달하는 것, '필요할지도 모르는 것'을 챙기기 위해 굳이 무거운 짐 가방을 들지 않아도 되는 것. 돈의 교양이나 우아함에 대해 생각했을 때, 나는 이런 이미지를 떠올릴 수 있다.

물론 이런 것이 돈으로만 되는 것은 아니다. 그러나 어느 정도는 돈이 가능케 하는 부분이 있다. 나는 이제 경제적 발전과 함께 찾아온 기술적인 **변화**들(이건 반대가 될 수도 있다. 기술적인 변화로 경제적인 발전이 가능하기도 하니까), 어느 순간 너무 당연하게 받아들이고 느끼고 있었던 변화들, 거기에 앞으로 더해질 변화들에 대해 이야기해 보려고 한다.

공유 경제, 인생을 구독하는 사람들

쇼핑몰에서 옷을 구입할 때를 떠올려 보면 '소비가 소비를 낳는다'라는 말을 실감할 수 있다. 티셔츠를 구입하면 그에 어울리는 바지를 구입해야 하고, 또 그에 어울리는 신발과 가방까지 산다. 이렇게 늘어난 하나의 작은 소유가 서로 고리처럼 연결되어 우리는 정작 필요하지 않은 물건까지 소비하게 된다. 한때 미니멀리즘이 유행처럼 번졌지만, 우리는 여전히 소유의 물살에서 벗어나지 못하고 있다. 그러나 이제는 물건이 아니라 '자유'까지도 소유할 수 있다. 쓰고 싶을 때 쓰고, 굳이 보관은 하지 않아도 될 자유 말이다.

소유하지 않을 자유가 공유를 만났을 때

소유에서 탈피하려는 움직임이 '공유'라는 기회를 만났다. 공유는 필요에 따라 '일시적으로 소유'하는 행위로 볼 수 있다. 특히 모빌리티 분야에서 공유의 흐름이 빠르게 퍼지고 있다. 필요한 곳에서, 필요한 이동 수단을, 필요한 동안만 이용한다면 자가용 소유자처럼 도착지에서 주차 공간을 고민하고 차량의 내·외관을 관리하지 않아도 된다. 과거에는 공유할 수 있는 모빌리티가 렌터카, 카풀, 대중교통 정도로 한정되었으나 현재는 다양한 모빌리티를 개인이 필요한 대로 조합해 이용할 수 있다. 기술의 발전으로 사용자의 위치 정보와 공유할 수 있는 모빌리티의 정보를 실시간으로 파악하고 배치하는 것이 얼마든지 가능해졌기 때문이다.

162

제4차 산업혁명으로 다가올 스마트시티에서는 스마트 모빌리티가 매우 중요한 부분을 차지할 것으로 보인다. 공유 모델로 출발한 스마트 모빌리티는 향후 자율주행 자동차, 택시와 융합되어 MaaS(Mobility as a Service)와 같은 서비스가 출현할 수 있다. 또 공유, 인공지능, 빅데이터, 융합 기술 등을 기반으로 사용자가 개인 특화된(Customized) 이동 수단을 실시간으로 제공받는 서비스가 일반화될 것이다. 필요에 기반한 공유 사회가 완전히 정착하고 제4차 산업혁명의 기술과 결합한다면, 미래의 우리는 편리하고 합리적인 형태로 한층 진화된 소비를 하게 될 것이다. 이제부터 시작되는 이야기는 우리가 그런 자유를 어떤 방식으로 즐기고 어떻게 가능하게 만들었는지를 보여준다.

작은 돌 하나에서 시작된 공유 경제

얼마전 우연히 흥미로운 다큐멘터리를 보았다. BBC에서 제작한 〈라이프(LIFE)〉 시리즈였는데, 내가 본 에피소드는 유인원의 생활이나 특성을 다룬 것이었다. 침팬지들의 생활에서 중요한 것은 '자기만의 돌'을 가지는 것이었다. 코코넛 껍질을 깨야 할 때 유용하게 쓰일 돌을 각자 하나씩 꼭 가지고 있어야 한다. 재미있게 본 장면은 한 침팬지가 자신이 쓰던 돌이 없어서 다른 침팬지에게 빌리는 장면이었다. (정말 놀랍게도) 그 침팬지가 정중한 눈빛을 보내며 손을 내밀자 다른 침팬지는 코코넛 다듬기를 멈추고 자신의 돌을 내주었다.

어쩌면 인류는 그런 식으로 작은 돌멩이를 주고받는 것으로부터 발전해 왔는지도 모르겠다. 필요한 것이 무엇인지 생각하고 찾고, 자신만의 것을 소유하고, 그것을 가능한 범위 안에서 공유해 왔다. 그리고 이제는 공유의 범위가 생각보다 훨씬 넓어졌다. 지구 반대편에 있는 집이나 자동차를 쉽게 공유하고 있는 것을 보면 말이다.

'공유 경제(Sharing Economy)'라는 말은 하버드대학교의 로렌스 레식(Lawrence Lessig) 교수가 비교적 최근에 언급했지만, 그 개념 자체는 아주 오래전부터 다양한 분야에서 쓰여 왔다. 어떤 개념이든 그에 딱 맞는 이름이 생기면 더 자주 쓰이게 되는 듯한데, 공유 경제도 그렇다. 가끔은 이 단어가 없었으면 어쩔뻔 했나 하는 생각까지 들 정도다. 2008년에 생긴 이 개념은 그때부터 부지런히 쓰여 왔다. 마침 스마트폰과 앱스토어라는 새로운 시장이 열린 시기와 비슷하다.

공유 경제라고 말하면 보통 최근에 생긴 자동차나 주거 공간, 사무실 등을 공유하는 서비스를 주로 떠올리는데, 그것은 생각보다 오랫동안 우리 생활을 차지하고 있었다. 가장 쉽게 볼 수 있는 형태는 중고 거래로 지금도 유용하게 쓰이고 있다. 그리고 중고 거래 플랫폼이 생겨난 이래로, 우리는 이제 더는 필요 없어진 물건을 '잊힌 물건 창고'에 처박아두지 않는다. 필요한 사람을 찾아서 적당한 사례를 받고 넘겨 주거나 빌려 주기가 쉬워졌기 때문이다. 이런 플랫폼이 생기기 전에는 무언가를 빌리거나 넘겨 주려면 지인이나 지인의 지인, 가족이나 가족의 지인들에게 연락을 해야 했다. 운이 좋다면 '발이 넓은 사람'을 알고 있어 일이 한결 쉬워졌겠지만, 이제는 운이나 인맥에 기대지 않아도 되는 세상이 왔다.

다시 오래전으로 돌아가서 살펴보자. 공유 경제 분야에서 가장 오래된 것은 도서관이다. 도서관은 인류의 문화에서 지식을 나누는 훌륭한 공유 경제 플랫폼이자 세계에서 공통적으로 통하는 비즈니스 모델이라고 말할 수 있다. 반면, 최근에 사람들이 일반적으로 공유 경제라고 알고 있고

주거 공간과 사무실의 공유 서비스를 제공하는
에어비앤비, 위워크

쉽게 접할 수 있는 분야는 앞서 말한 자동차나 주거 공간 공유 플랫폼이다.

도서관은 오랜 시간 출판사나 서점들과 비교적 우호적인 관계를 이어 왔다. 그러나 다른 공유 경제 분야도 꼭 그런 것은 아니다. 우버가 등장하면서 승차 공유, 차량 공유 서비스 업체들은 자동차 시장에서 꾸준히 성장해 왔고 자동차 제조업체를 압박할 정도로 규모가 커졌다. 또 주거 공간을 공유하는 에어비앤비도 유서 깊은 호텔이나 기존의 숙박 업계를 위협할 정도라고 하니 소비자의 접근성을 향상하는 플랫폼의 역할이 얼마나 중요한지 알 수 있다.

기존 제조 시장과 경쟁하며 성장하는 공유 분야가 있는가 하면, 제조업체의 든든한 고객이 되어 주는 공유 분야도 있다. 에어컨이나 정수기, 공기청정기, 복사기나 사무용품은 정기적인 관리 서비스와 결합하여 기존 제조업체와 함께 가는 분야다. 이와 비슷하게 고가의 시계나 옷, 명품 가방을 렌트해 주는 업체(포닷워치, 클로젯셰어 등)도 굉장히 인기 있다고 한다. 온라인 판매 시장이 커지면서 매장 방문 감소를 막기 위한 방법으로 의류 브랜드나 백화점에서 이러한 시도를 하고 있다. 최근 미국에서도 셀렉트

1인 모빌리티 공유 플랫폼 '네이처모빌리티'의 렌터카 가격
비교 플랫폼 '찜카'. 네이처모빌리티에서는 기본적으로 공유
경제 개념을 핵심으로 그보다 폭넓게 다양한 이동 수단의
공유 서비스를 론칭할 계획이다. 현재 찜카라는 브랜드로는
다수의 렌터카 업체가 제공하는 가격 비교 플랫폼을 선보이고
있다(렌터카도 공유 경제의 한 모습이다).

숍인 어반아웃피터스(Urban Outfitters Inc.)가 의류 렌털 사업을 시작했는데,
월 88달러로 한 달에 여섯 벌까지 빌려 입을 수 있는 서비스를 론칭했다.

　시장조사 및 컨설팅 업체 글로벌데이터리테일(GlobalData Retail)에 따
르면, 미국의 의류 렌털 시장은 이른바 패스트 패션(Fast Fashion, 최신 유행을
즉각 반영한 디자인, 저렴한 가격, 빠른 상품 회전율로 승부하는 패션 사업 트렌드)과
온라인 쇼핑의 호황으로 연간 20% 이상의 성장률을 보이고 있다. 글로벌
데이터리테일은 영화나 연극용 의상 대여를 제외한 일반 의류 렌털 시장
규모가 2018년 약 10억 달러였으며, 2023년에는 25억 달러를 넘어설 것으

로 추산했다.

소비자는 이러한 시장의 변화 덕분에 더 많은 옵션을 만날 수 있다는 것만으로도 충분한 이득을 취하고 있다. 소비자 입장에서 선택하는 기준은 다양하다. '믿을 수 있는가', '저렴한가', 때로는 '빠르게 수령할 수 있는가'와 같은 기준에서 중고 제품을 활용하거나 일정 기간 빌리는 것이 어떤 소비자에게는 더 중요하고 이득일 수 있다. 이는 특히 모빌리티 분야에서 더욱 그렇다. 아직은 '모빌리티 공유'라는 말보다 '자동차 렌트'나 '리스'라는 단어가 더 익숙할지도 모르겠다. 어쨌든 자동차 외에도 당장 필요하지만 구입하는 것은 꺼려지는 라스트마일(Last Mile, 목적지까지 마지막 1마일을 이동할 수 있는 최후의 이동 수단으로 자전거, 킥보드 등) 이동 수단이나 상용차의 공유도 점차 이루어질 것이다(현재 논란의 소용돌이를 지나 폭풍을 맞고 있는 승차 공유 서비스에 대한 이야기는 뒤에서 좀 더 자세히 다룬다).

일부에서는 공유 경제가 결코 경제 분야에서 주류가 될 수 없고, 순수 제조업을 압박하는 악재가 될 거라고 한다. 그러나 공유 경제는 생각보다 오랫동안 많은 분야에서 우리의 삶을 차지해 왔다. 그리고 앞으로 가능하게 될 분야에서도 사람들의 삶을 물질적으로나 정신적으로 풍요롭게 할 수 있을 것이다.

매일 내 집 앞으로 포르쉐가 배달된다면 어떤 기분일까?

스티븐 스필버그는 최근 몇 차례 공식 석상에서 이런 말을 했다. "넷플릭스에서 개봉되는 영화는 오스카상 후보에서 제외되어야 한다." 그가 내세우는 이유는 넷플릭스 영화가 'TV 영화'로 분류된다는 것이다. 이에 대해 넷플릭스도 공식 입장을 표명했다. "넷플릭스는 극장에 갈 돈이 없거나 극장이 없는 마을에 사는 이들을 위한 접근권을 주고, 동시 개봉을 통해 모든 이가 어디서든 영화를 즐길 수 있게 하고, 영화제작자들에게 예술을 공유할 더 많은 방법을 제공하기 위해 일한다."

누구의 말이 맞을까? 아니, 어쩌면 둘 다 맞는 이야기를 했는지도 모른다. 다만, 스필버그 감독의 말은 넷플릭스가 달리는 성공 가도를 상당히 의식한 견제성 발언이 아닌가 싶다. 그만큼 넷플릭스는 우리 생활 깊이 침투해 있다. 그러나 꼭 영화가 아니더라도 우리는 이미 생활의 많은 부분에서 '구독형 서비스(Subscription Service)'를 이용한다.

사람들은 점점 '사는 것'보다 '이용하는 것'에 돈을 지불하기 시작했다. 이번에는 우리 삶에서 빼놓을 수 없는 일상이 된 구독형 서비스에 대해 이야기해 보자. 구독형 서비스 혹은 '구독 경제(Subscription Economy)'라고 부르는 이 소비 모델은 소비자들이 각 기업에 일정액을 선불로 지불하면 원하는 상품이나 서비스를 공급자로부터 주기적으로 제공받는 것을 말한다. 이는 방식에 따라 세 가지로 나뉜다. 무제한 이용형과 정기 배송형, 그리고 렌털형이다.

무제한 이용형은 우리가 이미 아주 잘 알고 있는 스트리밍 서비스 분야의 영화·음악 콘텐츠 제공 플랫폼, 그리고 리디셀렉트나 밀리의 서재 같은 도서 콘텐츠 제공 플랫폼이 있다. 비디오 배달로 시작해서 영화 제작까지 맡고 있는 넷플릭스는 이제 구독형 서비스의 최강자가 되었고, 이에 영향을 받아 스트리밍만을 제공하던 기존 플랫폼들도 점점 바뀌고 있다. 무제한 이용이라니, 얼핏 보면 적자를 면하기가 어려울 것 같지만 이 방식은 넷플릭스를 '따라 하고 싶은 기업'으로 만들었다.

넷플릭스에서는 세 가지 형태의 요금제를 제공하고 있다. 베이직이

월 9,500원, 스탠더드가 월 12,000원, 프리미엄이 월 14,500원인데, 생각보다 '프리미엄'을 선택하는 사람이 많다. 고화질을 지원하고 동시 접속 인원도 4명까지 되니 훨씬 이득이라고 생각하는 것이다. 이용자가 보기에 '뭐, 이 정도면 돈 낼 만하네'라고 생각할 법한 가격과 서비스를 제공하기가 참 쉽지 않은데, 넷플릭스는 그 어려운 걸 해냈다.

유튜브는 월 요금제에 따라 광고를 삭제한 프리미엄 버전 '유튜브 레드'를 제시했다(스마트폰에서 유튜브 화면을 종료하면 스트리밍이 정지되던 것을 보완하여 제공하는 서비스다). 유튜브 시청을 방해(하면서도 실은 크리에이터들을 먹여살리는)하는 광고는 매월 8,690원을 내면 모든 채널에서 사라진다.

정기 배송형은 말 그대로 정기적으로 소모할 수 있는 상품을 배달하는 서비스다. 간단히 먹을 수 있는 음식이나 음료 등의 식자재부터 화장품, 꽃, 그리고 갓 볶은 원두까지 매주, 매월 같은 날짜에 배달된다. 가끔 면도기를 사두는 걸 깜박했을 때의 그 당황스러움이란! 그러나 이제 더는 거슬리는 수염을 애써 모른 체하고 출근하는 일은 없을 것이다. 4주마다 여분의 면도날이 포함된 셰이빙 박스가 정기적으로 배송될 테니 말이다.

마지막으로 렌털형은 매월 일정액을 내고 필요한 물건을 이용하는 서비스인데, 우리는 이를 통해 정기적인 관리가 필요했던 공기청정기나 정수기를 주로 이용해 왔다. 대개 내구성이 높은 고가의 상품이나 사치품이 많고, 이제는 가구나 그림, 자동차까지 이용할 수 있다. 저마다 필요한 이유는 다르겠지만, 꽤 큰 돈을 주고 사는 것보다 소액으로 나눠서 매월 이용료를 내며 정말 좋은 상품인지 경험해 보는 것도 꽤 합리적인 소비 방식이다. 월 2,000달러를 내고 포르쉐를 바꿔 가면서 탈 수 있다는 것이 정말 매력적으로 느껴지지 않는가. 자동차 업계는 월 구독료를 받고 고급 차

포르쉐의
'포르쉐 패스포트(Porche Passport)'

종을 마음껏 탈 수 있는 서비스를 선보이고 있다.

　원하는 차로 바꿔 가며 탄다는 점에서 같은 차종을 일정 기간 임대하는 리스와는 다르다. 볼보는 2018년 봄부터 월 600달러에, 캐딜락은 2017년부터 월 1,800달러에 이러한 서비스를 제공하고 있다. 포르쉐는 2,000달러부터 시작하는 서비스를 계획 중이며, 벤츠와 BMW도 유사한 서비스를 준비하고 있다. 고객들은 선택한 상품의 금액을 지급하고 원하는 차량과 날짜, 장소만 선택하면 된다. 해당 회사의 직원이 집 앞으로 차를 가져다주고, 중간에 차를 바꿔 주기도 하며 알아서 유지·보수를 해준다.

　한국에서는 현대자동차가 '제네시스 스펙트럼'이나 '현대셀렉션' 같

리프트의
'라이드패스'와
네이처모빌리티의
'찜카 셰어링'

171

은 월 구독형 상품을 출시했고, 쏘카에서도 '쏘카패스'라고 하는 상품으로 할인하여 이용할 수 있는 서비스를 선보였다. 또 내가 소속된 네이처모빌리티에서도 월정액을 지불하고 이용하는 전기차 카 셰어링 서비스를 운영한다. 이처럼 차량 공유 플랫폼에서도 월정액을 내고 일정한 할인율을 적용하거나 서비스를 이용하는 것이 가능한데, 유사한 사례가 미국에도 있다. 미국의 차량 호출 업체인 리프트(Lyft)가 도입한 월정액 요금제인데, 기본 비용에 거리당 추가 요금이 발생하는 기존의 구조에서 일정 금액을 낸 뒤 횟수로 차감되는 요금 체계를 제시한 것이다. 월 189달러로 매월 30회 이용할 수 있는 단거리 이용권과 월 299달러로 동일하게 30회를 이용할 수 있는 장거리 이용권을 출시한 리프트는 요금제에 따라서 최대 51달러, 혹은 151달러의 비용 절감 효과가 있을 것이라고 말한다. 리프트는 이를 통해 구독형 서비스로 비즈니스 모델을 전환하려는 것으로 보인다.

스티븐 스필버그는 영화의 정통성이나 영화를 규정하는 프레임에 대해 이야기했다. 그러나 따지고 보면 영화는 대중예술이다. 즉, 대중이 얼마나 많이 볼 수 있느냐에 따라 그 생명력이 달라진다고 할 수 있다. 구독형 서비스가 많은 스타트업 회사의 주요 이슈로 떠오르고, 전통 있는 기업들도 구독형 서비스를 준비하거나 실행하는 단계에 있다. 심지어 무비패스(Moviepass) 같은 기업은 적자를 감수하고 빅데이터 구축을 위해 구독형 서비스를 운영하며, 애플도 서비스 회사로 진화하기 위해 세 가지나 되는 구독형 서비스를 내놓았다. 구독형 서비스의 핵심은 지속적인 고객 확보와 수익 창출이며, 이를 위해서는 고객 자신도 눈치채지 못한 취향이나 불편을 기업이 먼저 인식해야 한다.

어떻게 해야 더 많은 사람이 이용할 수 있을까? 어떻게 해야 더 쉽고 편하게 다가올 수 있을까? 이를테면 이런 고민을 항상 하고 있어야 한다. 앞으로 더 많은 분야에서 구독 경제, 구독 서비스가 이루어질 것이다. 그때마다 스필버그처럼 기존 시장을 보호하고 정통성을 유지하려는 사람도 분명 있을 것이다. 그러나 훨씬 편리한 서비스가 나왔는데 전통이나 규칙, 기존 시장의 보호 때문에 이용할 수 없다면 너무 슬프지 않을까. 결국은 더 많은 대중을 끌어들일 수 있는 힘이 앞으로 공유 경제, 구독 경제를 넘어 미래의 경제에서 중요한 요소로 작용할 것이다.

모빌리티 시장의 변화 ─ 모빌리티는 어제와 오늘이 다르다

> 과거에는 겸손하게 자연의 발치에서 그해의 밀농사를 기념하는 추수 축제를 열고, 땅의 지속적인 비옥함을 보장받기 위해 동물의 희생을 들였던 반면, 지금은 우리의 과일과 채소를 직접 하늘로 가지고 올라가다니 참으로 이상하고 무시무시한 일이다.
> ─《공항에서 일주일을》, 알랭 드 보통

탈것의 진화

공항과 비행기에 대해 이야기하는 책을 읽다가 문득, (너무 뻔한 말이지만) 인간이 만들어 낸 모빌리티가 꽤 놀라운 변화를 거쳐 왔다는 생각이 들었다. 실은 '모빌리티'라는 말을 붙일 수 있기까지도 오래 걸렸다. 인간은 줄곧 걷다가 뛰다가, 마침내는 대륙을 횡단하고 바다를 건넜다. 그러다가 노동력을 이용하는 탈것을 만들어 아주 오랜 시간을 이동해 왔다. 그리고 여러 시대를 거치면서 '인간의 노동력'이 아닌 다른 동력원을 가진 모빌리티가 생겨났고, 이제는 손대지 않아도 알아서 주행하는 시대가 오고 말았다.

인간은 단시간에 빠르게 멀리까지 이동하기 위해 모빌리티를 발전시켜 왔고, 어느 정도 편리함을 누리면서부터는 '환경에 영향을 미치지 않는 동력원'을 개발하기 위해 노력하고 있다. 앞으로의 발전 또한 무궁무진할 것이다. 우리가 상상할 수 있는 것은 어디까지일까? 이 '상상'이라는 것은 생각보다 어려워서 '무엇이든 상상해 보라'고 해도 잘되지 않는다. 무의식적으로 내가 알고 있는 것과 실현 가능한 범위 안에서 조금씩 생각이 움직일 뿐이다. 그렇기 때문에 대부분은 '누군가 나 대신 혁신적인 상품을 들고 나타나 주기를' 바라게 되는 것이다. 다행인지 불행인지, 그런 사람이 세상에는 꽤 많고 그들은 CES(Consumer Electronics Show)에 나타나서 가까운 미래를 보여준다.

CES는 분명 가전박람회일 텐데 약 10년 전부터 자동차 기업의 참여가 눈에 띄게 늘었다. 그리고 얼마 전 라스베이거스에서 열린 CES에서는 자동차 기업의 전시가 단연 돋보일 정도로 그 규모가 컸다. 최근 더 많은 자동차 관련 기업이 참가하게 된 것은 자율주행에 대한 관심 때문이라는 평가가 높다고 한다. 자동차 기업들은 시장 전체의 산업적 추세인 C(Conneted), A(Autonomous), S(Sharing), E(Electric)의 네 가지 전략 틀을 가지고 그 내용을 보여 주었다.

커넥티드 카(Conneted Car)는 자동차가 네트워크에 연결되어 다른 자동차들과 주변 환경을 인지하고 연결함으로써 스마트시티의 한 요소로서 수행하는 역할을 강조한다. 이에 대해서는 히어 테크놀로지(Here Technology)가 거대한 광고 화면을 통해 전하는 "모든 차가 다른 모든 차로부터 정보를 받는 것이 현실이 된다(Every car learning from every car is now a reality)"라는 메시지로 조금 쉽게 설명될 것이다.

자율주행 자동차(Autonomous Car)는 운전자의 조작 없이 이동이 가능한 차량을 말한다. 다양한 하드웨어와 인간을 대신할 수 있는 소프트웨어 시스템이 필요한 이 기능은 현실에 매우 가깝게 다가왔다. 국내에서도 무인 버스의 시범 주행이 계속되고 있다.

셰어링 카(Sharing Car)는 CES 전시장이 있는 라스베이거스에서 가장 많이 볼 수 있었던 우버와 리프트사의 공유 차량으로 설명할 수 있다.

전기차(Electric Car)는 굳이 자세히 설명할 필요가 없을 것이다. 전기라는 동력원은 처음 제시된 이후 많은 시행착오를 겪었지만, 미래 차량의 주요 동력원이 되는 데 성공했다. CES 행사장에 전시된 완성 차가 대부분

닛산은 '인텔리전트 모빌리티'라는 미래 전략하에 '보이지 않는 것을 보이는 것으로(Invisible to Visible)'를 구현하는 자율주행 콘셉트 카를 발표했다. 운전자가 볼 수 없는 부분까지 보여 준다는 의미의 슬로건이다.

전기차인 것만 봐도, 내연기관 차량은 조만간 박물관에서나 볼 수 있겠다는 생각이 든다.

언제부턴가 우리가 늘 들고 다니게 된 모바일 기기는 트렌드에 따라 작아졌다 커졌다를 반복했다. 그러면서 탑재된 화면에 쓸 말이 많아져서 몇 개 되지 않는 키보드를 쿼티 키보드로 바꿔 보기도 했다. 그러다가 결국 키보드는 기기에서 아예 사라졌다. 사라지고 나서 그 기능을 더욱 잘 쓸 수 있게 되었다.

자동차도 비슷한 변화를 시작했다. 차량 안의 운전석을 무겁게 채우던 핸들과 운전자가 사라지고, 따라서 운전자가 봐야 할 사이드미러도 사라지는 미래가 다가왔다. 이러한 변화가 오고 나면 짐작건대 우리는 자동차를 더 많이, 더 쉽게 이용할 수 있을 것이다. 우리가 할 일은 그러한 변화를 편안하게 기다리는 것이다. 어제와 다른 오늘을 보내면서 또 한 차례 달라질 내일을 말이다.

전통과 미래 사이

2000년대 초중반에 나온 영화에서 세련된 비즈니스맨, 커리어우먼의 손에 들린 것은 단연 블랙베리였다. 바쁘게 걸어가다가 갑자기 울리는 신호음에 꺼내든 블랙베리는 한때 가장 빠르게 업무 내용을 주고받을 수 있는 모바일 기기였다. 새롭고 혁신적으로 보였던 그 기기는, 들고 있는 사람이 매우 스마트해 보인다는 장점도 있었다. 그러나 몇 년 사이에 판도가 완전히 바뀌어서 지금은 애플이나 삼성, 화웨이, 샤오미 등이 점유하고 있다. 누가 먼저 생각했느냐는 더 이상 중요하지 않다는 것을 보여준 사례라고 할 수 있다. 스마트폰으로의 전환을 안정적으로 시작한 리서치인모션

모바일 시장에서 높은 점유율을 가진
애플과 삼성 제품 이미지(출처: pixabay)

(2013년에는 결국 블랙베리로 기업명을 바꿨다)은 더 큰 변화를 이루지 못하고 후발 주자들에게 자리를 내주었다.

그런가 하면 모빌리티 시장도 어느 때보다 격변의 시기를 맞고 있다. 이를테면 어제 A가 새로운 플랫폼을 출시하는데 오늘 B는 유사한 서비스를 전면 중단하고 C는 다른 시장을 개척 중인 상황이다. 모빌리티 시장은 자동차가 발명된 이후로 가장 빠르게 변화하는 시기를 맞이한 것 같다.

최근 개인적으로 놀랐던 소식은 BMW와 다임러AG(메르세데스 벤츠의 생산 기업)의 합작 법인 설립이었다. 양 사의 모빌리티 사업 부문을 합병하여 차량 공유와 승차 공유, 주차와 전기차 충전, 경로 제공, 택시 이용과 같은 정보 서비스를 제공할 예정이며, BMW의 드라이브나우(Drive Now)와 다임러AG의 카투고(Car2Go)를 합친다는 계획을 세우고 있다. 두 플랫폼은 세계 31개 도시에서 약 2만 대의 차량을 운용하며, 이용 고객의 수는 400만 명이 넘는다. 그러나 합작 법인 추진은 최초 합의 이후 그다지 뚜렷한 성과가 보이지 않았는데, 이러한 상황을 급반전시킨 것은 미국과 중국에서 시작된 공유 모빌리티 사업의 확장이었다. 우버와 디디추싱(滴滴出行) 같은 기업과 경쟁하기 위해서는 합병이 필요하다는 것을 파악하고 정식으로 합작 법인이 시작된 것이다. 이처럼 오랫동안 대립했던 기업이 빠르게 태세를 전환할 수 있었던 배경에는 자동차 생태 시장의 급변이 있다. 불가능할 것처럼 보였던 변화들이 시작되고 있다. 여기서는 누구도 안심하고 있을 수 없다. 지금 어떤 회사의 대표도 사무실에 앉아 평화롭게 창밖을 내려다볼 여유는 없을 것이다.

우버와 웨이모(Waymo), 디디추싱, 그랩(Grab) 등 실제로 자동차를 만들지 않는 기업의 성장은 1세기 가깝게 전통을 유지해 온 자동차 산업 분야의 강자들을 긴장하게 만들었다. 이것이 바로 기술의 힘이다. 전통 기업들은 이미 시작된 변화에 맞춰 전환을 이룰 수 있을지 모르지만, 어쨌든 이 기류에 탑승하지 않으면 사라질 것이라는 사실은 명확하다.

누가 말했던가. 진화의 반대말은 퇴화가 아니라 무변화라고. 블랙베리는 여전히 쿼티 키보드를 탑재한 채로 블랙베리키투를 출시했다. 마치 종이책을 위협했던 이북(e-Book)과 다른 판도를 만들고 있는 독립 출판사들처럼 말이다. 이것이 누군가에게는 퇴화로 보일 수 있겠지만 또 다른 틈새시장을 부를 수 있고, 누군가는 여전히 열광할 수 있다. 소비자는 스스로 무엇을 원하는지 잘 모른다. 어떠한 분야든, 누가 먼저 생각했든, 결국 소비자 스스로 깨닫지 못한 욕구까지 잡아내는 곳이 승리할 것이다. 모빌리티 시장은 변화를 반복하며 시장을 키워 나갈 것이고 몇 년이 지나고 나면, 아니 어쩌면 그보다 빨리 승자가 가려질 것이다.

중국의 전기차 시장은 생각보다 빠르게 달린다

오랜 시간 우리의 고정관념이었던 기억이 있다. '그거 중국산이래' 하면 그다지 좋은 어감은 아니었다. 엄청나게 싸지만 한두 번 쓰고 말 거라면 구입하는 물건의 대명사였다. 그런데 어느 순간부터 사람들이 말하는 '중국산'은 '가격은 저렴한데 오히려 믿을 만한'이라는 의미로 바뀌었다. 시작은 역시 샤오미였나 싶지만, 사실 그것은 중요하지 않다. 우리는 이제 샤오미, 화웨이, 디디추싱, 타오바오, 광군제 같은 단어에 거부감이 없고, 오히려 트렌드세터나 얼리어답터라면 꼭 알아야 할 단어가 되어 버렸다.

사람들은 점점 공기청정기나 청소기, 블루투스 이어폰 같은 것이 필요하면 제품력이 높으면서 가격 경쟁력까지 보유한 '중국산'으로 골라서

179

반자율주행 기술로 기네스 기록을 수립한
중국 창안자동차

산다. 그렇다면 자동차는 어떨까? 아직은 그래도 유럽의 자동차가 강세라고 생각한다면, 전통의 강호였던 유럽 자동차 제조 기업이 중국의 IT 기술 산업의 성장으로 압박감을 느껴 적극적인 대응을 한다는 이야기가 꽤나 충격적일 수도 있겠다.

차량 공유 애플리케이션 분야의 강자인 미국의 우버는 중국의 디디 추싱에 밀려 철수했고, 항상 1위 자리를 유지하던 삼성은 인도 시장에서 샤오미에 점유율 1위 자리를 내주고 밀려났다. 그만큼 IT 기술이나 제조 산업 분야에서 전 세계를 압박할 정도로 중국의 위세와 영향력이 대단하다. 그런 중국에서 최근 가속화하고 있는 분야가 있는데, 바로 전기차와 자율주행차다. 한국에서 아직 생소할 수 있는 창안자동차(중국 3대 자동차 회사 중 하나)는 이 두 분야에서 부상하고 있는데, 2018년 말에는 자율주행차 분야에서 기네스 기록을 따냈다. 세계 최대 자율주행 자동차 퍼레이드 기록으로, 총 55대의 차량이 주행에 성공했다는 내용이었다(총 56대가 참가했지만 1대의 운전자가 차를 조종한 까닭에 55대가 인정받았다).

월등히 나은 기술은 아니라고(대부분의 자동차 브랜드가 가능한 기술이다) 말하는 사람들도 있다. 어쨌든 이 정도의 자동차 기술력은 이제 쉽게 무시할 수 있는 수준이 아니다. 분명히 나보다 잘나가진 않을 거라고 생각했던 옛 친구가 어느날 갑자기 유명 인사가 되어 나타났을 때의 당혹감이랄까. 이 잘나가는 친구는 이미 전기차로도 유명하다. 중국은 현재 정부뿐 아니라 국민도 삶의 질이나 환경에 대한 관심이 높아지고 있어 전기차 시장의 지속적인 성장에 한몫하고 있다. 중국 정부는 전기차 시장 육성에 강력한 의지가 있고, 또한 연관 산업과 함께 전기차 사용에 친화적인 생태계 조성을 그리고 있다.

중국에서 전기차 판매량이 증가하는 추세에는 다양한 요소가 작용했지만, 무엇보다 눈에 띄는 것은 제조와 판매에 관해 내세운 정책이다. 중국은 차량의 10%를 친환경차로 판매하도록 강제했고, 판매량을 지키지 못하면 다른 차량 제조사로부터 크레딧을 구매하도록 했다. 물론 페라리나 맥라렌, 람보르기니 같은 극히 적은 양의 차량을 판매하는 제조사는 제외된다. 어쨌든 이로 인해 자동차 제조사들은 손해를 입으면서까지 전기차를 판매하고 있으며, 한국에도 전기차를 판매하는 제조사가 급격히 늘었다.

창안자동차의 주화룽(朱華榮) 대표는 2025년까지 21개 완전 전기차 모델, 12개 수소차 모델 출시 계획을 밝혔다. 또한 2020년까지는 비네트워크 차의 생산을 완전히 중단하고 인공지능과 네트워킹 및 자율주행 기술 개발에 더 힘을 실을 계획이라고 덧붙였다. 중국 최대 전기차 기업인 BYD의 판매량이 급증한다는 소식도 눈여겨봐야 할 부분이다. 순전기차와 하이브리드 자동차를 포함한 친환경 자동차의 판매량이 2018년 같은 달보다 342% 폭증했다. 이와 같은 판매량 폭증은 2월부터 시작되는 중국 정부의 구매보조금 하향 때문이라는 분석도 나오지만(즉 보조금 수혜의 막차 효과) 성장세가 지속된다는 측면에서는 매우 놀랍기만 하다. 그렇다면 한국의 사정은 어떨까? 2019년 전기차 보조금 지침이 발표되었을 때 승용차 기준으로 받을 수 있는 보조금은 1,350만~1,900만 원이었다. 차종별 배터리 용량과 자동차 성능에 따라 다르게 지급되겠지만 개별소비세(300만 원)나 교육세(90만 원), 취득세(140만 원)도 각각 감면된다.

이러한 지원 정책으로 최근 전기차 수요에 대한 긍정적인 반응을 찾아볼 수 있지만, 아직은 이용자 입장에서 고려해야 할 점이 많다. 그중 하나가 충전소 보급이다. 전기차 충전소가 늘고 있다고 하지만 아직까지 촘촘하다고 하기는 어려운 상황이다. 중국의 실행력에 비하면 어쩐지 아쉬움이 느껴진다. 중국 베이징시는 '베이징시 전기차 충전 인프라 시설 특별 규획(2016~2020년)'에 따라 전기차 충전소를 약 43만 5,000개로 늘린다고 밝혔다. 그중 사립 개인용 충전소는 '1인 1개'를 실현하고, 공공 충전소는 산간 지역을 제외하고 평균 반경 5킬로미터 충전 네트워크를 달성하겠다는 목표를 수립했다.

중국은 전기차가 지배적인 분위기라면 한국은 전기차와 수소차로 양분되는 분위기다. 우리 정부는 2020년까지 공공 기관 차량을 친환경차로 전환한다는 목표를 세웠다. 물론 여기의 친환경차에는 전기차는 물론 수소전기차까지 포함된다. 다만 수소 경제 로드맵을 발표하는 등 수소차에 조금 더 힘을 실어 주는 듯하다. 물론 아직은 전기차의 수가 압도적으로 많지만 말이다.

한국의 전기차는 아직까지 속도가 느리다. 초소형 전기차의 고속도로 진입이 불허되는 상황이, 한국 전기차 시장의 현실을 그대로 보여준다. 현재의 속도로는 한국의 전기차가 세계시장에 진입할 수 없을 거라는 불안감, 잘나가는 친구들을 먼발치에서 구경만 하게 되는 건 아닐까 하는 불안감마저 문득 든다.

자율주행 택시의 등장을 기다린다

나는 개인적으로 낭만과 합리주의 사이 어딘가에 인간의 디폴트 값(Default Value)이 있을 거라고 생각한다. 아름답지만 쓸모없는 것들이 여전히 존재하는 걸 보면 말이다. 그러나 또 다른 측면에서 인간의 생활은 분명 점점 합리적인 방향으로 변화하고 있다고 느낀다. 기술이 발전하면서

183

사람들이 서로 말할 필요나 기회가 없어지고 있기 때문이다. 그야말로 버튼 하나, 텍스트 한 줄로 소통이 가능하고 그 밖의 대화는 불필요하며 번거롭게 느껴지는 세상이다.

아이러니하게도 사람들과는 점점 텍스트를 주고받는 것이 자연스러운데, 기계와는 말을 주고받는 것이 편한 세상이 되었다. 기계한테 화를 내는 사람도 있을까? '헤이, 시리!(Hey, siri!)', '오케이, 구글(OK, Google)' 등 기계에게는 평소보다 부드럽고 명료하게 이야기한다. 그러나 사람들과는 더 이상 말을 하고 싶어 하지 않는다. 우리는 특히 어떠한 서비스를 이용할 때 화가 나거나 말문이 막히는 순간을 종종 경험했기 때문이다. 꼭 그래서는 아니겠지만, 그런 사람들을 위해 이제 아예 말을 하지 않아도 되는 서비스, 무인택시가 상용화되기 시작했다.

우리는 이제 목적지까지의 최단 거리도 금세 알 수 있고, 기다리는 버스가 언제 오는지도 쉽게 알 수 있다. 모바일 배차 시스템이 나오고, 승차 공유가 상용화되었다. 그러나 여전히 아쉬운 점은 존재한다. 예를 들면, 나는 아직도 택시를 타기 전에 무의식적으로 '제발 좋은 기사님이 오시길, 제발!'이라며 기도를 한다. 그런데 이제 이런 기도를 할 필요도, 운에 맡길 필요도 없어졌다. 기사가 없는 무인택시를 타게 되었으니 말이다.

구글이 내놓은 자율주행 택시 웨이모는 우버나 리프트와 같은 방식의 앱이지만 자율주행이 가능하다는 것이 가장 다른 점이다. 웨이모에서는 크라이슬러의 퍼시픽카 하이브리드 미니밴을 자율주행 모드가 가능하게 개조했다. 어떻게 가능했을까? 지붕에 설치된 감지장치 레이더로 주변을 스캐닝하고 이미지화할 수 있고, 차량의 네 모퉁이 부분까지 볼 수 있어 사각지대가 없다. 외부 정보가 이러한 하드웨어로 전달되고, 이 정보를

웨이모 미니밴 택시의 외관과 내부 사진

통해 소프트웨어가 운전 방향을 결정한다.

소프트웨어가 정보를 통해 결정하고 운전을 하는 동안 익숙하지 않은 이용자는 어쩌면 불안할지 모른다. 그렇기 때문에 웨이모는 내부에 디스플레이를 설치해 수집하고 있는 모든 정보, 주변에 있는 보행자와 다른 차량, 현재 보이는 신호등까지 한 화면에 보여준다. 전방에 있는 횡단보도에서 보행자가 기다리는 경우, 자동차는 일시 정지하고 보행자가 있다고 알려준다. 이용자는 전혀 답답하지 않을 것이다. 자율주행차이지만 아직 실제 주행 중에는 운전석에 사람이 앉아 있다. 이 사람은 운전을 하지는 않지만, 혹시라도 불안할 수 있는 승객이 안심하고 갈 수 있도록 신뢰감을 주는 역할을 한다. 이용한 고객들의 피드백은 긍정적인 편으로 나타났다. 이를 봐도 앞으로 우리가 무인 시스템에 잘 적응할 수 있을 것으로 예상된다.

교통정보를 한눈에 볼 수 있다는 것도 예전 교통수단들과는 다른 만족감을 준다. 당연한 말이지만 모든 교통신호를 꼼꼼하게 준수하는 덕분에 운전을 조금 답답하게 한다고 느껴질 수 있지만, 이용자로서는 오히려 안전한 느낌을 받는다는 의견도 있었다. 이용자가 멀미를 하거나 하면 차를 멈출 수 있다고 하며, 더 많은 도움이 필요하면 지원 버튼을 누를 수 있다. 현재 어디에 있는지, 혹은 얼마나 더 가야 하는지에 대해서도 바로 알 수 있다. 또한 이용자가 직접 내리고 싶은 위치를 지정할 수 있고, 소프트웨어가 판단하기에 주차장같이 내리기 복잡한 곳에서는 멈추지 않는다. 무인택시는 현재까지 가격 책정 방식이 택시와 동일하다. 웨이모는 우버나 리프트에 비해 약간 저렴한 수준이다. 7.4킬로미터 거리를 12분가량 걸려 이동했을 때 7.32달러인데, 같은 코스를 우버와 리프트로 이동하면 8~9달러가 나온다. 그러나 앞으로 호텔이나 레스토랑과 파트너십을 진행하면 무료로 이용하게 될 가능성도 있다고 한다. 이렇게 향후 방향까지 보고 있자니, 이제 더는 택시 기사님과 승강이하는 일은 없을 것만 같다.

약간은 빗나간 이야기일 수 있지만, 나는 택시가 오로지 교통수단으로서의 가격만 책정된 것은 아니라고 생각한다. 이용자 대부분 택시를 접할 때 고객 응대 서비스나 안전한 운전 등에 대한 기대감이 있을 것이다. 그러나 점차 그러한 '서비스'를 다 잘라내더라도 위에서 언급한 기대감을 충족할 만한 기능을 가진 무인택시가 나올 것이다. 사람들은 점점 더 '기능'만을 필요로 할 것이고, 한국 역시 마찬가지로 이러한 서비스가 상용화되기를 기다리고 있을 것이다.

모빌리티의 공유
─ 도심을 여행하는 히치하이커들을 위한 안내서

어릴 적에는 어머니 손에 이끌려 시장이나 은행, 시청에 볼일이 있어 외출하는 일이 많았는데, 그때마다 주로 걸어가거나 버스를 이용했다. 그러다 돌아오는 길에 갑자기 비라도 내리면 어머니와 함께 길가에 서서 기다리다가 택시도 아니고 버스도 아닌, 전혀 모르는 사람의 차를 타고 집에 가는 일이 많았다. 짐이 많거나 아이들과 함께 있는, 발을 동동 구르며 택시를 기다리는 사람들을 선의로 태워 주는 일이 그때는 많았다. 버스정류장에(그때는 택시승강장도 따로 없었다) 서 있으면 승용차가 앞에 서서 수동식 창문을 열심히 내리고는 '어디까지 가세요' 하고 물어보았다. 타고 가는 내내 '비가 와서 고생이셨겠다, 아이들 감기 안 걸리게 조심하셔야겠다'는 말도 주고받았다. 집 앞까지는 아니더라도 근처까지 태워 주고 내려 주는 일

190

이 그때는 고마우면서도 참 흔했다. 그리고 혼자서 택시를 이용할 수 있게 된 지금, 도로에 서 있으면 옛날과 같은 일들은 기대하기 힘들다는 것을 깨닫는다.

승차 공유의 시대가 올듯 말듯 하다

그런데 오늘날 생면부지인 사람의 차를 자연스럽게 공유하는 시대가 다시 시작되었다. 예전에는 운전자의 일방적인 선의만으로 가능했다면, 지금은 양쪽 모두(운전자와 탑승자)의 이익을 위해서 공유한다는 점이 조금 다른데, 좀 더 합리적이라고 해야 하지 않을까. 물론 방법 면에서도 굉장히 간단해졌다. 올지 안 올지도 모르는 차(택시 포함)를 하염없이 기다리던 옛날과 달리, 이제는 언제 탈지, 어디서 탈지도 자신이 정할 수 있다. 기술의 혁신이 정보와 신뢰에 영향을 미치는 것이다.

외국의 우버, 그랩, 디디추싱, 리프트도 승차 공유 앱을 사용한다. 회사마다 모토나 서비스가 조금씩 다르지만, 출발지와 도착지를 선택해 평균 요금을 확인하고 콜버튼을 누르면 사용자의 현위치 정보를 기반으로 그 즉시 응할 수 있는 운전자(직업 운전자가 아닌 사람들을 포함해서)를 찾는다는 기본 구조는 같다.

한국에서도 사용자들의 의식 변화를 빠르게 인식한 사람들이 이와 비슷한 시도를 계속 하고 있다. 그러나 아무래도 현행법상의 규제 때문에 연구도, 진행도 쉽지 않다. 국내법에서는 제한적으로 허용되고 있는데(자가용 자동차의 유상운송 금지), 2018년 8월 14일 기준으로 다음과 같이 되어 있다.

여객자동차 운수사업법 제81조 ① 사업용 자동차가 아닌 자동차(이하 "자가용자동차"라 한다)를 유상(자동차 운행에 필요한 경비를 포함한다. 이하 이 조에서 같다)으로 운송용으로 제공하거나 임대하여서는 아니 되며, 누구든지 이를 알선하여서는 아니 된다. 다만, 다음 각 호의 어느 하나에 해당하는 경우에는 유상으로 운송용으로 제공 또는 임대하거나 이를 알선할 수 있다.(본문)

(여객자동차 운수사업법 제81조 제1항 단서).
1. 출퇴근 때 승용자동차를 함께 타는 경우
2. 천재지변, 긴급 수송, 교육 목적을 위한 운행, 그 밖에 국토교통부령으로 정하는 사유에 해당되는 경우로서 특별자치도지사 · 시장 · 군수 · 구청장(자치구의 구청장을 말한다. 이하 같다)의 허가를 받은 경우

구체적인 사항은 같은 법 시행규칙 제103조에 규정되어 있다. 게다가 이 문제와 관련해 최근 택시 업계 파업이 크게 불거지고 있다. 러다이트 (Luddite) 운동이 생겨난 19세기 산업혁명 시기가 떠오른다. 당시 노동자들은 매우 필사적이었다.

"기계들이 우리 노동자들의 일을 대신해 버린다. 기계가 많아질수록 노동자들의 일자리는 사라지고 생존은 위협받게 된다. 그러니 저 기계들을 부숴 버리자! 그래야만 우리 노동자들이 잘살 수 있다."

러다이트 운동(기계파괴운동)을 주도했던 영국의 네드 러드(Ned Ludd)가 노동자들을 향해 외쳤던 말이다. 이 운동은 19세기 초 영국의 산업화 과정에서 등장한 방적기가 노동자들의 일자리를 빼앗는다며 수공업 노동자들 중심으로 기계를 부수고 공장 소유주 집에 불을 지르는 등의 폭동을 일으킨 사건이다.

그러나 기계와 기술은 결국 인간을 위해 발명되어 왔고, 인간에게 가장 편리한 방향으로 발전할 것이다. 기술의 발전은 인간이 하기 어려운 일을 해낼 것이고, 지금까지 불편했던 점을 보완해 나갈 것이다. 그런 일들이 반복되면서 결국 인간은 인간만이 해낼 수 있는 일들을 찾아낼 것이다.

다시 모빌리티 공유로 돌아가 보자. 우리는 지금까지 택시와 택시 기사, 택시 회사들이 생겨나면서 우리가 상상할 수 있는 편리함을 충분히 누렸다. 이제 사용자들은 달라졌고, 또 다른 편리함을 상상하고 더욱 새로운 서비스를 원한다. 그저 타기만 해도 좋고 감사해서 합승이라도 상관없던 시절을 지나고, 출퇴근길에 '지인의 지인'을 통해 계획된 카풀을 하는 직장인들의 시절도 조금씩 지나고 있다.

사용자는 저렴한 것만 원하는 것도 아니고, 쉬운 것만 원하는 것도 아니다. 개인의 상황에 맞는 넓은 선택권을 원한다. 더 많은, 더 다양한 선택지를 원한다. 새로운 기술들은 아마도 그런 선택지를 만들기 위해서 생겨날 것이다. 현존하는 교통수단 가운데 '사용자의 필요'에 맞게 조정할 수 있는 형태, 그것에 가장 가까운 것은 택시였다.

카풀은 '운전자와 사용자 모두의 필요'에 맞게 조정하고 그것을 공유하는 이동 수단이다. 택시 업계는 왜 사용자들이 택시 외의 다른 선택권을 원하는지 알아야 한다. 현재 택시를 이용하는 사람들이 어떤 면에서 불만족하는지, 궁극적으로 어떠한 서비스를 원하는지 이해하고 개선해 나간다면, 택시라는 교통수단도 시대에 맞게 진화한 형태를 기대해 볼 수 있지 않을까.

선택지가 많을수록 좋은 답을 선택할 수 있다

오늘 아침 문득 그런 생각이 들었다. '택시가 나타나기 전까지 우리는 대체 어떻게 다녔을까?' 새벽에 열이 올라서 병원에 가야 하거나, 아침에 눈을 뜨니 8시 50분일 때, 우리는 대부분 택시를 떠올린다. 택시는 분명 신속하고 개인별 맞춤이 가능한 교통수단이다. 그러나 완벽한 답이라고 하기에는 분명히 아쉬운 점이 있었다. 여전히 서비스로서의 교통수단, 즉 택시 이용에 익숙하지만 한편으로는 택시를 타는 것 자체가 불편한 경험으로 다가오는 사람들도 꽤 있다. 따지고 보면 나도 그런 사람 중 하나로, 다음과 같은 경험 때문에 택시를 타야 할 때 주로 모바일 배차 시스템을 통하게 되었다.

몇 년 전, 최고 한파라는 어느 겨울밤이었다. 매정하게 나를 지나치는 택시들을 바라보며 열심히 손을 흔들던 경험, 콜택시를 부르려고 전화했다가 더 이상 콜영업을 하지 않는데 왜 전화했냐는 (아마도 전 직원의) 차가운 목소리에 '죄송합니다. 잘 몰라서요'라는 말을 하고 전화를 끊었던 경험, 겨우 택시에 탄 뒤 행선지를 말하자 거기가 어딘지 잘 모르겠다고 해서 쫓겨나듯 내린 경험…….

이런 경험들은 말 한마디 없이 텍스트와 버튼으로 현 위치에서 목적지를 선택할 수 있는 모바일 배차 시스템을 선택하게 만들었다(덧붙여, 같은 이용자들 사이에서 억울하게 새치기 당하지 않는 좋은 방법이기도 하다). 모바일 배차 시스템이 택시 이용을 편리하게 도와준 것은 맞지만 완벽하게 만족시키지는 못했다. 이용자가 선택할 수 있는 수단은 '택시' 한 가지이며, '나'의 경로를 보고 콜에 응하지 않는 택시는 여전히 많았다. 바로 이 선택할 수 있는 수단이 한 가지밖에 없다는 점이 이용자로서는 꽤 불편한 부분이다. 카풀 서비스에 반대해 택시업계 파업이 진행된 날, 카풀 서비스 업체들이 무료 서비스를 제공하고 이용자들의 카풀 요청이 평소보다 급상승했다는 것을 보면 충분히 짐작할 수 있다.

동남아시아에서 사용하는 승차 공유 서비스 그랩은 말 그대로 선택사항이 다양했다. 출발지와 목적지를 설정한 뒤 카풀, 택시, 바이크, 운송(배달) 시스템 중 목적이나 기호에 따라 원하는 수단을 선택하면 된다. 내 지인은 카풀보다 택시를 선호하기 때문에 우리는 택시를 선택했다. 외국인으로서 '바가지 요금'도 걱정할 필요가 없었다. 경로를 검색했을 때 표시된 요금으로 최종 결제하는 시스템이기 때문에 배차된 차의 운전자도 최대한 빨리 가는 것이 이득이다. 이것 역시 기술 덕분에 서비스를 신뢰할 수 있게 된 부분이다. 또 택시가 외면받을 것이라는 우려와 달리 이용자로서는 오히려 선택지가 많아지자 선뜻 택시를 이용할 수 있게 되었다.

그랩의 CEO 앤서니 탄(Anthony Tan)은 여성들이 택시를 이용하며 느끼는 불안감을 해소하고자 지금의 회사를 구상했다. 또 진입 시장에서 신뢰감을 얻기 위해 승차 공유 플랫폼은 택시의 경쟁자가 아니라 공존하는 파트너라고 말하며, 오랜 시간 운전자들을 설득하고 사업을 시작했다. 결국 아시아 8개국에서 점유율이 가장 높은 모빌리티 플랫폼이 되었다.

물론 이렇게 기술의 발전이 가져온 시장의 변화를 반기기만 하는 것은 아니다. 기존 택시 기사들이나 범죄에 대한 우려가 깊은 이용자들은 아직도 불안해 한다. 예를 들어, 사고가 났을 때 우리는 과연 책임을 누구에게 돌릴 것인지 심각하게 고민해 봐야 한다. 새로운 시스템이나 서비스는 대부분 불안감과 함께 시작한다. 얼마나 많은 창의적인 시도가 대중의 불안감 때문에 외면 당했던가. 또 얼마나 많은 산업이 기술의 발전과 함께 사장되었던가(자동차의 등장은 마부라는 직업을 사라지게 했다). 이러한 변화를 막기 위해 영국에서는 '붉은 깃발법(The Locomotives on Highways Act)'까지 만들어서 자동차를 말이 달리는 속도보다 느리게 운행하게 했고, 결국은 영국 자동차 산업의 발전 속도마저 더디게 만들었다.

1865년 법안이 선포된 당시, 자동차는 이미 시속 30킬로미터 이상으로 달릴 수 있었지만 규제 때문에 시속 6.4킬로미터로 달려야 했다. 산업혁명을 시작한 영국이었지만, 그리고 최초로 자동차를 상용화했지만, 제2차 산업혁명의 주역인 자동차 산업의 주도권은 프랑스나 독일, 미국에게 내줄 수밖에 없었다. 한번 제정된 법을 바꾸기는 어렵지만 산업이 망하는 것은 순식간이었다.

새로운 기술이 등장하고 초반에 신경 써야 하는 부분은 바로 이러한 사회적 불안감을 잠재우는 것이다. 또한 결국 가장 중요한 것은 이용자들이 현재의 방식으로 만족하기 어렵다는 사실을 잘 인식하고 어떠한 과도기를 거치든 서비스를 확장하고 진화할 수 있도록 돕는 일이다.

어느 시대에도 유일한 답은 없었다. 우리는 늘 또 다른, 더 나은 대안을 찾는다.

편리함이야말로 도시가 가진 낭만

오래전 대학 시절 떠난 유럽 여행 이야기를 조금 해보고 싶다. 모든 것이 서툴고 어리숙했지만 나름대로 호기롭게 떠난 배낭여행이었는데, 그중에서도 베르사유가 기억에 남는다. 그때 나는 궁전 안으로 들어가는 줄이 너무 길어서 바로 옆 베르사유 정원으로 가서 자전거를 타고 돌아다녔다. 상당히 낡은 자전거였다. 그에 비하면 꽤 비싼 요금을 내야 했고, 신고

193

있던 슬리퍼가 끊어져서 맨발로 타야 했다. 그나마도 몇 시간 못 타고 체인이 빠져서 결국은 맨발로 자전거를 끌고 다녔지만, 가로수 아래 잔디밭을 맨발로 걸었던 경험이 아직도 내게는 꽤 멋진 기억으로 남아 있다.

이렇게 여행지에서 자전거를 타는 데는 마땅히 낭만이 차지하는 비중이 크지만 일상에서는 사실 편의성이 가장 큰 이유일 것이다. 도심 한가운데 자동차라면 P턴을 해야 하는 지점에서 자전거는 자유롭다. 게다가 사람이 걷는 속도보다 빠르면서도 가고 싶은 대로 방향도 휙휙 바꿀 수 있다. 교통 상황에 대해 걱정할 일도 없고, 주차 문제는 더더욱 걱정할 필요가 없다. 게다가 빌리는 절차도 간단하다. 결국 이용자가 할 수 있는 고민을 최소화하는 것이 편리성의 확대를 뜻하는데, 라스트마일 이슈를 잡기 위한 '마이크로 모빌리티 공유 서비스'가 이러한 이유로 최근 이용자들에게 큰 인기를 얻고 있다.

편리함에 대한 적응은 일종의 비가역성을 가진 영역이기 때문에 서비스를 이용하는 단계를 줄이는 것이 굉장히 중요하다. 생각해 보면 이제 누구도 잠깐 인터넷 검색을 하기 위해 의자에 앉아 컴퓨터를 켜지 않는다. 침대에 누워서 스마트폰만 열면 되기 때문이다.

같은 선상에서, 예전에는 자전거를 빌릴 때 먼저 근처에 자전거 대여소가 있는지 찾아 헤매야 했다. 즉, 여유 시간이 충분해야 탈 수 있는 것이었지만 이제는 그럴 필요가 없다. 내가 어디에 있건 내 위치에서 빌릴 수 있는 모빌리티가 있는지 살펴보고, 내가 가진 스마트폰의 카메라로 QR코드를 찍기만 하면 자동으로 결제되어 그대로 끌고 가기만 하면 된다. 도킹 스테이션이 따로 없기 때문에 반납도 어디서든 가능하다(반납을 위해 도킹 스테이션을 찾아 다니다가 힘 빼는 일은 누구도 상상하고 싶지 않을 것이다). 물론

194

편리하게 느끼는 사람들마저 요금에 대해서는 납득하기 어렵다는 의견도 있다. 카카오 바이크는 최초 15분간 1,000원이며, 그 후 5분마다 500원씩 추가된다. 보증금 1만 원도 선불로 결제해야 한다. 한 시간에 6,000원이라는 계산이 나오는데, 다른 공유 자전거도 비슷한 수준이다. 이건 결코 오랫동안 타기 위해 출시된 서비스가 아니기 때문에 개인적으로 큰 문제는 없다고 생각한다.

날씨가 따뜻해지면서 전동 킥보드를 타는 사람도 점점 많이 볼 수 있다. 마이크로 모빌리티 시장에서 전동 킥보드의 영역이 확대되고 있다. 미국에서 2017년 서비스를 시작한 버드(Bird)는 우버와 리프트 출신이 모여 전동 킥보드 시장의 문을 연 미국의 스타트업이다. 버드는 스마트폰 애플리케이션을 통해 일정 금액만 내고 QR코드로 잠금만 해제하면 킥보드를 이용할 수 있는 간단한 사용법으로 미국 시장에서 마이크로 모빌리티 열풍을 이끌었다. 현재는 북미·유럽·아시아 등 100개 이상의 도시로 뻗어나가, 약 2년 만에 유니콘 기업(기업 가치가 10억 달러 이상인 스타트업 기업)으로 선정되었다. 국내에서도 유사한 서비스가 빠르게 성장하고 있다. 여러 업체가 서울 대학가를 주요 타깃으로 잡았고, 서울·인천·분당 등의 신도시에서 서비스를 시작했다. 모두 자전거 도로 인프라가 잘 갖춰진 곳(신도시, 대학가)에서 테스트한다는 공통점이 있다. 위의 지역 모두 그런 점에서 테스트하기 탁월하며, 고정 수요(통학, 출퇴근)가 존재한다는 장점이 있다. 이 밖에도 편의점 점포에 전기자전거·킥보드 충전 시설도 설치 중이라고 한다.

'도시의 뚜벅이'로서 좀 더 자유롭게 다닐 수 있게 된 것은 환영할 일이지만, 관련 업체들의 행보가 모두 긍정적인 것은 아니다. 중국의 공유 자전거 업체들은 자금 조달이 어려워지자 집단으로 이용 요금을 대폭 인상하기도 했다. 베이징의 헬로바이크는 요금을 두 배로 인상했고 디디추싱의 블루고는 2.5배로 인상했다. 모바이크도 사정은 마찬가지다. 모바이크 측에서는 운영 안정화와 만족스러운 서비스를 위한 조치라고 설명했다.

물론 공유 자전거 기업의 자금 조달이 어려워져서 이익을 내지 못한다면 기업이 존재하기 어렵다. 요금 인상률이 높아 보이지만 도심 내에서는 장거리를 이동하기 위해 자전거를 타지 않는다는 점을 감안하면, 이용자들이 결국 내야 하는 돈은 높지 않을 것이라는 예상도 있다. 또 단순한 가격 인상만으로는 그 업체들이 이익을 내기에 충분하지 않을 것이라는 지적도 있다. 유지 보수 비용이 생각보다 만만치 않기 때문이다. 이와 관련해 중국이 공유 자전거의 무덤이라는 이야기가 나올 정도로 유지 보수에 실패한 업체가 다수 있다. 이는 공유 플랫폼이 정착하는 과정에서 오는 사회적 성장통이라고 할 수 있겠다. 이용자의 인식과 서비스가 균형점에서 만날 때까지는 조금 시간이 걸릴 것이다.

여러 우려가 있지만, 결국 대도시의 교통수단 인프라는 편리하게 발달하고 있어 이제 서울에서 오래 산 사람들은 다른 지방이나 해외에서 불편을 겪기도 한다. 버스, 지하철, 걷기 쉬운 인도에 이어 대중교통보다 촘촘하면서 기다리는 시간을 걱정하지 않아도 되는, 하지만 걷는 것보다 빠르고 편리한…… 마이크로 모빌리티는 도심을 여행하는 히치하이커에게 상당한 편의를 제공한다. 물론 이동 거리에 따라 항상 이용하기에는 무리가 있지만 가격, 이용 시간, 편의성 등을 고려하면 도심에서 이용할 수 있는 이동 수단으로서 매력적인 선택지가 될 수 있다. 어쨌든 라스트 마일

이슈 해결에 '유일한' 선택 사항은 아직 없기 때문에 사람들은 매순간 다른 선택을 할 수 있다. 선택권은 많을수록 좋다. 도시의 뚜벅이들은 오늘도 상황에 맞는 적절한 옵션을 찾기 위해 고민 중이니 말이다.

속지 마라!
소고기 마블링의
불편한 진실

현마산업

이준섭 대표

남들보다는 조금 일찍 해외 생활을 시작해 어린 나이에 넓은 세상을 접했다. '자원이 많은 나라는 참 편하겠다', '세상은 참 불공평하다'라고 생각했지만, 자원이 많은 나라의 나태함을 보면서 세상은 '공평'하다는 사실도 알게 됐다. 무역이란 무기를 잘 사용하면 그 어떤 자원 부국보다 뛰어난 경쟁력을 가질 수 있다고 확신했다. 그러나 무역을 시작하면서 국내의 무역 시장이 상당히 폐쇄적이고 배타적이란 것을 알게 되었고, 2011년부터 사단법인 한국수입협회(KOIMA) 등기이사로 국내 무역 시장의 공정성과 투명성을 위해 작은 노력을 기울이고 있다.

"수출은 애국이고 수입은 매국이다!"

"국산품을 애용하자!"

"신토불이!"

자주 듣게 되는 말이다. 그런데 과연 맞는 말일까? 나는 그렇게 생각하지 않는다. 아주 간단한 상식이 하나 있다. 수출이 많고 수입이 적어야 경상수지가 흑자가 되고, 그래야 나라가 부자가 된다는 것이다. 산업화를 본격적으로 시작하고 경제를 발전시키던 1960~70년대에는 모든 정책이 수출 위주일 수밖에 없었다. 그러나 국가의 산업이 단순하고 무역 규모가 작을 때는 통용되겠지만 점점 복잡해지면 여러 가지 문제가 발생하기 때문에 여러 정책이 복합적으로 진행되어야 한다.

1948년에 우리나라는 무역 규모 2억 3,000만 달러의 아주 가난한 나라였다. 1962년 산업 근대화를 시작으로 1967년 무역 규모 10억 달러를 이루어냈고, 1974년에는 100억 달러, 1988년 1,000억 달러를 돌파했다.

2011년에는 드디어 무역을 시작한 지 불과 60여 년 만에 무역 규모 1조 달러를 달성하는 엄청난 성과를 보였다. 이것이 뭐가 그리 대단하냐고? 지금까지 무역 규모 1조 달러를 달성한 나라는 8개국에 불과하다. 이제 우리나라까지 포함하면 모두 9개국이 된다. 18세기에 대영제국이라 불리며 산업혁명을 주도한 영국도 2007년에야 무역 1조 달러를 달성했다. 300년이 넘는 시간을 들여서 달성한 성과를 우리나라는 불과 60여 년 만에 이룩했다. 우리는 이런 말도 안 되는 성과를 이루어낸 무서운 민족이다.

무역 1조 달러 달성, 선진국 진입, 세계 경제 순위 12위 등 이제 대한

순번	국가명	2018년				
		수출액	수출증감률	수입액	수입증감률	수지
	세계	19,522,259	11.5	19,587,304	10.3	-65,045
1	중국	2,474,149	8.5	2,135,261	16.5	338,888
2	미국	1,654,007	7.0	2,532,850	8.1	-878,843
3	독일	1,589,655	9.8	1,289,940	10.9	299,715
4	네덜란드	717,586	10.0	620,568	8.0	97,018
5	일본	732,629	5.0	748,849	11.6	-16,220
6	프랑스	586,824	9.7	683,262	9.2	-96,438
7	한국	601,154	7.0	543,186	14.9	57,968
8	이탈리아	552,773	8.9	501,920	10.8	50,853
9	홍콩	578,141	5.1	629,529	6.7	-51,388
10	러시아	446,421	25.5	235,984	4.4	210,437
11	영국	482,667	9.4	679,224	5.5	-196,557

단위 100만 US$(출처: IMF)

민국이라는 나라를 빼놓고는 세계경제를 이야기할 수 없다. 이런 이야기를 할 때마다 나오는 것이 국내 총수출액이다. 그러나 나는 장사꾼으로서 좀 다른 의견을 말하고 싶다.

우리나라의 경제성장(무역)은 태생부터 모든 정책과 시책, 국민의 인식, 여론 등을 통해 수출을 최종 목표로 하고 있다. 그러나 우리가 알고 있는 무역은 수출만을 의미하는 것이 아니다. 수출이 있으면 이와 함께 그림자처럼 따라다는 것이 수입이다. 2018년 기준으로 총수출은 6,011억 달러, 총수입액은 5,431억 달러다. 수치로 보면 수출액과 수입액이 5:5에 가깝다. 물론 수출액이 더 많으니 경상수지는 흑자다. 우리나라는 수출을 지상 최대의 목표로 하고 또한 이를 바탕으로 경제성장을 하고 있지만 이로 말미암아 수많은 부작용도 발생했고, 많은 학자와 언론이 일부 산업에 편중된 수출 정책이 문제라고 이야기하고 있다. 이 부분은 내 전문 분야도 아니고 이미 수많은 매체를 통해 알려졌으니 더 이야기하지 않아도 될 듯하다.

조금 다른 시각으로 본다면, 무역 상대국의 입장에서는 수출보다는 당연히 수입이 더 반가운 일일 것이다. 우리나라가 아무리 무역 강대국이라고 해도 매번 국가 원수가 경제 협력을 위한 순방길에 수출 기업들만 대동한다면 상대국에서는 어떻게 생각할까? 상대국은 자연스레 '저 나라는 꼭 물건을 팔러만 온다'고 생각할 것이다. 그러나 국가 원수가 물건을 구매하기 위해 사절단을 수행하여 경제 협력 순방을 온다면? 상대국의 반응은 당연히 극찬 일색일 것이다. 이처럼 수입이란 행위는 양날의 검이다.

먼저, 우리나라의 수입시장에 대해 살펴보자. 수출은 빛이고 수입은 그림자다. 동전의 앞뒷면 같은 존재다. 그렇기 때문에 수출 시장이 있으면 부수적으로 수입 시장이 따라오게 마련이다. 마치 실과 바늘처럼 수출이 달리는 기차라면 수입은 기차의 연료라고 보아야 한다. 수입 시장에서 안정적인 재료를 수출 기업에 공급해야 달리는 기차가 중간에 멈추는 일이 생기지 않는다. 우리가 주로 마주하는 뉴스는 수출에 관한 것이다. 경제 뉴스도 대부분 수출에 초점이 맞춰져 있다. "1분기 수출액 몇 퍼센트 증가", "주요 수출품의 세계시장 변화", "반도체의 해외시장 전망" 등의 뉴스를 늘 접한다. 그러나 상대적으로 수입에 대한 뉴스는 적다. 2000년 무역 자유화 이전에는 수입할 수 있는 기업이 정해져 있었다. 따로 등록도 해야 하고 관청에서 허가도 받아야 했다. 또 수출액에 따라 수입 쿼터라는 것을 배정받을 수 있었다. 그러다 보니 과거 수입 시장은 자연스럽게 폐쇄적이었다. 그러니 국내의 수입 시장에 대한 정보가 많이 없는 것은 당연한 결과다.

물가가 상승하면 우리가 항상 듣는 말이 있다. 국제 원자재 가격 상승에 따른 불가피한 조치라는 것인데, 이런 말들이 나오는 배경이 있다. 우리나라의 전체 수입 물량 가운데 원자재로 분류되는 부분의 수입이 약 60%를 차지한다. 여기에 기술료와 기계류가 30% 정도인데 엄밀하게 말하면 기술료와 기계류는 원자재를 가공할 때 사용되는 것이므로 원자재 쪽이라고 말해도 무방할 것 같다. 달리 말해, 대한민국은 소비자 주도의 시장이 아닌 공급자 위주의 시장이라고 할 수도 있겠다. 원자재가 확보되지 않으면 어떠한 재화도 생산할 수 없으니 어찌 보면 당연한 결과일 수도 있다. 원자재야 수입하는 것이니 원자재의 가격 변동은 생산자에게도 부담이 되는 것이 당연한 것 아니냐고 생각할 수도 있다. 당연한 생각이다. 그러나 우리는 어떤 원자재가 얼마나 상승했는지는 알 수가 없다. 원자재는 수입에 의존하는 것이고, 이것을 수입하는 업체도 국내 업체다. 원자재는 상당

부분 국제 시세대로 움직이는 것이 사실이다. 그러나 농부에게서 100원에 쌀을 사왔다고 쌀집에서 100원에 쌀을 팔지는 않을 것이다.

다시 말해, 원자재 수입 가격을 수입 기업의 의지대로 조정할 수도 있다. 또한 원자재를 사용하여 제품을 생산하는 기업들은 당연히 원자재를 수입하는 회사를 같이 운영하고 싶어 할 것이다. 많은 대기업이 비상장 상사를 가지고 있는 것을 보면 어느 정도는 유추할 수 있을 것이다. 물론 이것이 잘못되었다는 것은 아니다. 다만 안정적인 원자재 확보를 위한 수단으로 활용되면 좋은데, 그러지 못하고 기업의 이윤을 극대화하는 수단으로만 활용되고 있다는 것이 문제다.

소비자의 입장에서 무엇이 문제인지 몇 가지 품목을 예로 들어서 살펴보자.

곡물

우리에게 가장 밀접한 식량에는 잘 알다시피 쌀, 보리, 콩 등의 곡물류와 소고기 등의 축산 육류, 수산물 외에도 다양한 과채류와 그 가공품(사료 포함)이 포함된다. 현재 우리나라는 국제연합식량농업기구(Food and Agriculture Organization of the United Nation)에 따르면 식량자급률이 23.4%(2017년 기준), 곡물자급률이 23.8%(2013~2015년 평균)로 OECD 최하위권이다. 참고로 우리나라 자급률이 100%인 것은 쌀이 유일하다. 모자라는 식량이나 곡물류는 수입에 의존하고 있다. 따라서 국내에서 소비되는 곡물류의 80%는 수입산이다. 밀은 국내 생산량이 극히 적으니 수입산을 사용하는 것이 맞다. 그런데 문제는 자급률이 100%인 쌀도 수입하고 있

[업체별 GMO 농산물 수입 현황(2011년~2016년 6월)]

수입 업체	품목	수입 내역		
		건수	중량	비율
(주)CJ제일제당	대두	344건	313만 3,412t	
	옥수수	76건	21만 7,353t	31.98%
	유채	6건	6만 1,953t	
(주)대상	옥수수	148건	236만 117t	22.12%
(주)사조해표	대두	128건	177만 2,143t	16.61%
(주)삼양사	옥수수	156건	171만 8,722t	16.11%
(유)인그리디언코리아	옥수수	130건	140만 5,275t	13.17%
기타	대두, 유채	117건	1,737t	0.02%
계		1,105건	1,067만 712t	

(출처: 식약처)

다는 것이다. 1994년 우루과이라운드 협상으로 의무 수입량이 생겨났기 때문이다. 국내 농가를 보호하기 위해 의무 수입량을 초과하는 물량에 대해서는 513%라는 무거운 관세를 부과한다.

　그러므로 쌀 수입은 자의건 타의건 어쩔 수 없는 상황이다. 또한 영리를 추구하는 기업이 국산 쌀보다 상대적으로 저렴한 수입 쌀을 사용하여 제품을 생산하고 이익을 추구하는 것은 당연한 일이다. 그러나 한 가지 짚어 볼 것은 바로 양의 문제가 아닌 질의 문제다. GM벼라는 말을 들어 본 적이 있을 것이다. GM벼는 유전자 조작으로 만든 벼다. 그런데 수입되는 쌀이 대부분 이 GM벼에서 수확한 쌀이라는 것이 문제다. 수입된 쌀로 만드는 것은 대체로 과자, 빵, 쿠키 등 주로 아이들이 먹는 제품이다. GM벼가 안전하다고는 하지만 몇 세대 후에 어떤 부작용을 초래할지는 아무도 모른다.

우리나라는 어쩔 수 없이 의무 수입량을 채우기 위해 매년 일정량의 쌀을 수입할 수밖에 없는 상황이다. 이런 때일수록 신중해야 한다. 우리는 구매자다. 구매자는 구매자의 요구를 해야 한다. GM벼가 아닌 안정성이 확인된 쌀 또는 유기농 쌀을 수입하여 의무 수입량을 맞추는 것이 현명한 선택이다.

소고기

우리 관심권 안에서 제일 중요한 식품이 하나 있다. 바로 소고기다. 소고기는 항상 뜨거운 감자다. 또한 수출국과 수입국 모두에 초미의 관심사이기도 하다. 광우병 사태에 대해서는 다양한 정보가 있으니 더 이야기하지 않아도 충분할 것이라고 믿는다. 나는 마블링에 대한 이야기를 하고 싶다. 한우를 비롯해 소고기 이야기를 할 때 우리가 빼먹지 않는 것이 마블링이다. 그런데 마블링이란 단어는 일본과 한국에서만 대중적으로 사용한다.

마블링이란 단어가 나오게 된 배경에 대해 아는 사람은 별로 없다. 간단히 말해, 마블링은 미국 축산업계의 마케팅으로 탄생했다. 정확하게 미국육류수출협회(U.S. Meat Export Federation)의 로비로 탄생한 단어다. 미국에서 대량으로 소를 생산하는 공장이 생겨나고, 대량으로 생산되는 옥수수 사료를 사용하게 되었다. 곡물 사료를 먹여 소를 키운 것인데, 곡물 사료가 건초 사료보다 저렴하며 단시간에 소의 무게를 늘릴 수 있기 때문이

205

다. 그런데 이런 곡물 사료를 먹고 자란 소를 도축하고 보니 지방 함량이 너무 많았다. 서양인들은 기름기가 많이 포함되어 부드러운 소고기보다는 질감이 좀 있는 소고기를 선호하니 이것은 가볍지 않은 문제였다. 어찌 해야 하나 고민하던 차에 연한 소고기를 좋아하는 아시아권, 특히 한국과 일본으로 수출할 생각을 하게 된다. 수출을 시작하면서 뭔가 좀 특별한 마케팅을 할 필요를 느낀 그들은 마블링이라는 단어를 만들어내고 이를 홍보와 로비에 적극 활용했다. 그리하여 마블링으로 소고기의 등급을 정하게 된 것이다. 결론부터 말하면, 우리는 건강에 제일 안 좋은 소고기를 제일 비싸게 사먹고 있는 셈이다. 소고기의 등급 체계를 보면 지방 함량이 높을수록 등급이 좋아진다. 사람의 체온은 36.5도라고 하는데, 소고기 기름은 37도가 넘어야 녹기 시작한다. 그렇다면 우리는 아주 비싼 돈을 주고 몸에서 잘 녹지도 않는 기름을 먹고 있는 것이 아닌가.

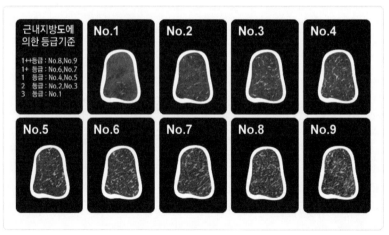

(출처: 축산물품질평가원)

우리가 따져 보아야 할 것은 가격과 양이 아니라 질의 문제다. 대부분의 사람들이 '수입 소고기가 다 그렇지' 하고 생각할 수도 있는데, 모든 물건이 그렇듯이 수입 소고기도 질적 등급이 존재한다. 미국축산협회에 따르면 미국에서 사육되는 소는 약 1억 1,000만 두가 넘는다고 한다. 우리나라 인구의 두 배가 넘는다. 이 소들이 모두 사육 공장에서 옥수수 사료를 먹고 자라는 소는 아니다.

미국 텍사스 주에서 소고기 시장을 조사하다가 겪은 일이다. 현지 파트너의 도움으로 여러 목장을 방문했다. 목장을 방문할 때마다 듣는 이야기가 '그레인 피드(Grain Feed)'를 원하느냐, 아니면 '그래스 피드(Grass Feed)'를 원하느냐, 그것도 아니면 '오가닉(Organic)'을 원하느냐는 것이었다. 무슨 말인지 몰라서 처음에는 당황스러웠다. 그 차이점은 다음과 같다.

Grain Feed - 일반 곡물 사료(옥수수, 콩 등), 배합 사료를 먹는 소
Grass Feed - 풀과 건초를 주로 먹이다가 도축 전에 일반 사료를 주는 소
Organic - 풀과 건초만 먹고 자랐으면서 농장 환경까지 유기농인 소

오가닉과 그래스 피드 소고기는 그레인 피드 소고기에 비해 지방이 한쪽으로 분포되어 있어 지방을 제거하기가 훨씬 수월하고, 살코기에는 지방 함량이 적다. 이 소고기들의 차이점은 다음 사진을 보면 확연히 구별된다.

호주산 소고기가 처음 국내로 수입될 때 유기농이란 단어를 쓰려고

했지만, 국내 한우 농가들의 반발로 청정우라는 이름으로 바꿔서 수입을 시작했다. 국내 한우 농가들의 여건상 유기농 소를 사육할 수가 없다. 호주와 미국은 아주 엄격한 기준을 적용해 유기농 목장을 관리하고 소를 사육한다. 예컨대 유기농 목장을 만들고 싶으면 토양부터 7년 이상 화학비료를 사용하지 않고 관리해야 한다. 또 한 마리 소가 스트레스를 받지 않고 풀만 먹고 자라는 데 필요한 토지를 약 1,200평 정도로 규정하고 있다. 국내 한우 농가들이 호주나 미국과 같은 기준을 따라가는 것은 현실적으로 불가능한 일이다.

Grass   Grain

(출처: Photo by Charles Masters)

설탕

당신은 설탕에 대해 어떻게 생각하는가? 단순히 단맛이라고 생각하는가? 설탕은 우리가 생각하는 것보다 시장 규모가 엄청나다. 설탕은 화학산업의 최하위부터 최상위까지 안 쓰이는 곳이 없다. 또한 설탕의 중독성은 그 어떤 것보다 강하다. 우리가 먹는 음식에는 필수적이고, 우리가 쓰는 생필품에도 빠지는 곳 없이 들어간다. 그러므로 사탕수수 농장이란 것이 그저 후진국에서나 발달하는 노동 집약적 산업이라고 생각해서는 안 된다. 또 원당은 주요 선물시장의 품목이며, 원당의 가격은 시장의 주요 관심사항이다.

우리나라의 설탕 시장은 몇 개의 업체가 지배하며 산업을 주도하고 있다. A사가 약 50%, B사가 약 30%, C사가 약 20%를 차지한다. 이 3개 회사가 국내 설탕 시장의 99.9%를 차지하고 있다고 할 수 있다. 그렇다. 독과

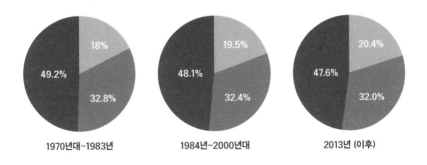

[거의 변치 않는 국내 설탕 시장 점유율]

■ A사 ■ B사 ▨ C사

1970년대~1983년: 49.2% / 32.8% / 18%
1984~2000년대: 48.1% / 32.4% / 19.5%
2013년 (이후): 47.6% / 32.0% / 20.4%

(출처: 공정거래위원회·금융감독원 전자공시시스템)

점이다.

원당은 100% 수입에 의존한다. 원당은 당도가 98.5 이하인 경우 수입 관세가 3%이고, 98.5 이상인 경우 18%다. 다시 말해, 정제 과정을 거쳐 가공품 또는 완성품으로 들어올 때는 비싼 관세를 물어야 한다. 좀처럼 이해가 되지 않는 부분이다. 왜 이런 일이 생겼는지는 한 가지 예를 보면 짐작가는 점이 있을 듯하다.

우리는 참 많은 종류의 천연 또는 인공 감미료를 개발하여 사용하고 있다. 그런데 유독 설탕을 대체할 만한 감미료는 그리 많지 않다. 그 이유는 기본 조건인 단맛, 높은 당도, 낮은 칼로리, 안정성을 두루 지닌 대체 감미료가 흔하지 않다는 것이다. 최근 세계적으로 급부상하고 있는 스테비아는 천연 감미료이면서 설탕보다 200배 높은 단맛을 내는데도 칼로리는 '0'이다. 그래서 미국과 유럽, 일본에서는 설탕을 대신할 수 있는 천연 감미료로 큰 인기를 얻고 있다. 반면 이 스테비아를 유독 국내 제당회사들은 부정적으로 바라본다. 국내 제당사들은 끝 맛이 쓰다, 사업성이 없다는 등의 이유로 스테비아를 멀리하고 있다. 그러나 맛의 차이는 정제 기술로 충분히 해결할 수 있으며, 세계 각지에서 인기를 끌고 있는 제품이 사업성이 없다는 것도 쉽게 납득하기가 어렵다.

그렇다면 국내 제당사들은 왜 그리 스테비아에 부정적일까? 그것은 바로 '설탕 독점권' 때문이다. 대체 감미료는 대부분 일일 허용량이 정해져 있다. 따라서 대체 감미료가 설탕 시장에 미치는 영향은 크지 않다. 그러나 스테비아는 열에 강해 조리에도 사용할 수 있고, 칼로리도 없으며, 인체에도 무해해 일일 허용량이 정해져 있지 않아 설탕 산업에 직격탄을 줄 수 있다. 따라서 독점적인 지위를 가지고 있는 국내 제당사들이 그 독점권을 유지하기 위해 스테비아를 부정적으로 보는 것이다.

여기에 추가할 부분이 있다. 국내 설탕 시장의 70% 이상을 차지하고 있는 제당사 두 곳이 일본에서 개발한 알룰로스라는 인공합성 감미료에 주력한다. 그런데 일본에서 최초로 개발한 알룰로스를 왜 일본에서는 개발만 하고 상용화하지 않을까? 일본이 알룰로스를 상용화하지 않은 이유는 설탕보다 낮은 당도, 적지만 존재하는 칼로리, 스테비아보다 비싼 생산 단가 등이라고 설명한다. '알룰로스'는 GMO(유전자변형농산물) 논란으로 안전성에 의문이 제기되고 있다. 유럽에서는 이런 이유로 사용을 금지한다. 그러나 국내 제당사들은 GMO 미생물은 알룰로스 추출을 위한 촉매제 역할을 할 뿐 식품에 첨가되는 것이 아니기 때문에 GMO 논란과 무관하다고 설명한다. 미생물도 넓은 의미에서 식품의 일부라는 사실을 기억해야 하지 않을까.

설탕은 ICUMSA(국제설탕분석통일위원회)에서 편광도(Polarization) 분류로 정한다. 여러 기관의 규격이 있지만 한국에서도 이 기준을 따라 품질을 평가하고 수입한다. 탁할수록 짙은 색을 내므로 ICUMSA 값이 높다. 이는 색상을 분류하는 데도 활용된다.

ICUMSA 40: 편광도 99.9%

ICUMSA 45: White Refined Sugar=London White 편광도 99.8%

ICUMSA 100~150: Crystal Sugar

ICUMSA 1000~1500: VHP or Raw Sugar

ICUMSA 3000

211

편광도가 높을수록 질이 떨어지는 설탕이다. 그런데 국내 제당사들의 ICUMSA 값에 대한 정보가 없다. 국내 설탕 시장은 과거에는 30%, 현재는 18%의 높은 설탕 수입 관세율로 독점을 보장받고 있다. 따라서 세계 원당 가격이 하락해도 국내에는 전혀 반영되지 않는 불균형을 초래한다. 해외의 질 좋은 설탕이 아무리 저렴해도 국내로 수입하려면 18%의 관세를 물어야 하니 수입을 원활하게 할 수 없다. 이런 이유로 국내 설탕 기업은 지난 60년간 독점을 유지하며 엄청난 수익을 챙겨 왔다.

약재

우리가 신토불이라는 단어를 쓰는 대표적인 분야가 한약재다. 물론 우리가 우리나라 약재를 사용하는 것은 당연하다고 볼 수 있다. 그런데 한의가 대한민국 고유의 의술이 아니라 그 뿌리가 중국이라는 것을 거의 모두가 알고 있다. 중국 약재라면 안 좋을 것이라는 이상한 편견이 있다. 중국의 약재를 당재 또는 당약이라고 부른다. 여기서 '당'은 당나라를 뜻한다. 우리 약재는 초재 또는 향약이라고 부른다. 여기서 '초'는 풀 초(草)자를 쓴다. 조선 시대에 당재는 비싸고 좋은 약재이고 초재는 저렴하고 질이 안 좋은 약재였다. 우리가 너무나도 잘 아는 구암 허준 선생은《동의보감》에 비싼 당재를 사용하지 못하는 사람들을 위해 대체용으로 사용할 수 있는 약재를 많이 기술했다.

'약방에 감초'라는 속담이 있다. 감초는 한의학에서는 빼놓을 수 없는 약재다. 모든 탕약에 들어가는 것이기 때문이다. 그런데 감초라는 것이 국내에서는 생산되지 않는데도 억지로 국내에서 생산하여 비싼 값에 팔고 있다. 효능이 거의 없어 쓰지 말아야 하는데도 말이다.

진세노사이드 Rg1, Rb1, Rg3라는 말을 들어 본 적이 있는가? 인삼, 홍삼에서 제일 중요한 성분이다. 인삼에는 사포닌이라는 고유 성분이 있는데, 이를 진세노사이드라고 부른다. 한 가지 재미있는 것은 진세노사이드를 발견한 곳이 인삼의 종주국(수출국)이라고 하는 우리나라가 아니라 인삼의 수입국인 캐나다의 화학회사였다는 사실이다. 우리는 6년근 인삼을 최고로 친다. 그런데 이 편견은 어떤 기업의 광고를 통해 만들어졌다. 사실 성분이나 크기를 보면 4년근이나 6년근이나 별 차이가 없으며, 오히려 4년근 인삼의 성분이 더 좋을 때도 있다. 한번 생각해 보자. 말 그대로 6년근 인삼은 6년을 키워야 한다. 자연 상태도 아니고 인공의 밭작물로 6년을 자라야 한다. 인삼 재배 농가는 6년에 한 번 수익을 낼 수 있다. 그럼 이 작물의 수익성을 높이기 위해서는 자연 상태로 둘 수가 없다. 여러 가지 인위적인 작업을 할 텐데, 대표적인 것이 농약이다. 어쩌면 우리는 6년 동안 농약에 찌든 인삼을 먹는다고 볼 수도 있다.

요즘 들어 부쩍 녹용 광고가 많이 나온다. 기업도, 한의원도 자신들이 생산하는 제품이 제일이라고 광고한다. 어떤 기업은 최상질의 뉴질랜드산을 쓴다고 하고, 어떤 곳은 러시아산을 쓴다고 한다. 굳이 등급을 따진다면 러시아산 마록(원용) 다음이 중국산 마록, 그다음이 뉴질랜드산 적록이다. 녹용 사슴의 품종은 러시아쪽 극지방의 품종과 남쪽의 품종이 달라서 차이가 날 수 있다. 쉽게 말해, 아무래도 극지방에서 서식하는 동물들이 좀 더 많은 영양소를 몸에 담고 있다는 것이다. 녹용은 대부분 수입에 의존한다고 생각하면 된다. 그리고 녹용은 수입산을 구입하라는 말을 꼭 하고 싶다.

물론 녹용이라고 국산이 없는 것은 아니다. 국내에도 사슴 농가는 많

사포닌 함량·효능 4년근이 최고

토털 사포닌(Total Saponin)

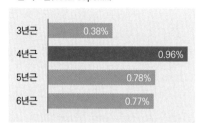

3년근	0.38%
4년근	0.96%
5년근	0.78%
6년근	0.77%

진정·혈압 강화(G-Rb1)

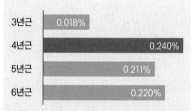

3년근	0.018%
4년근	0.240%
5년근	0.211%
6년근	0.220%

피로 해소, 머리가 좋아지는 작용(G-Rg1)

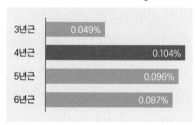

3년근	0.049%
4년근	0.104%
5년근	0.096%
6년근	0.087%

혈당 강하 작용(G-Rb2)

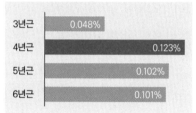

3년근	0.048%
4년근	0.123%
5년근	0.102%
6년근	0.101%

성인병 예방·항암 효과 4년근이 최고

성인병 예방·항암 효과(Ge)

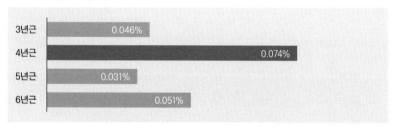

3년근	0.046%
4년근	0.074%
5년근	0.031%
6년근	0.051%

(출처: 중앙대학교 인삼산업 연구센터, 약학센터, 생명공학과 공동 연구팀)

214

다. 그러나 우리가 잘 들어보지 못한 말 중에 광록병이라는 것이 있다. 쉽게 사슴에 생기는 광우병이라고 이해하면 된다. 광록병은 발병 이유가 아직 밝혀지지 않았다. 그런데 의아한 것은 광록병이 북미산 엘크종에서만 나타난다는 것이다. 문제는 여기에 있다. 국내 사슴 농가에서 키우는 사슴은 북미산 엘크종이다. 그래서인지 광록병은 미국, 캐나다, 그리고 한국에서만 발생한다. 녹용은 사슴의 피를 먹는 것과 같다. 그러므로 국내산 녹용을 먹는다는 것은 광록병의 위험이 있는 사슴의 피를 먹는 것과 같다. 더구나 관계 당국에서는 광록병에 대한 조사도 하지 않고 있다. 확실하게 말하자면, 국내산 녹용은 먹으면 안 된다.

이처럼 한약재의 경우 신토불이란 말을 그대로 적용하면, 비싼 약재를 사용할 수 없으니 국내에서 생산되는 질과 효능이 현저히 떨어지는 제품을 비싼 값을 치르고 구입하라는 이야기다.

지금까지 몇 가지 예를 들어 수입 시장의 현실을 조금 이야기했다. 수출 위주의 정책과 수입 시장의 폐쇄성 때문에 수입 시장 정보를 우리는 많이 알지 못했다. 이런 문제를 해결하기 위해서는 좀 더 많은 정보가 우리에게 제공되어야 한다. 대한민국의 경제 수준이라면 수출도 중요하지만 수입도 그에 못지않게 중요하다. 우리는 수입을 더 적극적으로 국가 경쟁력을 높이는 무기로 사용해야 한다.

다들 미국이라는 나라를 초강대국이라고 한다. 세계 경찰 국가! 누가 이런 지위를 주었을까? 세계 어느 국가도 미국한테 우리의 경찰 노릇을 해달라고 부탁하지 않았다. 쉽게 말해, 자기들이 나서서 경찰 노릇을 하고 있는 것이다. 그런데 누구 하나 이를 부정하지 않는다. 미국이 하자는 대로

215

대부분 국가들이 따라간다. 여기에 간혹 용감하게 반기를 들었던 국가도 시간이 지나면 자연스럽게 백기를 들게 된다. 최근에는 중국이 그러하듯이 말이다.

어떻게 미국은 이런 막강한 권력을 누릴까? 흔히 강력한 군사력, 최고의 우주항공 기술, 기축통화 등 여러 가지 이유를 댄다. 그러나 나는 좀 다른 생각을 해본다. 통계에 따른 미국 공식 인구는 약 3억 3,000만 명이다. 세계 인구의 약 4%에 해당한다. 그런데 전 세계 재화 생산량의 50% 이상을 미국에서 소비한다. 다시 말해, 미국은 인구 40억 명 이상의 내수 시장을 가지고 있는 셈이다. 14억이 넘는 인구로 어마어마한 내수 시장이 있다는 중국도 미국과 비교하면 3분의 1 수준밖에 되지 않는다. 이것이 미국의 진정한 힘이다. 막강한 재화 시장이 바로 모든 국가가 미국의 눈치를 보는 가장 큰 이유다. 아무리 재화를 뛰어나게 잘 만들어도 시장이 없으면 무용지물이다. 미국이 사주지 않으면 수많은 기업이 도산을 하고 세계경제가 휘청일 것이다. 이를 무기 삼아 미국은 지금 이 순간에도 전 세계에서 가장 큰 목소리를 내고 있다. 자기들이 하자는 대로 하지 않으면 언제라도 엄청난 관세 폭탄으로 상대국의 기업들을 옥죄고 기업과 노동자들을 인질로 삼아 상대국을 미국의 영향력 아래에 두는 것이다.

아주 극단적인 예지만, 이처럼 무역시장에서 수입국의 위상은 수출국의 위상을 뛰어넘는다. 현재 전 세계는 시장경제를 바탕으로 성장하고 있다. 아주 쉽게 표현하자면 정치, 문화, 종교를 떠나서 먹고사는 것이 제일 중요한 판단의 기준이 되어 간다는 것이다. 따라서 시장의 주도적인 역할, 이른바 '갑'의 위치에 있는 것은 수출국이 아닌 수입국이라고 생각한다.

수많은 전문가가 대미, 대중, 대일 무역의 편중성을 지적하고 있다. 너무 편향된 수출 의존도를 낮추고 다변화해야 한다고 지적한다. 수출이 그 렇듯이 수입도 다변화가 아주 중요한 문제다. 과거 중국으로부터 수입되 던 마늘 파동으로 겪은 곤란이 아주 좋은 예다. 그리고 이번에 또 원자재 수입국의 다변화가 왜 중요한지를 보여주는 사건이 발생했다. 지금 일본 이 저지르고 있는 수출규제다. 일본은 우리나라가 특정 원자재에 관하여 대일 수입에 의존한다는 것을 파악하고, 정확하게 표적을 잡아 수출을 규 제하고 있다. 중간재를 생산하는 기업을 중점적으로 공격하고 있는데, 원 자재의 수급 불안정은 중간재를 생산하는 기업에서는 존폐가 달린 심각 한 문제다.

수입국은 상대국으로부터 우월한 지위를 가지고 있다. 그런데 이 무 기를 잘못 사용하면 우월한 지위를 가졌음에도 상대국에 종속될 수밖에 없다. 수입 상대국과의 관세 문제, 운송비 문제, 적은 교역량의 문제, 담당 기관과의 문제 등의 이유로 수입국을 단순화하는 것은 우리가 가지고 있 는 최고의 무기를 스스로 버리는 것이다. 특히 우리나라 같은 중간재 국가 는 더욱 그러하다. 한국처럼 원자재의 대부분을 수입하는 국가라면 더욱 심각하게 고려해야 할 부분이다.

우리도 다 알 수 없는 수많은 물품이 생산되고 소비되는 현대사회에 서 지금까지 살펴본 내용은 극히 일부일 뿐이다. 나는 수입을 잘하는 것이 소비자와 기업들을 위하는 것이고, 나아가서는 국가경쟁력을 높이는 길이 라고 생각한다. 우리나라에 더 다양한 수입품이 더 많이 들어와야 한다. 그 래야만 국가경쟁력이 더 발전할 것이며, 더 안정적으로 원자재를 확보할 수 있다. 또한 더 많은 수입국을 발굴하는 것이야말로 우리 같은 무역상들 이 할 일이다.

끝으로 무역을 시작하는 사람들에게 하고 싶은 말이 있다.

📢

1. 계약서에 서명을 하는 것은 결국 사람이다!

2. 안 되는 일이라도 꼭 부딪쳐 보라!

3. 실패를 두려워하지 말고 성공에 자만하지 말라!

4. 손님을 접대함에 있어 성심을 다하라!

5. 받지만 말고 주는 사람이 되라!

6. 약속은 5분 전에도 확인하라!

계속 질문하라!
의류 업체의 꼼수를 이기는
14가지 방법

영국 친환경 세제
닉왁스몰

장재영 대표

우연히 입학한 섬유공학과에서 패션 분야를 공부한 후 패션 전문지, 홍보대행사,
스포츠 상품 수입 회사를 거쳐 영국 친환경 세제 닉왁스몰을 운영하기까지 20년 이상 관련
분야에 종사해 왔다. 이 기간 동안 전혀 바뀌지 않은 것이 있다면 더 좋은 제품을 만들기 위해
어떤 노력도 하지 않는 브랜드 업체와 이 업체들의 일방적인 꼼수 판매 방식을 전혀 파악하지
못하고 있는 소비자다. 소비자가 좀 더 현명해지면 패션 업체들이 상품을 말도 안 되는
비싼 가격에 더는 만들지도 팔지도 못하게 될 것이다. 그날이 좀 더 빨리 오기를 바란다.

살아가면서 사람에게 꼭 필요한 것이 바로 의식주 세 가지다. 그중에서 먹거리 다음으로 자주 구매하지만 대부분 꼼꼼하게 신경을 쓰지 않는 것이 바로 의류다. 매달 적게는 한두 번, 많게는 10번 이상 의류와 관련 상품을 사지만 정작 얼마나 많은 돈을 썼는지 곰곰이 생각해 보는 사람은 많지 않다. 한국섬유산업연합회가 조사한 2017년 말 국내 패션 시장 규모는 약 45조 원이다. 이 수치를 국내 인구수 5,000만 명으로 나눠 보면 1인당 평균 90만 원이다. 다시 말해, 대한민국 국민은 1년에 1인당 평균 90만 원을 의류, 신발, 잡화, 그리고 침구류 등을 구매하는 데 썼다. 이 수치를 4인 기준 1가구로 바꿔 보면 연간 360만 원이다. 절대 금액으로 보면 주거비와 음식료비에 비해 적지만, 결코 만만치 않은 금액이다.

많은 사람이 '4인 기준 1가구당 고작 360만 원밖에 쓰지 않는다'는 통계자료에 의구심을 가질지도 모른다. 실제로 대다수 가정에서는 의류 관련 소비 금액이 연간 360만 원을 크게 넘어선다고 생각하기 때문이다. 한국섬유산업연합회 자료는 통계청에서 조사한 '가계동향조사' 통계보고서 자료를 근거로 가구당 피복 지출비를 산출한 것이다. 따라서 실제 가정에서 의류 및 관련 상품을 구매하는 데 사용한 돈과 큰 차이가 있어 현실적이라고 보기는 매우 힘들다.

실제 가구당 패션 지출비 연간 1,000만 원

보통 1가구 4인이 입는 겨울 의류 4~5벌만 구매해도 100만 원을 훌쩍 넘는데 1년 의류 관련 지출비가 고작 360만 원이라니 전혀 믿기지 않을 것이다. 사실 통계 자료와 실제 구매 금액 사이에 엄청난 차이가 존재하며, 일반적인 가구에서 통계수치보다 2~3배 이상을 의류·신발·잡화·침구류 등의 소비에 지출한다. 특히 최근에는 백화점·마트·할인점 등의 오프라인 매장 외에도 인터넷 홈쇼핑 등의 다양한 쇼핑 채널이 발달해 실제 소비자가 패션 상품을 구매하는 금액은 급격하게 증가하고 있다.

미국, 일본, 유럽의 경우 1인당 GNI 중 의류 관련 분야에 사용하는 금액이 평균 8~10%라는 것을 감안하면, 대한민국도 1인당 패션 관련 지출 비용은 250만 원 내외가 된다. 이 수치를 1가구 4인 기준으로 적용해 보면 연간 1,000만 원이다. 2017년 기준 전 세계 패션 시장 규모는 2,000조 원으로 추정된다. 그중 의류가 매출에서 차지하는 비중은 50%, 신발이 30%, 잡화 및 기타가 20%다. 2018년 기준 삼성전자의 1년 매출액이 250조 원 내외라고 보면, 전 세계 패션 시장은 삼성전자 매출액의 8배 규모로 매우 크다.

〈포브스〉에서 선정한 전 세계 부자 순위를 보면 루이비통을 운영하는 LVMH(루이비통 모에 헤네시) 그룹의 베르나르 아르노(Bernard Arnault) 회장이 매년 4~5위에 랭크된다. 스테판 페르손(Stefan Persson) H&M 회장, 아만시오 오르테가(Amancio Ortega Gaona) 자라(ZARA) 회장, 그리고 일본의 야나이 다다시(柳井正) 유니클로(UNIQLO) 회장도 세계적인 부자로 손꼽힌다. 어떻게 이렇게 많은 패션 업체 회장이 세계적인 부자가 되었을까? 사람이 태어나서 죽을 때까지 음식과 함께 매년 꾸준한 돈을 지출하는 패션 시장에서 일반인들은 자신도 모르는 사이에 너무 많은 돈을 지출하고 있기 때문이다.

패션 상품에서 고가 제품과 중저가 제품은 가격 차이가 크게 나지만 원재료비에서는 큰 차이가 없다. 브랜드, 유통 방식 그리고 마케팅에서 조금 차이가 날 뿐이다. 상품을 비싸게 팔기 위한 브랜드 업체들의 꼼수 마

원단 표면에 방수 가공 처리한 재킷
비가 와도 재킷이 젖지 않아 야외활동을 편히 할 수 있다.

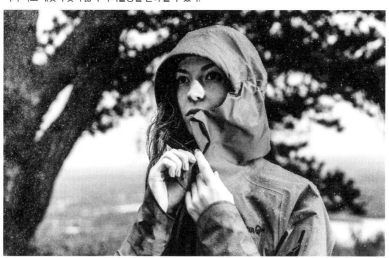

케팅 전술에 속은 일반인들은 엄청난 비용을 지불하면서 상품을 구매하고 있다. 과연 패션 브랜드 업체들은 어떤 교묘한 꼼수를 부려 소비자들에게 상품을 비싸게 팔고 그토록 많은 돈을 버는 것일까? 브랜드 업체가 시도하는 다양한 꼼수 전략을 정확하게 파악하면, 일반인들도 좋은 상품을 매우 저렴한 가격으로 구매할 수 있다. 다음의 14가지 의류 구매 방법만 알면 당신도 '호갱'이 아닌 현명한 소비자가 될 수 있다.

의류는 '패션'이 아닌 '공산품'이다

먼저 의류를 구매하기 전에 반드시 알아두어야 할 기본 상식이 있다. 의류는 '패션(Fashion)'이 아니라 단순한 '공산품(Industrial Products)'이라는 것이다. 쉽게 말해, 의류는 유행을 제안하거나 나타내는 특별한 상품이 아니라 의류 공장에서 생산하는 일반 공산품의 성격이 매우 강한 소모성 상품이다. 구찌, 샤넬, 루이비통, 프라다 등 이른바 명품이라고 불리는 것조차 패션 상품이라기보다는 대량 생산 시스템으로 만들어진 단순한 고가 공산품이다. 따라서 이런 상품을 비싸게 돈을 내면서 살 필요가 없다.

의류 업체들은 일반 고객에게 자신이 만든 브랜드를 예술품 수준으로 인식시키기 위해 끊임없는 과대과장 광고를 한다. 심지어 유명 연예인을 모델로 전면에 내세워 자신의 상품은 공산품이 아닌 예술품이라는 점을 어필하기 위해 노력한다. 왜 브랜드 업체들은 의류를 군이 공산품이 아니라 고급 패션 상품으로 팔려고 할까? 판매 가격을 크게 높일 수 있기 때문이다.

농심 신라면을 떠올려 보자. 보통 일반인들은 신라면 1개를 600~700원으로 생각한다. 그러나 농심이 '신라면 프리미엄', '럭셔리 신라면'이라는 이름을 붙이고 최고급 라면으로 광고하며 1,800원으로 판다면 어떻게 될까? 누구도 이 제품을 사지 않을 것이다. 원재료에서 큰 차이가 없는데 가격만 세 배 이상 책정해 너무 비싸다고 판단하기 때문이다.

의류의 경우도 마찬가지다. 소비자가격을 기준으로 고가 제품이나 저가 상품은 원재료 가격에선 큰 차이가 나지 않는다. 의류는 공산품이기 때문에 규격화된 원사와 원단을 이용해 가공한 뒤 옷을 만들기 때문이다.

10만 원짜리 옷의 원가는 고작 2만 원

일반적으로 의류 판매가는 원가의 4~8배가량으로 책정된다. 예를 들어 5배수인 A브랜드 재킷의 판매 가격이 10만 원이라면 원가는 2만 원 선이다. 제조원가라고 하면 보통 브랜드 업체가 의류를 협력 업체에 위탁 생산해 완제품 상태로 받았을 때의 가격을 말한다. 따라서 제조원가 2만 원인 A재킷은 소비자가격 10만 원에 매장에서 팔린다. 매장 판매자는 이 재킷을 소비자에게 10만 원에 판매해 판매 수수료로 30%인 3만 원을 받고, 브랜드 본사에는 7만 원을 송금한다. 이론적으로 이 재킷을 판매했을 경우 브랜드 본사에서는 2만 원에 납품 받아 매장에서 판매하여 고스란히 5만 원을 남긴다. 제품 원가의 250%가 판매 이익인 셈이다.

물론 의류가 100% 판매된다는 가정에 따른 것이다. 이런 경우는 거의 없기 때문에 의류 브랜드 업체에서는 100벌을 만들어서 팔 경우 50벌만 판매해도, 즉 판매율을 50%만 넘겨도 충분히 이익을 남길 수 있는 구조로 판매 가격을 책정한다. 일반적으로 공산품은 소비자가격이 제조원가의 5배 이상을 기록하는 구조가 불가능하다. 그러나 의류는 충분히 가능하다.

225

브랜드 업체들이 의류 가격을 고가로 책정해 높은 이윤을 남기며 팔기 위해 공산품인 의류를 유행을 추구하는 감성적인 '패션 상품'으로 판매하려 힘을 쏟는 것이다.

일반인들에게 잘 알려진 일본 유니클로, 스웨덴 H&M, 스페인 자라와 같은 브랜드는 '패스트 패션'이라는 이름으로 상품을 판매한다. 패스트 패션은 브랜드 업체가 협력 업체를 거치지 않고 직접 의류를 생산해 직영점에서 소비자에게 판매하는 방식이다. 이런 SPA(Specialty store retailer of Private label Apparel)형 브랜드 역시 가격은 저렴해도 소비자가격이 제조원가의 평균 세 배를 넘는다. 그럼 여기서 한 가지 의문이 생긴다.

'10만 원짜리 옷의 원가가 고작 2만 원이라면 우리는 과연 옷을 살 때 어떤 기준으로 사야 할까?'

일본 유니클로의 에어리즘 제품
빨리 물을 흡수하고 빨리 마르게 하는 기능이 특징(출처: 유니클로)

의류 상품이 공산품이고 이런 비정상적인 구조로 가격이 책정됐다는 점을 간파했다면, 의류·신발·잡화·섬유 관련 제품을 구매할 때 다음의 주의 사항을 꼭 기억하라. 그러면 '의류라는 공산품을 고가의 패션 상품으로 판매'하려는 의류 업체들의 촘촘한 덫에 걸리지 않을 것이다.

의류 업체의 덫에 걸리지 않는 8가지 방법

첫째, 소비자가격, 할인율을 결코 믿지 마라

옷을 매장에서 사든 인터넷으로 사든 '파격 세일'이라는 문구가 유독 자주 눈에 띈다. '10만 원짜리 티셔츠를 70% 할인해 3만 원에 판매'한다는 문구가 있다고 가정해 보자. 일반적으로 '10만 원짜리 제품이니 원가가 2만 원가량 될 터이고, 3만 원에 사면 큰 손해를 보지는 않겠네'라고 생각한다. 그러나 최근에는 브랜드 업체들도 소비자들을 현혹하기 위해 소비자가격을 더욱 크게 부풀리는 경향이 있다. 골프웨어, 아웃도어, 남성복, 여성복 등 거의 모든 의류 분야에서 이런 꼼수는 더욱 늘고 있다. 소비자가격은 브랜드 업체들 스스로 책정하기 때문에 이런 가격 부풀리기는 통제할 방법이 전혀 없다. 심지어 제조원가의 10~12배까지 높여 소비자가격을 정하는 브랜드도 많다.

둘째, '유명 브랜드에 대한 집착'을 먼저 버려라

보통 의류를 구매할 때 품질을 믿을 만하기 때문에 '유명 브랜드'를 고집한다. 그러나 이제 '브랜드 집착' 성향을 버려야 할 때다. 유명 브랜드에 집착하는 순간 가성비가 뛰어난 상품을 구매할 기회를 완전히 잃게 된다.

많은 패션 업체가 같은 생산 공장을 활용해 제품을 생산한다. 국내 생산이나 해외 생산이나 대부분 비슷하다. 또 의류에 사용하는 원단과 부자재도 브랜드별 차이가 크지 않다. 원단과 봉제공장이 거의 같다면 단지 차이는 각 브랜드 디자인, 라벨, 마케팅뿐이다. 브랜드 업체들은 '우리 브랜드는 디자인 자체가 다르다'고 강조한다. 그러나 실제 브랜드 회사들은 차별화 상품을 만들기 위해 충분한 디자이너와 제품 개발 인력을 갖추고 있지 않다. 심지어 협력 업체(봉제 업체)에서 제시한 디자인에 브랜드 로고만 바꿔서 상품을 만드는 경우도 비일비재하다.

셋째, '럭셔리', '프리미엄'이라는 단어에 속지 마라

의류 브랜드 광고를 보면 유난히 명품, 프리미엄, 레전드, 트래디셔널, 럭셔리, 시그니처 등 온갖 미사여구를 과하게 사용한다. 이런 말은 100% 무시해야 한다. 앞서 말했듯이, 의류는 과학적인 방식으로 제작한 단순한 공산품이다. 의류라는 공산품에 어떤 말을 덧붙여도 결국은 대량 생산 제품이다. 단지 차이가 있다면 '품질이 조금 좋은 기능성 원단을 사용한 의류라거나 디자인이 조금 독특한 제품'이라는 정도다. 브랜드 업체들이 럭셔리라느니 프리미엄이라느니 하는 말을 붙이는 것은 자사 제품을 더 높은 가격으로 팔기 위해 선동하는 광고에 지나지 않는다.

넷째, '기능성' 상품이라는 말을 믿지 마라

앞서 언급했듯이 소비자들이 패션 상품을 사는 데 많은 돈을 쓰는 가장 큰 목적은 의류와 신발 등을 착용해 추위 혹은 더위로부터 체온을 지키고 몸을 보호하기 위해서다.

최근 의류 판매가 부진해지면서 브랜드 업체들의 과장 광고도 한계점을 넘어서고 있다. 예를 들어, '쿨(Cool) 티셔츠'는 유명 연예인을 광고 모델로 내세워 이 옷을 입으면 매우 시원해진다고 상품을 소개한다. 그러나 결론부터 말하면 '과대과장' 광고다. 입으면 시원함을 느끼게 하는 신통한 의류는 없다. 에너지 보존 법칙이라는 '열역학 제1법칙'을 군이 과학적 근거로 대지 않더라도 광고에서처럼 입으면 차가움을 느끼게 하는 시원한 의류는 지구상에 아직 없다.

이런 의류 업체들의 과장 광고는 한국이니까 가능하다. 의류 선진국인 미국, 일본, 유럽에서는 이런 과대과장 광고를 할 수 없다. 이처럼 검증되지 않은 광고를 하면 관련 기관의 엄격한 제제를 받는다. 입으면 스스로 따뜻한 열을 낸다는 의류도 원리는 비슷하다. 발열사 혹은 발열 물질을 활용해 의류를 만들면 이런 효과가 생긴다는 원리인데, 결론적으로 소비자가 따뜻함을 거의 느낄 수 없는 단지 실험실용 데이터일 뿐이다. 의류 업체에서 말하는 아이스 티셔츠는 원단에 자일리톨과 같은 냉감 물질을 바르는 가공 처리만 했다. 원단에 상변환물질(PCM)을 입힌 의류도 처음 입었을 때만 잠시 시원한 느낌을 준다. 이런 가공 처리를 해도 냉감 효과는 1도에도 못 미친다. 거의 몸에서 느낄 수 없는 미미한 수치다. 이런 느낌조차 네다섯 번 세탁한 뒤에는 거의 사라져 버린다.

현재 패션 상품에서 일반적으로 인정받는 기능성은 몇 가지뿐이다. 원단이 상하좌우로 늘어나는 스트레치 기능, 방수 기능, 자외선 차단 기능, 정전기 방지 기능 등 극히 제한적이다. 이 밖에 기능성이라 주장하는 것은 아직 검증되지 않았다.

'흡습 속건 기능성' 의류로 광고하는 것도 알고 보면 기능성 상품이라기보다는 물리적인 반응에 따른 현상일 뿐이다. 흡습 속건 기능성 티셔츠가 보통 면보다 3~5배가량 땀을 빨리 흡수하고 빨리 마르게 한다고 홍보한다. 그러나 알고 보면 모두 거짓말이다. 일반적으로 폴리에스테르(PET) 소재를 사용한 의류는 모두 면보다 빨리 물을 흡수하고 빨리 마른다. 폴리에스테르는 석유에서 추출한 화합물로 만들어져 쉽게 설명한다면 플라스틱이다. 나일론 소재 역시 플라스틱이다. 이렇게 가늘고 긴 플라스틱을 여러겹 꼬아서 실을 만들고, 다시 원단을 짠 것이 우리가 입고 있는 폴리에스테르 의류다. 따라서 플라스틱으로 만든 의류이기 때문에 면소재와 달리 물을 거의 흡수하지 않는다. 단지 물이 원단을 만나면 폴리에스테르 원사와 원사 사이에 잠시 머물러 있다가 체온에 의해 대기 중으로 증발할 뿐이다. 이런 플라스틱의 기본적인 성질을 의류 업체들은 '흡습 속건' 또는 '퀵 드라이(Quick Dry)'라는 그럴듯한 말로 포장한다. 그러나 이런 소재는 저렴하고 가볍고 질기다는 장점과 건조 시 정전기가 많이 발생한다는 단점을 함께 갖고 있다.

폴리에스테르 또는 나일론 소재를 만드는 방식도 매우 간단하다. 효성이나 휴비스 같은 화학섬유 업체가 석유화학회사로부터 구매한 네모난 사각형 칩(Chip)을 열에 녹인다. 그리고 '방사(Spinning)'라고 하는 비교적 간단한 공정을 통해 국수 가락 뽑아내듯이 가늘고 길게 폴리에스테르 실을 만들어낸다. 방사 공정 시 은(Ag) 이온, 인(P) 등 각종 화학물질을 섞으면 실(Fiber)이 은이온 실, 방염 실 등 다양한 기능성을 지닌 실로 만들어진다. 또한 실을 뽑아내는 구멍인 노즐의 모양을 원형으로 만들거나 삼각형, 사각형, 별 모양으로 만들어서 실의 단면 모양을 사용자의 목적에 맞춰 다양하게 한다. 이런 매우 간단한 방식으로 폴리에스테르 실과 나일론 실을

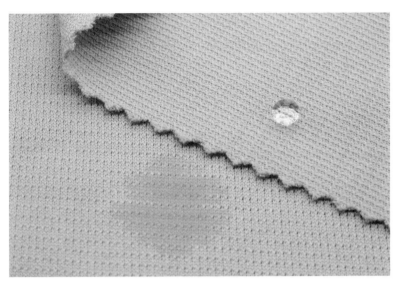
원단 겉은 발수, 안쪽은 흡습성을 지닌 기능성 소재

저렴한 가격으로 대량 생산한다.

다섯째, 신상품을 사는 순간 당신은 '호갱'이 된다

의류 업체들이 옷을 비싼 가격에 판매하기 위해 가장 많이 사용하는 말이 '신제품'이라는 단어다. 결론부터 말하면 비싼 가격에 신제품을 구매하지 말아야 한다. 신제품을 사는 순간 당신은 호갱이 된다. 의류용 소재는 면 또는 폴리에스테르, 나일론 등을 주로 사용하는데 비교적 오랜 시간이 지나도 변형, 변색은 물론 썩거나 하는 현상이 거의 발생하지 않는다. 따라서 생산된 지 3~4년이 지난 재고 상품을 저렴한 가격에 사는 것이 매우 합리적이다. 재고 상품 구매를 절대 두려워하지 마라.

여섯째, 광고 내용을 그대로 믿지 마라

패션 TV, 패션 잡지, 인터넷에서 보는 의류 광고를 믿지 마라. 상품을 소개하는 신문 기사 또한 그대로 믿지 마라. 광고에서는 상품을 소개하기 위해 영어와 패션 용어를 반복적으로 번갈아 사용해 의류 용어를 모르는 소비자들을 혼란스럽게 만든다. 어려운 패션 용어를 그대로 쓰면 소비자들은 자신들이 모르는 말에 일방적으로 수긍하게 된다. 다시 한번 말하지만 의류, 신발, 가방 등은 단순한 공산품인데 패션 잡지와 신문 그리고 광고는 업체들이 이런 공산품을 소비자에게 고가에 팔 수 있도록 바람잡이 역할을 충실히 한다. 단지 브랜드 업체들의 광고를 받기 위해서.

일곱째, 케어 라벨로 의류의 품질을 구분하라

옷의 케어(Care) 라벨을 반드시 확인하라. 의류를 구매하면 보통 의류 안쪽에 매달려 있는 상품 상세 설명 택(TAG)을 볼 수 있는데, 이것을 케어 라벨이라고 부른다. 이 케어 라벨은 의류의 출생신고서와 같다. 의류 제작 일자, 제조국, 제조업자, 수입업자뿐 아니라 어떤 소재를 사용했는지까지 쉽게 알 수 있다. 어떻게 세탁해야 하는지도 알 수 있다. 의류의 케어 라벨만 잘 파악하면 대략적인 의류 원가도 추측할 수 있다.

의류 소재 중 천연 소재는 면과 울이고 폴리에스테르, 나일론 등은 합성 소재라 부른다. 레이온은 목재 펄프를 원료로 만들어 천연 소재이지만 만드는 방법이 달라 재생섬유라고 부른다. 1킬로그램이라는 동일한 무게를 기준으로 가장 저렴한 소재는 폴리에스테르이고 다음이 면, 레이온, 나일론 순이다. 가장 비싼 소재는 울이다. 이런 소재의 원가를 보면 폴리에스테르 100%를 사용해 만든 티셔츠가 일반적으로 가장 저렴하고, 그다음은

의류의 케어 라벨. 의류의 출생신고서와 같은 기능을 한다.
소재, 구성, 생산국가와 일자, 취급 표시 등을 나타낸다.(출처: 수프림)

면과 폴리에스테르를 함께 사용한 원단, 그다음은 면 100% 원단, 나일론
100% 원단 순으로 생각하면 쉽다. 물론 동일한 원단 무게를 기준으로 했
을 때의 이야기다.

여덟째, 라이선스 브랜드는 빛 좋은 개살구다

의류를 보면 라이선스(License) 브랜드가 유난히 많은데, 되도록 이런
브랜드는 구매하지 마라. 라이선스 브랜드란 말 그대로 상표 보유권자에

게 브랜드 사용료를 지급하고 의류를 직접 만들어 파는 것을 말한다. 좀 극단적으로 말하면 단지 브랜드 로고 하나만 사용하기 위해 너무 많은 비용을 치른다. 더 심하게 말하면, 품질이 비슷한 일반 상품에 단지 자사 브랜드 로고만을 붙이는 식의 상품이 넘쳐난다. 닥스, 디스커버리, 노스페이스, 내셔널지오그래픽, 머렐, 까스텔바작, 케이스위스, 아식스, 미즈노 등을 비롯해 많은 브랜드가 여기에 속한다.

라이선스 브랜드는 상표권 사용료로 보통 생산원가의 5~10%가량을 지불한다. 단지 브랜드 로고만을 사용하기 위해 큰돈을 치르는 셈이다. 생산원가 2만 원, 소비자가격 10만 원인 재킷을 예로 들어보자. 이 의류의 로열티는 원가의 5~10%인 1,000~2,000원이지만, 소비자가격은 단지 로열티로만 원가의 5배인 5,000원~1만 원가량 높아진다. 또한 해외 라이선스 브랜드라는 이유만으로 일반 브랜드 상품보다 평균 두 배 이상 높은 터무니없는 가격을 형성한다.

지금까지 언급한 의류 업체의 덫에 걸리지 않는 8가지 방법은 패션 상품을 구매할 때 '절대 하지 말아야 할 주의 사항'이다. 이 8가지 방법만 숙지한다면 상품을 구매할 때 절대 호갱이 되지 않는다.

이제부터 이야기할 6가지 내용은 '8가지 패션 업체 꼼수'를 넘어서 더욱 현명한 소비자가 되기 위한 방법이다. 또한 의류, 신발, 액세서리 등의 상품을 고를 때 같은 돈을 내고 최고 품질의 상품을 구매하는, 이른바 '가성비가 뛰어난 상품'을 구매하는 기본적인 노하우다.

스마트 쇼퍼, 스마트 컨슈머가 되는 6가지 방법

위에서 언급한 '호갱'이 되지 않는 8가지 방법을 충분하게 파악했다면 다음과 같은 방법으로 현명한 소비자가 될 수 있다.

첫째, 온라인 쇼핑에 정답이 있다

G마켓, 옥션, 11번가, 스마트스토어, 쿠팡, 위메프, 티몬 등 다양한 온라인 쇼핑몰을 적극 활용하라. 온라인몰에서 소개하는 상품은 일단 가격이 저렴하다. 저렴한 상품 중에서 원하는 브랜드와 원단, 디자인 등을 다양하게 선택할 수 있다. 의류 상품은 아는 만큼 가성비가 뛰어난 상품을 고를 수 있다.

해외 수입 브랜드의 경우 먼저 짝퉁 제품에 주의해야 한다. 상품 페이지 사진과 실제로 받아본 상품이 다를 수 있다. 상품을 받아보기 전까지 온라인상으로 짝퉁을 구별하기는 매우 힘들다. 구매하기 전은 물론이고 일단 제품을 받아본 뒤에도 일반 소비자들이 짝퉁을 구별하기는 쉽지 않다. 온라인에서 나이키, 아디다스 신발을 비롯해 폴로 등 브랜드 짝퉁 판매가 빈번하고 규모 역시 커서 짝퉁을 구별하기 힘들기 때문이다.

일단 간단한 짝퉁 구별법을 소개한다면 지퍼가 들어간 재킷, 가방, 팬츠 등의 상품은 진품일 경우에는 대부분 'YKK 지퍼'만을 사용한다. YKK 지퍼는 일본 요시다 공업주식회사에서 만든 지퍼를 말하며, 지퍼의 손잡이 부분에 'YKK'라는 로고가 새겨져 있다. 요시다 공업은 YKK 지퍼를 일본을 비롯해 전 세계의 한정된 브랜드 업체에만 미리 사용량을 주문받아서 공급하기 때문에 짝퉁 브랜드 업체들은 거의 사용할 수가 없다. 짝퉁 브랜드 업체들이 지퍼와 같은 부자재까지 짝퉁으로 만들기는 매우 어렵다. 이 외에도 케어 라벨과 자수 로고 상태, 그리고 봉제 상태 등으로 판별하는 경우도 있지만 정교하게 만들어진 가품은 사실상 구별하기가 매우 힘들다.

베트남, 중국 등에서 YKK 지퍼를 사용한 제품이 흘러나올 때가 있다. 생산공장에서 브랜드 업체에 납품하고 남은 잔량이 시장으로 흘러나와 판매되는 경우인데, 극히 일부다. 이 외에도 꼭 브랜드 정품을 구매해야 한다면 정식 수입 브랜드 업체의 매장 또는 공식 온라인몰을 찾는 것이 가장 안전하다.

둘째, '기능성 소재' 택을 보고 골라라

앞서 언급했듯이, 의류에서 기능성 제품이라고 할 만한 것은 몇 가지밖에 없다. 고르는 방법은 간단하다. 의류에 달린 소재 브랜드 종이택을 보고 선택하면 된다.

다음에 소개하는 소재 브랜드는 대부분 해외 업체가 만든 원단 또는 원사로 가장 품질이 뛰어난 소재로 평가받는다. 가격은 조금 비싸지만 품질이 우수하고 오랫동안 입어도 제품의 변형이 적다.

스트레치 제품의 경우 품질이 유명한 소재 브랜드를 먼저 선택하라. 우수한 스트레치 소재 브랜드는 '라이크라(Lycra)'가 함유된 상품을 고르면 된다. 방수 원단은 미국 고어텍스(Gore-tex), 일본 더미작스(Dermizax)와 엔트란트(Entrant)를, 방풍 원단은 미국 윈드스토퍼(Windstopper), 일본 퍼텍스(Pertex) 소재를 사용한 의류를 선택하라. 의류용 겉감과 배낭용 소재는 나일론 원료 자체가 고급인 나일론66을 사용한 제품이 품질과 내구성이 뛰어나다. 대표적으로 코듀라(Cordura)를 선택하라. 또 내의용 제품이라면

236

기능성 제품으로 만든 의류는 다양한 야외활동에서 신체를 보호하고
쾌적한 상태를 유지하도록 돕는다.

나일론 소재 탁텔(Tactel), 메릴(Meryl), 레이온계 소재인 텐셀(Tencel), 모달(Modal)을 선택하라. 티셔츠나 바지용 원단은 쿨맥스(Coolmax), 필드센서(Field Sensor), 폴라텍(Polatec) 소재를 먼저 고르면 좋다.

셋째, 브랜드 의류의 재고 상품을 먼저 선택하라

잘 알려진 브랜드의 재고를 먼저 선택하라. 브랜드 역사가 짧은 신생 브랜드보다는 오랫동안 의류를 만들어 온 업체와 브랜드 이름이 잘 알려진 의류를 먼저 고르는 것이 좋다. 20~30년가량 오랫동안 의류를 만들어 온 패션 업체일수록 엄선된 소재를 사용해 철저한 품질 관리를 하기 때문에 품질이 안정되어 있다. 오랫동안 의류를 잘 만들어 온 국내 회사는 세정, LF, F&F, 신성통상, 파크랜드, 패션그룹형지, 코오롱인더스트리, 한섬 등을 꼽을 수 있다. 이 업체들에서 만든 상품은 대부분 품질이 안정적이고 오랫동안 사용할 수 있는 것이 장점이다. 다시 한번 이야기하지만 업체 리스트는 참고 자료이며, 유명 브랜드에만 너무 집착할 필요는 없다.

넷째, 재고 전문 쇼핑몰을 적극 활용하라

온라인에는 유명 재고 전문 쇼핑몰이 정말 많다. 그중에서도 대표적인 쇼핑몰은 다음의 네 군데다. 아이스탁몰(www.istockmall.com), 아이스타일24(www.istyle24.com), 하프클럽(www.halfclub.com), 그리고 패션플러스(www.fashionplus.co.kr)다. 여기서는 널리 알려진 패션 브랜드의 재고 상품을 매우 저렴한 가격에 편리하게 구매할 수 있다. 이 쇼핑몰들은 브랜드 업체 재고를 직접 구매하여 판매하기 때문에 저렴한 가격에 좋은 상품을 살 수 있다. 또 쇼핑몰 업체가 자체 마케팅으로 특가 상품을 다양하게 내놓기도 한다. 물론 동일한 상품일 경우에는 네이버 '스마트스토어'에서 검색해 최저가인지 확인하는 것도 좋은 방법이다.

다섯째, 아이템별 전문 브랜드를 선택하라

각 제품별로 반드시 전문 브랜드 상품을 먼저 구매하라. 그 이유는 각 제품별로 기능성이 뛰어나고 상품이 다양하며 가격이 저렴하기 때문이다. 골프를 칠 때 입을 옷은 골프웨어 전문 브랜드, 등산을 할 때는 아웃도어 의류, 마라톤이나 달리기를 할 때는 런닝화 전문 업체를 찾는 것이 좋다. 일상복으로 입을 옷은 라이프 스타일 웨어, 즉 캐주얼 브랜드 상품을 찾아라. 이를테면 마라톤이나 달리기에 필요한 신발과 장비를 고를 때는 아식스, 미

아웃도어 신발에 방수 가공 처리를 하면 양말이 젖지 않아 발이 건강하다.

즈노, 뉴밸런스, 나이키의 신발을 골라라. 등산화는 머렐, 팀버랜드, 킨, 마인들, 아쿠, 잠발란 등 해외 브랜드와 캠프라인, 트렉스타 등 국내 전문 등산화를 추천한다. 신으면 발을 보호해 주는 컴포트화는 미국 락포트, 팀버랜드, 영국 클락스, 덴마크 에코 등을 추천한다. 쉽게 설명하자면 이렇다. 컴포트화를 사려는데 금강제화와 락포트 신발이 있다면 주저하지 말고 락포트 신발을 사라. 락포트는 신발 전문 브랜드로 수십 년간 신발만을 만들어 온 명품 브랜드다. 반면 금강제화는 대부분 신발을 외주 업체에 맡겨 제작한다. 가격에 비해 품질은 높은 수준이 아니다. 배낭 또는 가방은 목적에 따라 샘소나이트, 헤드그렌, 투미, 그레고리 등 가방만을 오랫동안 만든 브랜드를 선택하라.

위에서 언급한 전문 브랜드 상품은 소재, 제품 디자인, 제작 방식 등 다양한 분야에서 생산 노하우가 뛰어나고 품질이 우수해 오랫동안 사용할 수 있다.

여섯째, 천천히 선택해야 '절대 유리'하다

보통 의류, 신발, 배낭을 고를 때 가장 많이 저지르는 실수가 성급한 구매다. 홈쇼핑에서 의류를 판매할 때 쇼핑호스트가 시청자에게 구매를 재촉하는 것은 소비자가 현명한 판단을 내릴 시간을 주지 않기 위해서다. 홈쇼핑에서 '한정판', '오늘만 딱 이 가격'이라는 말을 사용하고, 온라인 쇼핑몰에서조차 '오늘의 특가'라는 말을 사용하는 것은 바로 소비자의 성급한 구매를 유도하여 실수하도록 만들어야 하기 때문이다. 패션 상품은 시간을 갖고 천천히 구매할수록 절대적으로 유리하다. 내가 구매할 상품이 순식간에 품절되는 경우는 거의 없다. 특히 온라인 구매는 철저하게 판매자가 아니라 소비자 위주의 시장이고, 재고 상품은 많기 때문에 내가 사지 않으면 품절된다고 생각하면 안 된다. 만약 품절되더라도 다른 온라인 쇼핑몰에서 조금 높은 가격으로 같은 상품을 쉽게 찾을 수 있다.

1년에 500만 원 이상 절약할 수 있다!

앞서 언급했듯이, 가구당 매년 1,000만 원 이상을 패션 상품 구매에 쓴다면 위에서 언급한 내용을 빨리 실천할수록 유리하다. 돈을 버는 것보다 어떻게 사용하느냐가 중요하며, 특히 패션 상품 구매는 조금만 관심을 갖고 매우 간단한 구매 원리만 익혀 두면 평생 요긴하게 적용할 수 있다. 그럼 1가구당 패션 구매 금액을 연간 500만 원 이상 크게 줄일 수 있을 것이다. 의류는 패션 상품이 아닌 공산품이라는 점도 결코 잊어서는 안 된다. 또 상품을 살 때는 천천히 고르는 것이 이득이라는 점을 명심해야 한다.

이런 기본적인 생각을 가지고 위에서 언급한 14가지 구매 방법만 기억한다면 향후 수십 년간 패션 상품을 고를 때 돈은 물론 소중한 시간도 아낄 수 있다. 다시 한번 말하지만, 의류는 패션 상품이 아니라 과학이 만들어낸 공산품이며, 단지 소모품일 뿐이다.

방심하지 마라!
보험금
남들보다
잘 타는 사람들

마이보험체크

석인호 대표

착하고 성실한 사람들이 존중받는
것이 아니라 손해만 보는 현실에
안타까워하던 소시민이었다.
촛불집회에서 만난 이들과 뒤풀이를
하던 중 우연히 만난 보험설계사라는
직업을 가진 몇몇 사람들과 보험
업계의 답답한 관행에 대해 성토하다가
우리가 직접 좋은 회사를 차려 보자며
보험 상담 업체를 설립했다. 보험
지식을 소비자 편에서 올바르게
사용하면서 정의롭고 정직하게 살아도
손해 안 보고 대우받는 삶을 증명해
나가고 있다.

마이보험체크

김은정 상담실장

보험 약관에는 어려운 용어가 많다.
어려운 용어를 다 파악하고 가입할
수 없어 분쟁이 많다. 보험설계사도
공부하지 않으면 계속 바뀌는 상품을
따라갈 수 없다. 모르고 파는 설계사로
인해 보험시장의 인식이 안 좋은 게
사실이다. 모르고 가입했던 보험으로
피해 보는 일들이 없도록 소비자에게
힘이 되고자 노력하고 있다.

#11

TV 채널을 돌리다 보면 심심치 않게 보험 광고를 만난다. 저마다 자신들의 상품이 좋다, 상담 완료 후(정확히는 계약을 한 뒤)에는 그럴듯한 사은품도 준다면서 전화해 달라고 번호를 뇌리에 때려박는다. 그런데 막상 그런 곳에 전화하면 내 보험을 잘 챙겨 줄까? 보험 상품을 하나 더 가입했다고 삶의 위험들에 대비했다고 볼 수 있을까?

좋은 보험이란 단순하게 특정한 질병에 걸렸을 때, 또는 특정한 위기 상황에 처했을 때 보험사에서 받을 보장 금액이 넉넉하거나, 매달 내야 하는 보험료가 저렴하거나, 당장 가입하기 쉽거나 하는 것만으로 정의할 수 없는 다양한 요소를 가진다.

보험 소비자 각자의 가족력을 포함한 건강 상태와 전 연령대별로 생애 주기를 염두에 둔 현금 흐름 상황 등을 예측하고 고려하여 각자에게 가장 적합한 보장 구성과 보험료 납입 방법 등을 찾아서 가입하고 유지하는 것이 무엇보다 중요하다.

243

암보험 광고를 보다가 '그거 좋은 것 같네' 하면서 하나 가입하고, TV 채널 돌리다가 치아보험 광고를 보면 사은품이 욕심 나서 하나 가입하고, 지인이 찾아와 '노후 준비를 위해 이거 하나는 가입해야지'라고 하면 무슨 내용인지도 잘 모르면서 차마 거절하기 미안해서 가입하고……. 보험 소비자 가운데 자신에게 정말 필요한 보험을 제대로 알아보지도 않고 이런 저런 사연들로 대충 가입하는 사람이 의외로 많다. 정작 보험의 보장을 받아야 할 순간이 닥치면 가입한 보험들을 꺼내 보지만 실제로 큰 도움도 되지 않는 보험에 꼬박꼬박 돈만 냈다고 아쉬워한다. 매달 나가는 보험료가 부담스러워 어떻게든 보험료를 줄여 볼 방법이 없을까 고민하기도 한다.

좋은 보험은 하나의 보험 상품을 말하는 것이 아니다. 보유한 보험들이 유기적으로 자신의 미래에 발생할 위험을 극복하는 데 도움이 될 때 그 것을 좋은 보험이라고 한다. 위험하고 어려운 상황이 닥칠 때마다 위기를 극복하는 데 도움이 될 만큼 넉넉한 보험금이 나온다면 좋겠지만, 그런 보험이라면 지급해야 할 보험료도 무척 높을 수밖에 없다. 그런데 비싼 보험료를 내느라고 저축도 제대로 못하고 주택자금, 학자금, 결혼자금 등 미래 계획에 차질이 생겨서는 안 된다. 암에 걸리면 2억 원이 나오는 보험을 들어 놓았다고 든든하다는 사람이 있었다. 우리 국민 3명 가운데 1명은 암에 걸린다는 통계가 있긴 하다. 그러나 이 말은 곧 3명 가운데 2명은 암에 안 걸린다는 말이기도 하다. 그러므로 암보험에 가입한 사람이 꼭 암에 걸려서 2억 원을 받는다는 보장은 없다.

보험료 지출은 미래의 위험에 대비하고자 하는 것이다. 특히 저축성 보험이 아닌 보장성 보험은 미래의 위험을 위한 최소한의 대비인 것이지 행복한 미래를 위한 것은 아니다. 자산 정도와 자금 유동성을 고려한 적정한 선의 위험 보장을 해야 한다. 보험료만 잔뜩 내면서 미래를 대비하고 있다고 착각하지 말고 줄일 수 있는 건 줄여서 저축을 해야 한다. 자금 흐름에 차질이 생겨 보험을 유지하지 못하고 해약하면 보험 소비자의 손해가 크다. 보험 계약이 유지되고 있어야 보험금 지급 사유가 생겼을 때 보험회사에서 보험금을 받을 수 있다. 당연한 이야기지만, 중간에 보험을 해약하면 해약 뒤 보험금 지급 사유가 생겨도 보험사에서 어떤 보장도 해주지 않는다(단, 해약을 했어도 지급 사유가 보험 유지 기간 중에 생겼다면 보험금 청구를 해약 이후에 하더라도 보험금을 지급하는 경우가 있다). 위험을 대비할 보험 혜택을 받기 위해서는 그 보험을 유지해야 하고, 보험을 유지하기 위해서는 납입 만기까지 꾸준히 낼 수 있도록 큰 부담 없이 보험을 구성해야 한다. 그래야 좋은 보험이 된다.

먼저 어떤 보험설계사를 만나야 할지, 즉 당신에게 유리한 보험설계사 감별법을 알려주려 한다.

나에게 유리한 보험설계사 감별법

요즘은 인터넷으로도 좋은 보험 정보를 많이 찾아볼 수 있다. 팟캐스트나 유튜브 등에서 보험에 대해 정직하게 설명해 주는 사람들도 있어 시간을 좀 더 투자해 공부하면 웬만한 보험설계사 이상의 지식을 얻을 수도 있다. 그러나 일반인이 그런 노력을 기울여서 보험을 알아가기가 쉬운 일은 아니다. 그러니 기본적인 보험 상식을 갖춘 뒤에는 좋은 보험설계사를 만나 자신의 보험 전반에 대한 진단을 받아 보고, 단일 상품보다는 본인의 상황에 맞게 전체적인 보험 구성을 어떻게 할 것인지 포괄적으로 상담하는 것이 더 효율적이다. 누가 좋은 보험설계사인지 알아볼 수 있는 방법이 있다. 먼저 좋은 설계사에 대한 대원칙은 다음과 같다.

"정직한 보험 전문가가 고객 편에서 꼼꼼하게 챙겨 주는가?"

보험설계사가 수수료를 더 많이 받는 방법은 두 가지다. 고객이 보험료를 더 많이 내게 하거나, 수수료가 높은 상품에 가입시키는 것이다. 이를테면 생명보험사의 종신보험 같은 상품이 다른 보험 상품에 비해 수수료가 더 높은 편이다. 그리고 고객이 매월 내는 보험료의 금액이 높고 보험료를 내는 기간이 길수록 수수료가 많아진다.

종신보험이 필요 없는 사람에게 종신보험을 권하는 보험설계사, 장기 보장성 보험에 가입하려는데 적립 보험료를 무리하게 많이 책정하는 보험설계사는 고객보다 자신의 수입을 먼저 생각하는 경우가 대부분이다. 혹시 이런 보험설계사를 만나면 한 번쯤 의심을 해보아야 한다. 요즘은 법인 보험대리점이라고 해서 한 보험회사의 상품만을 파는 것이 아니라 생명보험사, 손해보험사를 포함한 전체 보험사의 상품을 취급하는 회사가 점점 늘어나고 있다. 한 보험회사에 속해 있지 않다 보니 다양한 상품을 비교하여 고객에게 더 유리한 상품을 권해 줄 수 있다는 장점이 있다. 그러나 반대로 여러 회사의 상품 중에서 설계사 본인에게 수수료를 더 많이 주는 상품을 골라 권유하는 경우도 있다. 가끔 ○○보험사에서 이번 달에는 자사의 상품을 얼마 이상 판매해 주는 보험설계사들에게 원래 주던 수수료와는 별개로 이런저런 시상품을 주겠다고 하는 경우가 있는데, 그 시상품을 받기 위해 고객에게 ○○보험사의 상품을 권하기도 한다. 비교할 수 있는 복수의 견적을 제시하지 않고 한 회사의 상품만 권유하는 보험설계사는 좋은 보험설계사가 아닐 수 있으니 의심해 보라.

정직한 사람은 모든 분야에서 좋은 사람이 될 수 있지만, 보험이라는 분야에서는 아무리 정직하고 훌륭한 심성을 가진 사람이라고 해도 전문 지식이 없으면 고객들에게 도움이 될 수 없다. 보험 전문가라면 취급하는 보험 상품의 장점은 물론 단점도 알아야 하고, 각 상품이 어느 시기의 어떤 고객 상황에 어울리고 효율적일지도 알아야 한다. 오랫동안 고객을 관리하며 일해 온 경력도 필요하고, 새로운 상품의 변화에 대한 부단한 공부도 필요하다. 생명보험사와 손해보험사가 30여 곳이고, 그 회사들에서 출시한 상품을 모두 합치면 수천 개나 된다. 게다가 그 개별 상품들이 매년 수차례씩 개정되기도 한다. 그중에서 고객에게 어떤 상품이 더 유리할지를 늘 생각하고 찾아내려는 정직함을 갖추면서 전문성이 뛰어난 설계사가 좋은 보험 설계사이다.

　　보험 현장에 오래 있어 보니 생명보험사 상품만, 또는 손해보험사 상품만 가지고 고객들의 다양한 요구를 충족시키기가 어려울 때가 많다. 두 곳의 상품을 적절하게 조합해야 고객들에게 더 많은 이익이 돌아간다. 물론 한 곳의 보험회사에 전속되어 보험을 취급하는 사람 중에도 정직하고 전문적인 이가 많다. 요즘은 교차판매라고 하여 생명보험사에 전속된 사람도 한 곳의 손해보험사 상품을 판매할 수 있고, 반대로 한 곳의 손해보험사에 전속된 사람도 다른 한 곳의 생명보험사를 정해 생명보험 상품을 판매할 수 있다. 오히려 한 회사의 상품에 대해 전문적으로 분석하고 공부하다 보면 소속 회사 상품의 장단점을 더 잘 알게 되고 고객에게 맞는 상품을 더 적절하게 분석할 수도 있다. 여러 회사의 상품을 모두 취급할 수 있는 법인 보험대리점만이 좋은 보험, 좋은 설계사의 정답이라고 말할 수는 없다. 법인 보험대리점이 어느 정도는 더 다양한 카드를 가지고 있다고 볼 수

247

있지만, 보험설계사가 어디 소속인지보다는 그 보험설계사 자체가 정직하고 전문적인지를 보아야 한다.

고객의 편에서 생각한다

예를 들어 보자. 고객이 보험설계사에게 다음과 같이 요청했다. "주변에서 당신에 대해 좋게 이야기하더군요. 암보험을 하나 들고 싶은데 알아서 잘 설계해 주시겠어요?" 이때 일반적인 보험설계사는 고객이 지출할 수 있는 보험료 수준과 가입 전 고지 사항에 포함된 병력 등을 묻고 나서 일사천리로 두세 곳의 보험회사 가입설계서를 뽑아 비교·설명하며 보험 가입 절차를 진행할 것이다. 이 정도라면 나쁜 보험설계사는 아니다. 그러나 좋은 보험설계사는 암보험 가입 설계를 위한 질문보다 현재 보유하고 있는 보험들에 대해 먼저 질문한다. 예컨대 현재 가입해 둔 보험이 있는지, 그 보험들에서 암에 대한 보장은 어떻게 되어 있는지, 부족하거나 과한 것은 없는지, 현재 내고 있는 보험료가 적정한지, 아니면 부담이 되고 있는지, 앞으로 얼마 동안 더 보험료를 내야 하는지 등을 묻는 것이다. 그리고 고객의 현재 상황에 대해 더 자세히 알아보고 미래의 상황에 대해서도 예측하고 살펴본 뒤 보험 설계를 진행할 것이다. 사람을 귀찮게 한다고 불편해할 수도 있겠지만, 고객의 상황을 잘 알수록 더 좋은 컨설팅을 할 수 있고 고객에게 더 큰 이익을 줄 수 있다.

둘의 차이점은 이렇다. 일반적인 보험설계사는 보험 상담이 시작되면 보험회사 상품 중에서 좋은 것을 골라 고객에게 추천하고 진행한다. 보험 상품 판매에 중점을 두고 있지만, 그래도 고객에게 더 나은 것을 찾아준다는 생각 정도는 하고 있으니 나쁜 설계사라고 할 수는 없다. 반면 좋은 보험설계사는 고객의 편이 되어 고객에게 가장 유리한 것이 무엇인지 큰 틀에서 바라보고 설계를 진행한다. 보험 상품 판매에만 집중하지 않고 고객의 보험 가입 현황을 분석해 어떻게 하면 최적화할지에 집중한다. '보험을 하나 더 가입할까?' 또는 '부담되는 보험을 하나 해지할까?'라는 고민을 하고 있다면, 고객의 편에서 정직하게 분석해 줄 보험 전문가와 상담해 보는 것이 좋다.

간혹, 보험 전체를 리모델링해 준다면서 지금까지 가입했던 보험을 전부 해지하고 자신이 추천하는 보험으로 다시 가입하라는 나쁜 설계사들도 있다. 자신이 처한 상황과 전혀 맞지 않는 보험에 얼마 전에 가입했다던가 하는 특별한 상황에서는 서둘러 해지하는 것이 더 큰 피해를 줄이는 방법이 될 수도 있다. 그러나 무조건 기존 보험 계약을 해지하는 쪽으로 몰고가는 보험설계사는 조심해야 한다. 나쁜 설계사와 좋은 설계사는 이미 가입한 보험에 대한 설명을 잘 듣다 보면 알게 된다. 무조건 예전에 가입한 것은 나쁘다는 사람이 있는가 하면, 기존 보험 계약의 장점과 단점, 활용 방법과 개선책을 꼼꼼하게 알려주는 사람도 있다. 당연히 후자가 좋은 보험설계사다. 좋은 보험설계사는 당장의 수수료만을 위해 일하지 않고 고객의 편에서 일한다.

좋은 보험설계사는 인생을 설계한다

보험은 한번 가입하면 보통 10년 혹은 그 이상의 기간 동안 보험료를 납부하고, 최소 보험료를 납부한 기간부터 보장 기간 동안의 혜택을 준비하는 상품이다. 그런데 실제로는 가입한 보험을 보험료 납부가 끝날 때까지 유지하지 못하는 경우가 절반 이상이다. 자신에게 잘 맞지 않는 보험에 가입했기 때문에 해지하기도 하고, 예상과는 달리 자금 여유가 없어서 해지하기도 한다.

좋은 보험설계사는 처음 가입할 때부터 고객에게 적합한 보장 범위와 유지할 수 있는 보험료 수준, 기간 등을 세세하게 챙겨 가입 설계를 한다. 이들은 가입한 뒤에도 고객의 문의 사항을 해결해 주고, 보험금 지급과 보상 등에 신경 쓰며 오랜 기간 서비스를 지속해 나간다. 만약 설계사가 퇴직하거나 이직해도 고객을 책임지고 챙기는 회사인지도 중요하다. 좋은 설계사는 좋은 회사가 뒷받침하고 육성하여 만들어지는 법이다.

보험 소비자가 꼭 알아야 하지만, 보험사나 설계사들이 잘 알려주지 않는 것들을 몇 가지 살펴본다.

보험 가입의 우선순위

경제적 여유가 있다면 다양한 보험에 들어 충분한 금액의 보상금을 받을 수 있도록 보험을 구성하는 것이 좋다. 그러나 보통 사람들은 한정된 자금으로 한정된 기간에 보험료를 납입하는 것으로 미래의 위험을 적정한 수준에서 대비해야 하므로 꼭 필요한 순서에 따라서 보험에 가입해야 한다. 예컨대 요즘 치아보험이 유행하고 남들도 다 가입하는 듯하니 '나도 치아보험이나 하나 가입할까' 하는 생각으로 보험을 대한다면 다시 한번 생각하기 바란다. 보험 가입에도 우선순위가 있다.

첫째, 의무보험과 배상보험

자동차보험이나 다중이용업소 배상책임보험 등의 의무보험 가입 대상이라면 반드시 가입해야 한다. 그러지 않으면 과태료 등의 행정 처분을 받을 뿐 아니라 실제로 사고가 발생하면 커다란 재산상의 손해를 보게 된다. 그렇기 때문에 국가에서 의무적으로 가입하라고 강제하는 것이다. 반드시 가입해야 한다.

화재보험, 운전자보험, 일상생활 배상책임보험 등의 배상책임보험은 주로 자신의 손해나 위험을 대비하려는 것이 아니라 타인을 다치게 하거나 손해를 입혔을 때를 대비하는 보험이다. 납입 보험료가 그리 많지 않고 발생할 확률도 그렇게 높지 않지만 사고가 발생했을 때는 큰 비용이 들어간다. 보험으로 대비해 놓는 편이 좋다.

둘째, 실손 의료비보험

전 국민의 70%에 가까운 3,300만 명 이상이 가입해 제2의 국민건강보험이라고 하는 것이 실손 의료비보험이다(흔히 실손보험이라고 부른다). 이렇게 많이 가입한 이유는 의료비 부담을 확실히 줄일 수 있기 때문이다.

실손보험은 질병이나 상해로 치료를 받아야 할 때 보험 가입자에게 발생한 실제 의료비를 보상하는 상품으로, 입원 시에는 5,000만 원 한도, 통원 시에는 외래 25만 원, 약제비 5만 원 한도로 보상한다. 몇 가지 보상하지 않는 항목, 예로 미용 목적 치료, 치과와 한방의 비급여 항목, 비만 치료 등을 제외하고는 거의 모든 병의원의 입원·통원 치료비와 약제비에서 실제로 환자가 내는 돈 가운데 본인 부담금 10% 또는 20%를 제외한 금액을 보험사에서 보장해 준다.

예를 들어 보자. 의료비 영수증에 100만 원의 의료비가 나왔다. 그중에는 급여 항목과 비급여 항목이 있다. 급여 항목이 80만 원, 비급여 항목이 20만 원이다. 급여 항목 중에서도 국민건강보험이 부담하는 부분이 60만 원, 본인 부담금이 20만 원이라고 되어 있으면 급여 항목의 본인부담금 20만 원과 비급여 항목 20만 원을 합친 40만 원이 실제로 환자가 손해 본(돈을 낸) 의료비가 된다. 실손보험에 가입해 두었다면 그 실손 의료비 40만 원 중에서 10% 또는 20%(가입한 실손 의료비보험의 상품에 따라 다르다)의 본인 부담금을 제외한 금액(본인 부담금이 10%라면 36만 원)을 보험사에서 돌려받게 된다.

　국민건강보험으로 의료비를 100% 부담하는 시대가 오기 전까지는 실손보험에 가입해 두는 것이 유리하다. 특히 병력이 생긴 이후에는 가입하기 힘들고, 60세가 넘어가도 가입하기가 쉽지 않다. 물론 유병력자 실손보험이나, 노후 실손보험 상품이 있으나 일반 실손보험보다 가입자에게 불리한 부분이 많으니 한 살이라도 젊을 때, 병들기 전에 가입하는 것이 좋다.

example

의료비 영수증 예시

급여		비급여	환자 부담 총액
국민건강보험 부담	본인 부담금		
60만 원	20만 원	20만 원	40만 원

위 표는 이해를 돕기 위한 예시일 뿐이며, 실제로는 국민건강보험공단이 부담하는 부분이 입원인지 외래 진료인지에 따라, 특정 연령이나 질병에 따라, 차상위 계층인지 등에 따라 다르다. 문재인 케어의 주요 내용은 급여 부분을 임기 중 70% 정도로 늘리고 본인 부담금을 줄이는 것이다.

셋째, 암보험과 3대 진단비 보험

우리 국민 셋 중 하나는 암에 걸린다는 통계가 있을 만큼 암은 발병률이 높다. 암 치료비 자체는 실손보험만 가입해도 크게 부담되지 않는 상황이 되고 있지만, 암이 발병하면 치료비만 문제가 되는 것이 아니다. 대부분 퇴원 후에도 바로 일상에 복귀하지 못하고 안정적인 경제활동을 하기 어려운 상태가 6개월 또는 그 이상 계속된다. 그러므로 암보험에 가입해 두면 암에 걸렸을 때 단순 치료비는 물론이고 향후 일상으로 복귀할 때까지 필요한 비용을 대비할 수 있어 큰 도움이 된다.

암보험 가입 요령은 간단하다. 첫째도 진단비, 둘째도 진단비 위주로 가입하는 것이다. 암 치료비, 입원비 등의 특약도 유용하게 쓰일 수 있긴 하지만, 암을 진단받으면 진단서 제출만으로 암 진단 보험금이 나오는 암 진단비 담보에 보험료를 집중하는 쪽이 가성비가 더 좋다. 일반 암, 특수 암, 유사 암 등 암의 종류에 따라 보험금이 차별적으로 지급된다. 보험사별로 일반 암과 특수 암의 범위가 넓을수록, 유사 암의 범위가 좁을수록 가입자에게 유리하니 이 부분을 세심하게 살펴보아야 한다.

암을 제외하고 우리나라의 질병 사망 이유 2, 3위는 심장 질환과 뇌혈관 질환이다. 흔히 보험에서 3대 진단비라고 하면 암, 심장 질환, 뇌혈관 질환에 대한 진단비를 말한다.

심장 질환과 뇌혈관 질환 진단비 보험 가입 요령은 되도록 보상의 범위가 넓은 보험에 가입하는 것이다. 뇌출혈만 보장하는 보험보다는 뇌졸중까지 보장하는 보험으로, 급성심근경색만 보장하는 보험보다는 허혈성 심장 질환까지 보장하는 보험으로 가입하는 것이 좋다. 그리고 40대 이하인 사람은 비갱신형으로 가입하는 것을 추천한다. 비갱신형 보험이란 처음

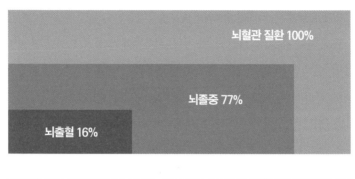

뇌혈관 질환 100%

뇌졸중 77%

뇌출혈 16%

허혈성 심장 질환 100%

급성심근경색 19%

가입할 때의 보험료와 보장 구조가 만기까지 그대로 유지되는 보험을 말한다. 갱신형 보험에 비해 초기에는 보험료가 비싸지만 60대 이상이 되면 갱신형 보험보다 더 적은 보험료를 내고 더 많은 보험금을 받을 수 있다.

나는 30대, 40대 보험 소비자가 3~5년짜리 갱신형 보험특약을 가지고 있으면 해지하고 비갱신형 상품에 가입할 것을 고려해 보라고 상담한다. 갱신형 보험이 당장에는 보험료가 싸지만 나중에는 더 비싸지기 때문이다. 60대 이상의 보험 소비자들에게는 10년 이상의 주기로 갱신되는 갱신형 보험도 쓸모가 있을 수 있지만 젊은 사람들에게는 갱신형 보험이 어울리지 않는다.

넷째, 사망보장보험

가장이라면 본인이 없을 때 가족들의 생계를 어떻게 해결해야 할지 고민해 보았을 것이다. 특정 상황의 사망이 아닌 일반 사망에 대한 생명보험 상품은 종신보험과 정기보험으로 나뉜다. 사망 보험금이 필요 없는 사람들이 군이 건강 관련 특약을 넣어 종합건강보험의 기능도 함께 하는 종신보험에 가입하는데, 이는 내야 할 보험료 부담만 커지는 일이다.

생명보험사의 사망보험(종신보험, 정기보험)은 사망 보험금이 필요한 경우에만 가입하고, 필요한 상황이라고 해도 보험료가 부담된다면 종신보험보다 정기보험에 가입할 것을 권한다. 정기보험은 정해진 기간 내에 사망하면 보험금이 지급되는 보험으로, 연금 수령시기 또는 자녀가 독립할 때까지 기간을 정해 계약할 수 있다. 종신보험보다 20~25% 정도 보험료가 저렴하다.

비용 부담이 적다면 종신보험이 정기보험보다 유리한 부분도 있다. 특히 유족을 위한 상속세 자원 마련, 비과세 통장 사용 등에서는 종신보험이 유리하다. 가족의 든든한 버팀목을 마련하기 위해 종신보험을 준비한다면 건강체 할인, 저해지 상품 등을 통해 조금이라도 더 싸게 가입할 수 있는 방법을 알아보는 것이 좋다.

다섯째, 연금저축보험·연금보험, 치매보험

의료비와 질병, 사망에 대비했다면 노후를 위해 연금을 준비하는 보험에 가입할 것을 추천한다. 국민연금에 가입한 것만으로는 노후에 기초적인 생활 보장 이상을 기대할 수 없다. 개인연금으로 든든한 노후를 준비하는 것도 중요하다.

개인연금은 연금저축보험과 연금보험으로 나뉘는데, 둘의 중요한 차이는 세금이다. 연금저축보험은 납부하는 보험료에 대해 연 400만 원을 한도로 세액공제를 받을 수 있다. 지방소득세를 포함하여 13.2%(종합소득 4,000만 원 이하, 근로소득만 있는 경우 총 급여 5,500만 원 이하는 16.5%)이니 연 최대 52만 8,000원(16.5%인 경우에는 66만 원)의 세금을 절약할 수 있다. 그러나 연금을 수령할 때 5.5~3.3%(나이가 들수록 점점 줄어든다)의 연금소득세가 꼬박꼬박 원천 징수된다. 연금이 연간 1,200만 원을 넘는다면 종합소득에 합산되어 세금을 계산한다. 연금보험은 세액공제를 받을 수 없다. 그 대신 10년 이상 유지하면 연금을 받을 때 연금소득세를 내지 않는다. 연금저축보험은 생명보험사와 손해보험사에서 모두 판매하고, 보험사만이 아니라 은행(연금저축신탁), 증권사(연금저축펀드)에서도 판매한다. 반면 연금보험은 오직 생명보험사에서만 판매한다.

세금 혜택의 조건도 차이가 있다. 연금저축보험은 만 55세 이후 10년 이상 연금을 받는 조건으로 가입해야 세액공제를 받을 수 있다. 연금보험은 연금을 받기 전까지 10년을 유지한다는 조건만 충족하면 만 45세부터 연금을 받을 수 있으며, 일시금으로 받든 연금으로 받든 상관없이 비과세다. 연금저축보험은 세액공제 한도가 연 400만 원(월납 33만 원 정도)이다. 1년에 400만 원 이상의 보험료를 낼 여력이 있다면 연금소득세 비과세인 연금보험에 가입하는 것이 좋다. 특히 연금보험이나 변액연금보험에 가입할 때는 가입 여력이 월납 60만 원 정도라면 월납 20만 원의 보험에 계약하고 추가 납입 40만 원을 자동이체로 설정해 두는 것이 나중에 적립되는 보험금의 액수가 훨씬 커진다. 추가 납입분에 대해서는 보험사에서 사업비를 아주 적게 떼어 가거나 아예 안 떼는 회사도 있기 때문이다.

치매보험도 노후 대비에 중요한 보험으로 떠오르고 있다. 요즘은 경증 치매도 보장해 주는 보험 상품이 많이 생겼으니 가입 시 꼭 확인하기 바란다.

여섯째, 치아보험

실비보험 다음으로 유행하고 있는 보험이 바로 치아보험이다. 실비보험만큼 가성비가 좋아 주변에서 보상을 많이 받았다는 이야기를 한 번쯤은 들어 보았을 것이다. 치아보험에서 보상하는 내용은 임플란트, 크라운, 인레이·온레이, 틀니, 그 밖의 잇몸 치료, 스켈링 비용이다. 치과에 한 번 가면 목돈이 들기 때문에 치아보험은 실비보험과 같이 가입하는 것이 추세다. 잘만 활용하면 실제 낸 보험료보다 훨씬 많이 보상받을 수 있어 가족이랑 주변 지인들에게 권하며 치아보험이 유행하기 시작했다. 그러나 보험료가 많이 올랐다. 예전에는 임플란트 비용이 워낙 비싼 데다 치아보험이 저렴해서 하나쯤 가지고 있으면 유용했다. 하지만 지금은 워낙 보험료가 비싸져 어떻게 활용해야 할지 계획을 잘 짜서 가입해야 한다. 어떻게 계획을 짜야 할까!

---

1. 현재 치아가 얼마나 치료를 받아야 하는 상태인지 확인해야 한다. 잇몸이 자주 붓거나, 피곤하면 피가 나거나, 냄새가 나거나 정상적이지 않다고 느껴지면 가입하라고 추천한다.
2. 예전에 치료한 아말감 치아가 있다면 그것도 병원 갈 때마다 바꿔 줘야 한다는 소리를 들었을 것이다. 그런 치아에 대한 진단도 필요하다. 아말감 주변에 충치가 살짝이라도 있다면 이번 기회에 갈아

주는 것도 방법이다.

3. 임플란트를 여러 개 할 때는 날짜도 잘 맞춰야 한다. 1년에 3개씩 보상하는 설정도 되어 있으니 언제부터 언제까지 개수 제한이 있는 것인지 날짜를 잘 세어 계획하라. 보험마다 임플란트가 끝난 뒤에 보상이 가능한 상품도 있고, 임플란트 심만 박으면 보상이 되는 상품도 있다. 보험회사별 보상 약관을 꼭 확인해 보고 청구하는 것이 좋다.

치아 상태가 좋지 않아 가입했다면 빠르게 치료받고 해지하는 것도 좋다. 해지하면 나중에 보험회사로부터 불이익을 받는지 물어보는 사람이 많은데, 보상받고 나서 바로 해지했다고 문제가 생기지는 않는다. 다만 보장을 많이 받아서 다음번에 가입하려 할 때 불허할 수는 있으나 회사별 인수 지침이 다르니 가입해 주는 회사를 다시 찾으면 된다. 나중에 다시 가입할 때는 5년 이내의 치료에 대해서만 고지하게 되어 있으니 정 안 되면 5년 뒤에 가입할 수도 있다.

치아보험은 무조건 저렴하다고 해서 추천하지는 않는다. 무엇보다 가입 전에 현재의 치아 상태를 확인하는 것이 중요하다. 약관이 회사별로 달라서 마모된 마모증으로 치료를 받고자 하는 사람, 충치 때문에 임플란트를 계획하고 있는 사람, 아말감으로 해 넣은 치아를 다른 치아로 바꾸려고 하는 사람, 잇몸 치료를 하려는 사람 등 사정에 따라 회사를 달리 추천해 줄 수 있기 때문에 꼭 전문가와 상담하는 것이 좋다. 이미 뽑은 치아에 대한 임플란트는 보상하지 않는다거나 하는 제한이 있으니, 현재의 치아 상태와 보상 조건 등을 잘 점검한 뒤 가입하는 것이 가입자에게 유리하다. 유행한다고 무턱대고 들다가는 쓸모없는 보험이 될 수도 있다.

이 밖에 필요에 따라 여행자 보험, 펫보험, 골프보험 등에 가입하는 것도 좋다.

보험금 청구 요령

보험금 어떻게 청구할까?

보험료는 내면서 아직 보험금 청구를 해보지 않은 사람이 많다. 보험금 청구는 아주 쉽다. 보험사 홈페이지에 들어가 접수하거나 팩스, 휴대전화 애플리케이션으로 서류를 보내면 된다. 그것도 어렵다면 담당자에게 서류를 휴대전화로 찍어 보내 부탁하는 방법도 있다. 가장 쉬운 것은 보험사별 대표 애플리케이션을 내려받는 것이다. 본인 인증 후 스마트폰으로 청구할 서류를 사진으로 찍어 올리면 된다. 이는 가장 쉽고 빠르게 보상을 받을 수 있는 방법이다. 거의 모든 회사가 애플리케이션을 제공하고 있다. 100만 원 이상의 보험금 청구는 받지 않으나, 그 이하의 청구 서류는 모두 이 방법으로 가능하다. 또 보험금이 100만 원 이상이거나 한 건이 아니라 여러 건일 때는 나눠서 청구하면 된다.

어떤 서류를 준비해야 할까?

어떤 병명으로 어떤 치료를 받았는지, 그리고 어떤 보험금을 청구할지에 따라서 필요한 서류가 다르다. 가장 기본적으로 병원비를 실비보험에서 청구할 때는 병원비 영수증과 초진기록지가 기본이다.

259

병원비 영수증에는 다양한 정보가 들어 있다. 병원비를 지급한 환자 구분이 국민건강보험공단으로 처리된 것인지, 교통사고가 나서 비급여로 처리된 것인지, 아니면 종합검진을 받은 것인지 등을 알 수 있다. 기본으로 국민건강보험공단 처리를 기준으로 실비보험이 보상되기 때문에 이것을 확인해야 한다. 교통사고로 인한 병원비인지, 산재로 인한 병원비인지도 영수증만 보면 알 수 있다. 교통사고 처리는 거의 대부분 비급여로 영수증이 되어 있고, 산재로 일하다 다친 경우는 '환자 구분' 표시에 공상이나 비급여 처리로 되어 있다. 실비보험에서는 종합검진을 통한 병원비는 보험금이 지급되지 않기 때문에 '환자 구분' 표시를 보고 종합검진인지 확인할 수 있다. 이런 확인이 기본적으로 이루어지는 것은 보험금 지급률이 달라지기 때문이다.

초진 기록지는 그 병원에 처음 방문했을 때부터 의사가 작성한 차트를 말한다. 병원마다 서류에 대한 용어가 다 다르기 때문에 초진기록지가 어떤 서류인지 모르는 경우도 많은데, 첫 진료부터 차트를 복사해 오면 된다. 초진기록지는 정말 중요하다. 가장 큰 이유는 물론 보험금을 지급하는 사유가 어떤 내용인지 의사의 차트를 보고 확인하려는 것이지만, 그에 더해 초진기록지를 보면 고지를 위반했는지 위반하지 않았는지를 구분할 수 있다. 그래서 보험사에서 꼭 초진기록지를 기본 서류로 요청하는 것이다.

이를테면 보험에 가입한 날짜가 5월 1일인데 초진기록지에 3월부터 병원에 같은 병명으로 치료하기 시작한 기록이 있다면 보험금을 지급하지 않아도 된다. 보험은 가입한 이후를 보상하는 것이지 가입 이전까지 보상하는 것은 아니기 때문이다. 그래서 초진기록지와 병원비 영수증은 병명이 무엇이든, 병원비가 얼마나 나왔든 기본 서류에 해당한다.

만약 입원을 했다면 입원비 세부내역서(입원했을 때 병원비가 어떤 항목으로 쓰였는지 기재한다)를 추가로 준비해야 한다. 입원비 일당을 가입한 보험이 있다면 입퇴원확인서(입원일수를 기재)를, 골절 또는 암 진단비나 뇌혈관 진단비와 같은 진단비를 받아야 한다면 진단서(진단명을 기재)를 준비하면 된다. 병원에서 보험금 청구를 위한 서류를 받을 때도 돈이 들기 때문에 불필요한 서류는 준비하지 않아도 된다.

이런 것도 보상이 될까?

보험에 가입하고는 보상이 되는지 안 되는지 몰라 넘어가는 경우가 많다. 가장 흔히 넘어가는 항목을 몇 가지 소개한다.

용종 제거는 수술에 속한다. 어떤 보험을 가입하든 거의 모든 항목에 수술비가 특약으로 들어가 있다. 대부분 최소 20만 원부터 많게는 300만 원까지 수술비가 보상되지만, 용종을 제거하는 것은 수술이라고 생각하지 않기 때문에 문의조차 하지 않는다. 건강검진을 받을 때 대장이나 위 내시경을 하다 용종이나 선종을 제거하는 경우가 있다. 이때 내시경을 삽입하고 그 자리에서 바로 제거하기 때문에 그것을 수술이라고 인식하지 못한다. 보험에서 수술의 정의는 제거 및 절제를 의미하기 때문에 용종을 제거한 것도 수술에 포함된다. 수술확인서를 준비해 오면 수술비를 받을 수 있고, 실비보험이 있다면 5~6만 원의 제거술 비용도 함께 받을 수 있다.

화상을 입었을 때도 심재성 2도 이상의 진단이 나오면 화상 진단비가 지급된다. 화상은 범위가 넓은지는 중요하지 않다. 기름이 튄 조그만한 상처라도 그 화상의 깊이가 심재성 2도에 해당되어 물집이 조금 심하게 잡힌 정도라면 진단서를 끊어 청구할 수 있다. 화상 진단비라고 가입되어 있는 항목에서 보통 20만 원, 많게는 100만 원까지 지급한다. 치료가 쉽고 범위가 작아 진단비까지 지급되는 줄 모르고 그냥 넘어가는 경우가 많다. 글루건에 가볍게 입은 화상도 심재성 2도 진단을 받아 보험금을 지급한 적이 있고, 기름 한 방울이 튄 상처도 진단비를 지급한 사례가 있다.

치과보험이 없어도 치과 치료가 일부 보상된다. 풍치나, 잇몸 치료 또는 치아를 씌우거나 때울 때 드는 비용도 실비 청구가 가능하다. 치과 치료는 실비보험에서는 지급하지 않는 면책 사항이다. 그러나 실비보험 표준화 이후의 보험은 병원비 급여 항목에 한해 보상이 가능하다. 또 임플란트 시술 시 치조골 이식 수술은 생명보험의 1~3종에 해당하는 보장으로, 가입한 경우 수술비로 보상된다. 치조골 이식 수술은 간단한 치과 치료인 까닭에 수술이 아니라 치료로 인식하여 수술비 청구를 하지 않는다. 생명보험 증권을 살펴보면 1~3종 수술비 보장이 있고 1~5종으로 나뉘는 보장이 있으나, 2006년 이전에 가입한 3종 수술비 중 2종에 해당하는 보장으로 많은 금액을 보상받을 수 있다.

보험도 아파트처럼 리모델링이 필요하다

보험은 납입 기간을 보통 20년 단위로 설정하는 경우가 많다. 그러다 보니 납입하는 기간 동안 형편이 안 좋아지면 계속 내야 하는지 의문을 갖게 된다. 조정을 하고 싶어도 보험증권을 보면 용어가 어렵고 복잡해 머리만 아프다. 이때 필요한 것이 보험 리모델링이다. 현재의 보험이 어떤 내용인지 파악하고 체크하여, 부족한 부분은 보완하고, 불필요하게 중복된 부분은 삭제하는 일이다.

보험 리모델링을 할 때 가장 중요한 것은 내가 가입해 있는 상품이 무엇을 보장하는지 파악하는 것이다. 가입되어 있는 보험의 혜택이 어떤 것인지 모르고 보험을 리모델링한다는 것은 아주 큰 잘못이다. 어렵다고 보험 약관이나 증권을 살펴보지도 않고 무조건 설계사의 말만 신뢰하는 것도 잘못이다. 이렇게 해서 실패하는 경우가 많다. 최근에 만났던 고객이 라디오에 나오는 보험 리모델링 광고를 듣고 가입 신청을 하면서 기존 보험을 모두 해지하려다 말았다고 했다. 보험료 납입 만기가 거의 다 되어 가는 보험인데도 이것도 보장되지 않고 저것도 보장되지 않으니 전체를 다 해지하고 다시 가입하라는 말에 무조건 믿고 해지하려 했다고 한다.

설계사가 보상이 안 된다고 말로만 하는 것은 분명히 증권이나 약관, 설명서를 보고 확인해야 한다. 문서로 확인하지 않고 말만 믿으면 안 된다. 설계사는 새로운 계약을 해야만 수입이 생기기 때문에 무조건 보험설계사의 말만 믿을 것이 아니라 문서를 확인하고 진행해야 한다. 그리고 늘 전체를 해지하지 않고 기존 계약을 살리면서 리모델링할 수 있는 방법이 있다. 기존 계약을 '부분 삭제', '감액'이라는 제도를 통해 조정한 뒤에 나중에 부족한 부분만 추가로 가입하면 가장 좋다. 설계사들이 전체 해지를 추천하는 이유는 그래야 설계사에게 가입할 수 있는 금액이 커지기 때문이다.

보험은 대부분의 경우 예전에 든 보험이 좋다. 보장되지 않는 항목이 약관에 하나씩 늘어나면서 안 좋아진다. 2006년 이전 상품 중 수술비 항목에는 임플란트를 할 때 치조골 이식 수술에 대해 지급하는 항목이 있었다. 점점 임플란트를 할 때 치조골 이식 수술을 하고 보상금을 받아 가는 사례가 많아지자, 보험사에서 2006년부터 약관의 수술비 지급 항목에 '치조골 이식 수술은 제외'라는 문구를 넣어 보상에서 제외하기 시작했다. 이처럼 같은 보장에서는 점점 제외되는 항목이 많아지기 때문에 예전 상품이 좋다는 것이다.

반면 보험이 더 좋아진 경우도 있다. 예전에는 뇌혈관 관련 질환 보장이 '뇌출혈 진단비'와 '뇌졸중 진단비' 두 가지뿐이었으나, 지금은 범위가 더 넓은 '뇌혈관 진단비'가 생겼다. 예전에는 심장 질환 관련 보장이 '급성 심근경색증 진단비'만 있었으나, 지금은 '허혈성 심장 질환 진단비'가 생겼다. 그래서 예전에는 협심증을 진단받고도 진단비를 받지 못했지만 현재 가입하는 보험으로는 협심증도 보장된다. 그러므로 새로 생기는 보험은 보완하면 되고, 같은 수술비 보장이라면 예전 보장을 유지하는 것이 옳다.

만기는 길게 하는 것이 유리하다. 중간에 어떤 질병이 생기면 다시 가입하기가 어려우므로 처음에 만기를 길게 해야 한다. 특히 어린이 보험에 가입할 때 만기를 짧게 하는 경우가 많은데 수신증이나 사시 수술을 받은 경우는 특별한 치료를 하지 않아도 꾸준히 10년 정도 추적하여 검사하기 때문에 나중에 추가로 보험을 가입할 때 쉽지 않다. 추적검사 중이거나 어떤 병에 대해 진료를 받고 있을 때는 보험 가입이 안 된다. 따라서 처음에 만기가 긴 상품으로 가입하는 것이 좋고, 혹시 보험료 때문에 만기를 짧게 하려면 어린이 보험은 꼭 전환 특약을 넣어서 만기가 끝나더라도 보험을 다시 연장할 수 있게 해야 한다.

보험 리모델링의 가장 많은 사례가 갱신형 보험 담보를 비갱신형으로 바꾸는 것이다. 갱신형은 실손보험처럼 계속 갱신된다고 보면 된다. 갱신형의 경우는 납입 기간의 만기가 없다. 한마디로 보상받는 기간 내내 보험료도 내야 한다. 그리고 보험료가 갱신될 때마다 계속 오른다. 그래서 20대부터 50대까지 갱신형으로 가입하면 60대가 넘어 보험료 부담이 커질 수밖에 없다.

　보험에 가입하는 이유는 위험에 대비하기 위해서다. 특히 확률적으로 위험이 커지는 50대 이후를 대비해 경제활동을 왕성하게 할 때 보험료를 내고 경제적 활동이 끝났을 때는 보상만 받기 위해서다. 그래서 20대에 보험료가 오르지 않는 비갱신형 20년 만기로 가입하면 40세에는 보험료 납입이 끝나서 좋다. 그러나 갱신형으로 잘못 가입해 놓은 사람들은 40대, 50대에 리모델링을 하여 또다시 보험료 납입을 시작하는 경우가 대부분이다. 그래서 젊은 사람들은 비갱신으로 계약하는 것이 옳다. 반면 위험률이 높은 60대는 갱신형으로 가입해도 좋다. 비갱신으로 하면 보험료가 비싸 15~20년 갱신 정도로 설정해 가입하는 것이 좋다. 갱신형과 비갱신형을 적절히 섞어서 리모델링하는 것이 고객 편에 유리하다. 무조건 좋고 무조건 나쁜 것은 없다. 상황에 맞게 유리하게 가입하면 된다.

　처음 보험 가입에 실패했는데 리모델링해 준다는 사람을 만나서 또 실패하고, 또다시 리모델링을 문의하는 고객을 자주 본다. 보험 리모델링은 그 상황에 맞게, 자신이 가입한 보험에 대해 바로 알고, 새로운 보완과 기존 보험의 조정을 통해 만들어 가야 한다. '무조건 해지', '전체 해지'를 추천하는 설계사는 반드시 의심해 보아야 한다.

노동을 존중하라!
미드에서 본
노동의 미래

나눔과 도움
정호희 대표

오랜 노동운동 경험을 토대로 문자당(munjadang.net)이라는 당을 만들어 생산자와
소비자의 '나눔'과 '도움'을 실천하는 플랫폼을 운영하고 있다. 노동자는 생산자이자
소비자이고, 소비자가 아닌 사람은 없다. 소비자는 생산과정에서의 노동존중을 촉구하고
감시할 권리가 있다. 비윤리적이고 노동 착취적으로 생산 유통되는 상품에 대해
법적·윤리적인 규제뿐만 아니라 소비자가 문제를 직접 제기하고 생활 속에서
'착한 소비'를 실천한다면 노동존중 사회는 조금 더 앞당겨질 것이라고 믿는다.

#12

〈웨스트월드(Westworld)〉라는 HBO 드라마가 있다. 과학이 고도로 발달한 미래를 배경으로, 인공지능 로봇으로 가득 찬 테마파크 '웨스트월드'에서 일어나는 사건을 다룬 드라마다. 2016년 10월에 시즌 1이, 2018년 4월에 시즌 2가 방영되었고, 2020년에 시즌 3 방영이 예정되어 있다. HBO 간판 시리즈인 〈왕좌의 게임(Game Of Thrones)〉의 흥행을 뛰어넘는 것을 목표로 했다는데, 9년에 걸쳐 8개의 시리즈로 방영된 〈왕좌의 게임〉과 비교해 보면 두 시리즈로 비슷한 흥행 실적을 올렸다니 뛰어넘었다고 볼 수도 있겠다.

〈웨스트월드〉는 영화 〈쥬라기 공원(Jurassic Park)〉의 원작자인 마이클 크라이튼(Michael Crichton)이 1973년에 율 브린너를 주인공으로 직접 각본을 쓰고 감독한 영화 〈웨스트월드: 이색지대〉가 원작이다. 〈웨스트월드: 이색지대〉도 흥행에 성공했는데, 〈웨스트월드〉는 조너선 놀란과 J. J. 에이브럼스가 제작을 맡고 앤서니 홉킨스, 에반 레이첼 우드 등 할리우드 인기

플랫폼 노동이 인상적인 미드 〈웨스트월드〉에
등장하는 로봇(출처: HBO 홈페이지)

배우가 여러 명 등장한다. 한국에서는 스크린(SCREEN) 채널에서 〈웨스트
월드: 인공지능의 역습〉이라는 이름으로 방영되었다. '인공지능의 역습'이
라는 부제가 시사하듯이, 이 드라마는 '노동'을 다루지는 않는다. 드라마에
서 현실 세계의 육체노동자라고 할 만한 직군은 로봇 수리공 정도밖에 없
다. 한국계 배우인 레오나르도 남이 연기한 펠릭스라는 로봇 수리공은 극중
비중이 낮았는데 〈웨스트월드〉가 한국에서 인기를 끌자 비중을 높여 시즌
2까지 계속 나오고 2020년 방영 예정인 시즌 3에서는 주인공 옆의 비중
있는 조연으로 나올 예정이라고 한다. 나는 이 드라마를 통해 '자아를 지닌
인공지능 로봇'이 등장하는 미래의 노동은 어떤 모습일지를 상상해 보려
고 한다.

감정노동과 인지노동

〈웨스트월드〉의 세계관이 성경 창세기와 유사하다고 보는 평론가들도 있다. 인공지능의 창조자는 신, 메이브는 이브, 선악과는 지워진 메모리, 돌로레스는 뱀 등으로 대입할 수 있다는 것인데, 드라마를 본 사람이라면 동의할 것이다.

〈웨스트월드〉의 인공지능 로봇은 감정노동을 한다. 미국 서부 시대, 일본 사무라이 시대, 고대 로마 시대, 중세 기사 시대 등 테마파크에서 입력된 시나리오대로 고객을 응대한다. 고객들은 로봇과 사랑에 빠지기도 하지만 대부분 폭력, 강간, 약탈, 살인을 저지른다. 로봇들은 매번 포맷되어 같은 일을 반복한다. 이 로봇들도 감정을 가지고 있기 때문에 저항하지만 인간 고객을 해칠 수는 없게 설계되어 있다. 고액을 내고 입장한 인간 고객들은 문명사회에서라면 법적으로나 윤리적으로나 용납될 수 없는 일들을 마음껏 저지르며 즐긴다. 고도로 발전한 문명 세계의 기술을 가장 야만적으로 적용해서 즐기는 기괴한 놀이공원이다.

여기서 잠깐 '노동'이란 무엇인지를 살펴보자. 성경적 세계관에서 노동은 곧 고통이었다. 하나님과의 약속을 어기고 선악과를 따먹은 죄로 아담과 하와는 출산과 노역을 하게 된다. 한편 서양 문명의 원천이라고 할 고대 그리스 철학자들은 노동을 육체노동에 국한해서 보았다. '노동은 곧 고통스러운 육체노동'이라는 생각은 오랫동안 정설로 굳어 있었다. 고대 노예제에서 중세 봉건제 사회를 거쳐 자유로운 임금 노동자계급이 등장하는 자본주의 사회에 와서야 육체노동뿐 아니라 정신노동, 예술노동 등도 노동의 영역으로 들어오게 되었고, 현대사회에서는 감정 서비스 노동의 비중이 훨씬 높아졌다.

현실 세계에서도 감정노동자들에 대한 갑질이 사회문제화되고 있지만, 〈웨스트월드〉에서는 법적·윤리적 고민이나 죄책감 없이 즐길 수 있게 만들었다. 감정노동자에 대한 갑질이라고 하면 백화점 점원을 무릎 꿇리거나 패스트푸드점 알바에게 햄버거를 집어던지는 것을 상상하지만 세상에는 별의별 사람이 다 있다. 열혈 야구팬 중에는 자기 팀이 패하면 다산콜센터에 전화해서 욕을 퍼붓는 사람이 있고, 부부 싸움을 한 뒤 화를 참지 못하고 은행 고객센터에 전화해서 화풀이하는 사람도 있다. 그래서 감정노동자들은 스스로를 '욕받이 노동자'라고 한다. 〈웨스트월드〉는 이 욕받이 로봇들의 세상인 셈이다.

이 욕받이 로봇들이 우연한 기회에—드라마의 설정으로는 치밀하게 기획된 것으로 보이지만—덜 지워진 기억과 감정들을 되살리고 종합해서 자아를 가지게 된다는 내용인데, 여기서 주목할 것이 '인지노동'이다. 인지(Cognition)란 '지각하고 느끼고 이해하고 판단하고 의지하는 모든 활동에 수반되는 정신적 과정의 총칭'이라고 정의되며, 인식(Knowledge)을 대체하는 개념이라고 볼 수 있다. 최근에는 인지자본주의(Cognitive Capitalism)라는 개념도 등장했다.

〈웨스트월드〉의 로봇들은 보고 듣고 느끼는 감각 센서가 이식되어 있고, 인간 고객들의 반응을 모두 수집해서 중앙 컴퓨터로 보낸다. 중앙 컴퓨터는 취합된 데이터를 재분석해서 새로운 시나리오를 만들고 테마파크의 로봇들에게 명령을 내린다.

그런데 이런 시스템은 이미 현실 사회에서 구현되고 있다. 예컨대 구글 검색을 할 때 가끔 '당신은 로봇입니까?'라는 질문을 하고 특정 이미지를 선택하게 한다. 교통표지판이 있는 그림을 체크하라는 식인데, 이것은 자율주행 자동차 인공지능 소프트웨어의 인지 기능을 높여 준다. 인공지능 컴퓨터만으로는 불가능한 일을 수억 명의 사용자들이 매일같이 해주고 있는 것이다. 리캡차(reCAPTCHA)도 마찬가지다. 고문서 이미지를 보여주고 타이핑하는 식인데, 이것 역시 인공지능 컴퓨터가 할 수 없는 일을 수많은 사용자가 무상 인지노동으로 대신 해주고 있다.

인공지능 스피커는 어떤가. 인공지능 스피커는 사용자의 모든 일상을 수집하여 데이터화하고 이것을 재가공해서 기능을 향상하는 알고리즘으로 작동한다. 카카오톡 같은 메신저는 역시 법적으로는 개인들의 대화를 기록하고 보관하면 안 되지만 인지과학 분야에서는 모든 대화를 수집하고 유형별로 분류하고 분석해서 재가공한다. 대형 포털 업체들이 빅데이터 수집·가공 분야에서 국가 차원의 연구 개발 수준을 뛰어넘을 수 있는 것도 이런 배경 덕분이다.

인공지능의 발전에는 빅데이터 수집이 필수적이다. 말하자면 '생산력의 사회화' 수준이 최고도로 발전해야 가능한 것이고 스마트폰, 컴퓨터, 인공지능 스피커, 자율주행 자동차 사용자들의 '무상 인지노동(고도로 사회화된 생산력)'에 기반한 것이다. 사회화된 생산력의 결과물인 '생산수단(인공지능)'은 IT 독점 대기업이 소유한다. 물론 인공지능 자체는 독특한 생산수단이어서 공유가 발전의 원동력이고 독점 기업들조차 오픈 소스에 의존한다. 글로벌 IT 기업 중에는 애플과 삼성 정도가 폐쇄적이고 독점적인 시스템이라고 한다.

어쨌든 카를 마르크스가 주창한 생산력과 생산관계의 모순이 극단적인 형태로 실현되고 있는 것이다. 그래서 일부 학자들은 자본주의가 상업자본주의에서 산업자본주의를 거쳐 '인지자본주의' 단계에 접어들었다고도 한다. 〈웨스트월드〉의 로봇들은 감정노동을 하고, 인간 고객들은 인지노동을 한다. 거액을 내고 입장한 고객들은 자신들의 욕망을 마음껏 배출하지만 이들의 감정, 말투, 행동거지는 남김없이 로봇들에 의해 수집되어 분석되고 새로운 시나리오와 서비스로 제공된다. 돈이 돈을 버는 자본주의 생산양식이 육체노동, 정신노동을 넘어 감정노동과 인지노동의 부가가치를 극대화하는 것으로 발전한다는 식이다.

플랫폼 노동자 또는 디지털 특수고용 노동자

테마파크 '웨스트월드'는 정밀하게 설계된 거대한 플랫폼이다. 고객의 취향을 파악하고 그 욕망을 발산할 시나리오를 만들어서 욕받이 로봇들이 해소해 준다. 이런 플랫폼은 현실 세계에서 '긱 경제(Gig Economic)' '공유 경제'라는 그럴듯한 이름으로 성업 중이고 다양한 시도가 진행되고 있다. 예컨대 숙박 공유 플랫폼인 에어비앤비를 필두로 승차 공유 플랫폼 우버, 한국의 배달 앱, 택시 호출 앱 등이 있고, 아마존의 무인 매장, 드론 배달, 예측 배송 등 '고용 없는 노동'이 빠르게 확산하고 있다.

노동계에서는 이런 플랫폼의 확산과 고용 형태의 변화에 대해 연구하고 대안을 모색하고 있는데, 일단 이런 플랫폼에 결합된 사람들을 '플랫폼 노동자' 또는 '디지털 특수고용 노동자'라고 한다. 플랫폼 노동자는 앱이나 SNS 같은 디지털 플랫폼을 매개로 거래되는 노동 형태에 종사하는 노동자를 의미한다. 플랫폼 노동은 스마트폰 기반의 O2O(Online to Offline) 서비스 플랫폼을 통해 이뤄지는데, 소비 생활의 편익은 굉장히 높아졌지만 크게 두 가지 문제가 있다.

첫째, 과다한 수수료 문제다. O2O 플랫폼은 수많은 경쟁 업체가 난립했다가 소수 업체가 시장을 독과점하게 되는데, 경쟁 업체가 없다 보니 수수료를 과다하게 책정할 수 있다. 플랫폼을 풍성하게 하는 것은 많은 사람의 참여와 소비자 평점 같은 것인데, 이렇게 독점적 지위를 차지한 플랫폼 기업은 디지털 노동자와 공급자(Supply Chain)에게 과다한 수수료를 징수한다. 독점이 독점을 낳는 전형적인 자본주의적 착취의 고도화라 할 수 있다.

둘째, 플랫폼 노동자의 지위 문제다. 플랫폼 기업은 이 플랫폼 노동자들을 자유계약 공급자로 취급하기 때문에 전통적인 사용-종속 관계를 인정하지 않는다. 분명히 플랫폼 업체가 정한 룰과 작업 지시에 따라 일하는데도 고용 관계가 아니다 보니 노동관계법의 보호를 받지 못한다.

많은 전문가가 공유 경제라는 그럴듯한 이름으로 포장된 플랫폼이 실상은 '부스러기 이윤을 위한 초과 노동'일 뿐이라고 혹평하고 우려한다. 물론 디지털 특수고용 이전에도 화물차주 겸 운전자와 같은 특수고용 노동자는 굉장히 많았고, 이들은 여러 가지 사회문제를 야기했다. 그런데 이제 정체도 불분명한 디지털 특수고용이 급격하게 늘어나고 있으니 이에 대한 사회적 관심과 정부 차원의 정책적 대안이 절실하다.

〈웨스트월드〉의 인공지능 알고리즘과 테마파크는 천재 과학자의 창조물인 것처럼 그려지지만 인류 과학기술의 총화이자 거대 금융자본의 대규모 투자, 엄청난 소비자의 참여와 치밀한 경영 조직, 수많은 인간 노동의 결과물일 수밖에 없다.

간단한 질문을 하나 해보자. 하루에 수만 달러의 돈을 내고 '웨스트월드'에 입장하는 부자 고객들은 어디서 그 돈을 벌었을까? '웨스트월드' 밖

273

의 인간 세상에서다. 그 인간 세상에서 그들은 저임금 장시간 노동을 착취하고 가난한 저개발국 노동자와 농민들에게서 돈을 벌어들일 터이고, 그 돈으로 욕구를 해소함과 동시에 자신의 인지노동을 '웨스트월드'에 제공한다. 또 '웨스트월드' 운영사인 델로스 정도의 기술력으로 로봇들을 테마파크 호스트로만 쓸까? 로봇 하나하나가 충성심 강한 일당백의 전사들이니 전쟁 산업에 투입하게 된다면?

시즌 2의 〈웨스트월드〉에서는 자아를 찾은 몇몇 인공지능 로봇들이 전체 로봇들을 각성시키고 조직하기 직전 단계까지 간다. 시즌 3를 예상해 보면 각성한 로봇들이 반란을 일으킬 것이다. 그 반란의 대상은 아마도 창조주인 과학자가 아니라 테마파크 경영진과 금융자본가들일 것이다. 드라마이긴 하지만 〈웨스트월드〉는 거대 금융자본과 그 하수인들에게 착취당하는 인공지능 로봇들의 대결 구도를 설정하고 있다.

제4차 산업혁명과 인공지능

이쯤해서 드라마의 세계가 아니라 현실 세계로 눈길을 돌려보자. 최근 몇 년간 제4차 산업혁명이 엄청난 화제를 몰고 왔다. 특히 2017년 구글 알파고와 이세돌의 바둑 대결이 인공지능 열풍을 일으켰다. 문재인 정부에서는 대통령 직속으로 제4차산업혁명위원회와 경제사회노동위원회 아래 '디지털 전환과 노동의 미래' 분과를 설치했다. 그런데 이 제4차 산업혁명이란 것이 개념도 모호하고 거품도 심하다. 원래 제4차 산업이란 것은 2000년 독일 메르켈 정부의 '산업 4.0(Industry 4.0)'에서 시작된 것이다. 2016년 다보스 포럼에서 '제4차 산업혁명'이라는 명칭이 사용되었고 일반화되었다. 이 제4차 산업(혁명)의 핵심은 인공지능(AI)과 사물인터넷(IoT)이라고 한다. 로봇 같은 하드웨어가 인공지능과 연결되어 네 번째 산업혁명을 일으킨다는 것인데, 어떤 사람들은 1차 산업(농업, 어업, 광업 등), 2차 산업(제조업), 3차 산업(서비스업)의 4차 산업으로 혼동해서 '스마트 농업'을 '1차+2차+3차=6차 산업'이라고 부르기도 한다.

어쨌든 다보스 포럼이 주창하는 제4차 산업혁명은 제1차 원동기 혁명, 제2차 전기발전 혁명, 제3차 디지털 혁명에 이은 산업혁명이라고 하는데 4차는 고사하고 3차 산업혁명이라는 디지털 혁명이 정말 산업에 혁명적인 변화를 가져왔는지부터 의문을 품는 사람도 많다. 한동안 인기를 끌었던 제4차 산업혁명 책과 강의들은 하나같이 환상적인 미래를 이야기하고, 뒤처지면 죽는다는 식의 공포 마케팅을 한다. 간단히 말해, 기술이 눈부시게 발전하면 경제도 부흥해야 하는데 오히려 세계경제는 장기 침체의 늪에서 헤어나지 못하고 있다. 도대체 혁명적 변화의 기운은 어디에 있는 걸까? 일각에서는 IT 기술 발전 속도가 너무 빨라서 설비 수명이 짧아지는 문제를 지적한다. 즉 고정자본 수익률이 떨어지기 때문에 생산성 증가분을 상쇄한다는 것이다. 개별 자본은 생산성을 높여 경쟁 우위를 가지려고 하지만 전체 자본의 이윤율은 떨어지기 때문에 성장 동력이 되지 못한다는 말이다.

오히려 주목할 것은 독일 산업 4.0과 함께 진행되고 있는 노동 4.0이다. 노동 4.0은 독일 정부와 노동조합총연맹이 함께 기획하고 집행하고 있는 프로젝트인데, 플랫폼 노동시장의 확대에 따른 노동권의 보호에 초점이 맞춰져 있다. 독일 정부와 노총, 시민사회의 사회적 대화의 결과물인 《노동 4.0 백서》(2017년)는 디지털 세상의 '좋은 노동'을 추구한다. 백서의

275

노동 4.0 백서(Weissbuch Arbeiten 4.0) – 독일연방 노동사회부(BMAS - Bundesministerium für Arbeit und Soziales)

목차만 살펴봐도 내용을 짐작할 수 있다.

상당수 한국 언론이 인공지능 로봇이 사람의 일자리를 빼앗는다고 호들갑을 떨 때 독일 같은 나라는 기술의 발전과 산업의 변화에 따른 노동의 권리 보호에 주목하며 대비하고 있다.

한국 정부도 제4차 산업에 주목하여 대통령 직속 위원회부터 시작해 수많은 기구를 신·증설하고 예산도 엄청나게 투입하고 있다. 기우이기를 바라지만 무한 노동 착취식 우버 모델이나 고용 없는 노동을 지향하는 아마존 모델을 제4차 산업혁명의 롤모델로 여긴다면 결코 미래가 밝다고 할 수 없다.

인공지능의 현재와 미래

〈웨스트월드〉의 로봇들이 자아를 찾는 과정은 적어도 수십 년에 걸쳐 수천만 번의 반복과 시행착오를 거치는 것으로 그려진다. 그렇다면 현실의 인공지능은 어떨까?

인공지능의 역사에서 첫머리를 차지하는 사람은 영국 수학자 앨런 튜링(Alan Turing)이다. 튜링은 영화 〈이미테이션 게임(The Imitation Game)〉에서 독일군 암호를 해독하기 위한 컴퓨터를 설계하고 운영한 사람이다. 전쟁 승리에 혁혁한 공을 세웠고, 컴퓨터공학 발전에 엄청난 업적을 이루었지만 동성애자라는 이유로 체포되어 화학적 거세를 당하고 자살했다. 인류 역사에 빛나는 천재의 죽음이 비참하다. 튜링이 설계한 튜링머신에 기초해서 마크1, 애니악 같은 초기 컴퓨터가 만들어졌고, 그가 제시한 튜링 테스트는 기계의 지능성을 판단하는 기준이 되었다.

튜링 이후 1950~60년대에 컴퓨터가 발전하고 신경망 기반 인공지능 연구가 진행되었지만 실용성 문제로 중단되었다. 1970년대에는 주로 실용적인 통계기술 연구가 성과를 냈다. 현재 빅데이터 기술의 토대가 되는 데이터마이닝 기술도 이때 발전했다. 1980년대에는 지식과 경험의 데이터베이스화, 의사결정 추론 엔진, 사용자 인터페이스로 구성된 전문가 시스템이 도입되어 각광받다가 투자 대비 효용성의 한계가 노출되어 인공지능 연구가 주춤했다. 1990년대에는 슈퍼컴퓨터와 시뮬레이션 분야로 연구 방향을 전환하게 되었다. 2000년대에 이르러서는 심층 신경망(딥러닝) 기술이 실용화 가능성을 보이기 시작했다. 신경망 기반 인공지능의 인식률이 획기적으로 높아지자 2014년 구글은 딥마인드 테크놀로지(DeepMind Technologies)를 인수해서 그 유명한 알파고를 개발했다. 알파고는 불과 4년 만에 이세돌을 이기면서 인공지능의 대명사로 불리고 있다.

한편 인공지능은 스스로 생각하고 판단하는 강인공지능과 특정 알고리즘에 따라 결과를 도출하는 약인공지능으로 나뉜다. 알파고가 아무리 뛰어나도 약인공지능이고, 〈웨스트월드〉의 로봇들 역시 약인공지능일 뿐이다. 〈웨스트월드〉는 이 로봇들이 자아를 지닌 강인공지능으로 도약하기 직전의 과정을 그린다.

미래의 사회

〈웨스트월드〉처럼 스스로 생각하고 사람보다 월등한 능력을 가진 로봇이 등장하면 어떻게 될까? 대부분의 SF 영화는 그것을 인류사적 재앙으로 묘사한다. 〈2001 스페이스 오딧세이(2001: A Space Odyssey)〉, 〈은하철도 999(銀河鉄道 999)〉, 〈터미네이터(The Terminator)〉, 〈매트릭스(The Matrix)〉, 〈아이, 로봇(I, Robot)〉, 〈A.I.〉 등등 어떤 상상력을 동원해도 로봇이 인간을 보좌하고 풍요로운 일상이 보장되는 아름다운 유토피아는 그려지지 않는다.

당연하다. 당장 현실의 인공지능 기술도 더 많은 사람의 노동력을 교묘하게 착취하고 더 많은 이윤을 독점하는 데 쓰이고 있으니 말이다. 사실 SF 자체가 과학적 상상을 중심으로 하다 보니 사회구조적인 문제로까지 상상력을 확대하지 못하는 한계가 있다. 앞에서도 잠깐 살펴보았지만 기술의 발전이 반드시 경제 부흥으로 이어지는 것도 아니고, 경제 부흥이 사회적 불평등을 해소하는 것도 아니다.

"기계 자체는 노동시간을 단축하지만 자본주의적으로 사용되면 노동시간을 연장하며, 기계 자체는 노동을 경감하지만 자본주의적으로 사용되면 노동강도를 높이며, 기계 자체는 자연력에 대한 인간의 승리이지만 자본주의적으로 사용되면 인간을 자연력의 노예로 만들며, 기계 자체는 생산자의 부를 증대하지만 자본주의적으로 사용되면 생산자를 빈민으로 만든다."

-《자본론》, 카를 마르크스

'기계'를 '인공지능 기술'로 대체하면 딱 맞을 것이다. 말하자면 자본주의적 인공지능 기술의 발전은 디스토피아일 뿐이고 다른 사회체제, 다른 세상을 꿈꾸어야 유토피아도 가능하다. 그것이 사회주의냐고? 글쎄. 현실사회주의 국가는 다 망하지 않았던가. 사회주의를 표방하는 중국은 '정층설계'라는, 말하자면 중국식 제4차 산업혁명 또는 디지털 레닌주의를 추진하고 있다. 그런데 양극화 해소 모델이라는 찬양과 극단적 전체주의라는 비난을 동시에 받는다. 당장의 정답은 없다고 본다. 인류사적으로 돌아보면 기계 파괴 운동도 했고 사회주의 혁명도 했지만, 더 나아졌다고 확신하지 못했잖은가.

기술 발전이 노동시간을 늘리고, 노동강도를 높이며, 인간을 노예로 만들고, 생산자를 빈민으로 만드는 그런 암울한 미래가 아니게 하기 위한 몇 가지 개념적 제안들은 있다.

첫째, 공공성의 강화다. 인공지능 기술의 발전은 빅데이터에 기반하고, 빅데이터는 광범위하고 일상적인 참여를 수반한다. 생산력의 사회화가 고도로 발전하는 단계다. 그 사회적 생산력을 글로벌 대기업이 독점하

279

게 해서는 안 된다. 예를 들어 한국에서 의료 민영화를 추진하면서 1차적으로 제기되는 것이 원격 진료인데, 의료 데이터를 가장 많이 확보하고 있는 삼성병원이 가장 유리할 뿐 아니라 독점적 지위를 확보하면 어떤 경쟁자도 생길 수 없게 된다. 반대로 삼성병원을 비롯한 대형 병원들이 가지고 있는 의료 데이터를 공공재로 활용할 수 있다면 진단과 치료의 획기적인 발전을 이룰 수 있지 않을까?

국립국어원에서 엄청난 돈을 들여서 방송 원고들을 수집하여 한글 말뭉치(Corpus)를 만들고 있다. 이미 국가 예산이 투입되는 방송사나 프로그램들에 의무적으로 데이터를 제공하게 할 수는 없을까? 물론 여러 가지 법적·제도적 문제가 있겠지만 공공성 강화와 개인 및 기업의 이익을 침해하지 않는 선에서 공공재로 활용할 방안을 찾을 수 있을 것 같다.

둘째, 사회적 플랫폼이다. 앞서 플랫폼 노동 문제를 다룬 부분에서 언급했지만, 대기업이 독점한 플랫폼에서 반드시 나타나는 문제가 과다한 수수료와 노동의 소외다. 이에 대한 대안으로 플랫폼 협동조합 운동(Platform Cooperativism)이 있다. 플랫폼 협동조합주의는 디지털 '생산수단'인 플랫폼이 거기에 참여하는 가치 창출자들에 의해 소유되고 다스려지며 이들을 풍요롭게 해야 한다는 생각을 핵심으로 한다. 플랫폼 협동조합주의는 19세기의 초보적 협동조합주의가 디지털 시대와 사이버 공간으로 곧바로 확대된 것이다.

우버나 에어비앤비의 테크놀로지는 그다지 복잡하지 않고 진입 장벽이 높은 것도 아니다. 이 기술들을 협동조합 운동에 접목한 것이 플랫폼 코포라티즘(Corporatism)이다. 정확하게 일치하지는 않지만 박원순 서울시장은 서울시를 '공유 도시'로 선포하고 이와 유사한 기구를 운영하고 있다. 민주노총 같은 큰 조직이 이런 플랫폼을 직접 운영할 수도 있다. 플랫폼 참여자 전체가 운영자이자 소비자이며 공급자인 사회적 플랫폼 운동을 시도해 볼 만하지 않을까.

셋째, 국가 차원의 기본소득 제도 도입과 국제적 개입이다. 인공지능 시대의 대안으로 기본소득이 제기된 지는 오래되었다. 우리나라에서도 계층별, 지역별로 기본소득과 유사한 제도들이 시행되고 있다. 이 기본소득을 국가 차원으로 확대하자는 것이다. 〈웨스트월드〉처럼 고도로 발전한 인공지능 사회가 아니라 하더라도 자동화가 진행될수록 일자리는 줄어들수밖에 없다. 사실 일자리를 나누는 가장 좋은 방법은 노동시간을 줄이는 것인데, 이와 병행하여 국가 재정으로 기본소득을 지급하는 것이 디스토피아를 피하는 방법이라는 것이다.

한편 글로벌 IT 기업의 횡포에 대한 국제사회의 개입 논의도 활발해지고 있다. 구글세 징수 문제가 대표적이다. 구글은 각국의 조세제도를 악용해 세금을 안 내거나 적게 내는 것으로 악명이 높다. 이에 대해 국제적인 제제 방법이 있어야 한다는 것이다. 로봇세를 징수하자는 제안도 있다. 국제노동기구(ILO)에서는 디지털 노동 시대의 노동 기준에 대해 활발하게 논의하고 있다.

기술의 발전과 관련된 유명한 일화가 있다. 포드자동차회사 회장이 노조위원장에게 말한다. "보시오. 우리 자동차의 절반은 로봇이 만든 거요." 그러자 노조위원장이 짧게 답한다. "로봇한테 자동차를 팔 거요?"

자본주의 사회에서 판매할 수 없는 물건은 아무 의미가 없다. 즉, 구매자가 없는 상품은 쓸모가 없다. 이전에는 상상도 할 수 없던 눈부신 기술의 발전과 생활의 편익 뒤에는 탐욕스러운 거대자본의 논리가 보이지 않게 작동하고 있다. 혹자는 말한다. "피할 수 없다면 즐겨라!" 사실 이처럼 허황하고 무기력한 슬로건도 없다. 불현듯 찾아올 노동의 미래를 정면으로 응시하지 않고, 문제를 그저 손 놓고 마냥 즐기고만 있으면 미래의 노동자들은 노예가 될 수밖에 없다. 노동 없는 인간 사회는 존재할 수 없으며, 노동자는 어느 시대건 생산의 주역이고 역사발전의 주체다. 미래의 노동 역시 노동자들 스스로 만들어 나간다. 그것이 노동의 미래다.

착각하지 마라!
대한민국
스카이캐슬의
허와 실

맵스터디컨설팅

김기석 대표

전체 수험생의 4분의 1도 되지 않는 일부 상위권 학생들을 위한 입시 정보와 전략만 존재하는 입시 업계의 현실 속에서 그들 뒤에 가려져 있는 평범한 대다수 학생을 위한 입시 정보와 전략을 연구하고 있다. 맵스터디컨설팅과 목동 맵스터디학원의 대표로 입시컨설팅, 입시설명회뿐 아니라 매년 출간되는 입시전략 서적《1~9등급 모두를 위한 진짜 입시전략》과 유튜브 채널 '진짜 입시'를 통해 입시 정보의 불평등 해소를 위해 노력하고 있다.

#13

상위권과 중하위권 입시는 완전히 다르다

어린 시절 친구들과 '아는 국가 이름 대기', '아는 도시 이름 대기' 등의 놀이를 해본 적이 있을 것이다. 그럼 만약 지금 '아는 대학 이름 대기' 놀이를 한다면 과연 몇 개나 댈 수 있을까? 대학 이름을 50개 이상 알고 있는 사람은 많지 않다. 그러나 전국에는 4년제 대학이 198개(한국대학교육협의회 기준), 전문대가 136개(한국전문대학교육협의회 기준) 있다. 저 숫자에는 일부 캠퍼스가 포함되어 있지 않으므로 실질적으로 전국 대학의 수는 약

[2020 입시]

구분	대학의 수	선발 인원	선발 비율
4년제 대학	198개	347,866명	62.86%
전문대	136개	205,531명	37.14%
합계	334개	553,397명	100%

350개 정도라고 보면 된다.

이렇게 많은 대학이 매년 신입생을 선발하고 있는데, 현재의 입시는 이전 세대의 입시와 다르다. 예전에는 공부를 열심히 하는 것이 입시 준비의 전부였다면 이제는 너무나 다양한 전형이 있다. 2015년 입시에서 한국대학교육협의회가 공식적으로 인정한 전형의 개수가 892개이며, 그 이후에는 공식 집계를 해준 적이 없으나 입시 현장에서 지켜본 전형의 수는 그와 비슷하다. 그 수많은 전형 중에서 자신에게 유리한 전형을 찾아서 지원해야 한다. 입시 정보 없이 단순히 공부만 해서는 안 되는 시대가 온 것이다.

입시 정보와 전략의 중요성을 사람들이 깨닫기 시작하면서 수많은 입시 서적이 쏟아져 나왔고, 입시 전문가라는 직종도 생겨났다. (실제로 사교육 업계에서는 잘 사용되지도 않는 표현인) 입시코디가 주인공인 드라마 〈스카이캐슬〉은 비지상파 드라마 중 역대 최고 시청률을 기록하기도 했다.

입시를 위한 정보와 전략이 필요할 때 가장 먼저 떠올리는 것이 입시설명회다. 그런데 막상 입시설명회에 가보면 그 내용은 항상 의대, 치대, 한의대와 SKY로 시작해 인서울 대학 중에서 가장 선호도가 낮은 대학과 지방 거점 국립대의 입시를 설명하는 것으로 끝난다. 350개 대학이 있는데, 약 50개 정도의 대학 입시만 설명해 주는 것이다. 입시설명회에 참여한 중하위권 수험생과 학부모는 자신과는 전혀 상관없는 정보만 듣고 허탈감을 느낀다.

입시 정보는 1등부터 꼴찌까지 모든 학생에게 필요하다. 따라서 입시설명회라면 당연히 성적에 상관없이 모든 학생의 입시에 대해 설명해 주어야 하는데, 실제 입시설명회에서는 소수의 상위권 학생들만 진학할 수 있는 대학의 입시에 대해서만 설명하고 있다. 이런 입시설명회는 앞에 괄

호를 열고 '상위권'이라는 수식어를 달아야 하지 않을까.

이런 상황은 입시설명회에서만 벌어지는 것이 아니다. 입시와 관련된 일을 하는 모두가 상위권 대학의 입시에 대해서만 얘기한다. 언론 뉴스와 정부 정책도 상위권 대학의 입시에 초점을 맞추고 있다. 일선 고등학교의 진학 담당 선생님들도 상위권 학생들에게 관심을 집중하고 있으며, 이는 사교육 시장 역시 마찬가지다. 모두가 상위권 입시에 대해서만 얘기하고 있다. 그러니 '내 입시'가 궁금한 중하위권 수험생과 학부모는 필요한 정보를 얻을 수가 없다. 그런데 문제는 상위권 학생보다 중하위권 학생의 수가 훨씬 많다는 것이다.

입시 업계가 마치 전체 입시인 것처럼 얘기하는 상위권 입시가 전체 입시에서 차지하는 비중은 얼마나 될까? 재수생 등을 포함하면 전체 수험생은 대략 60만 명으로 추산된다. 2020 전형계획 기준으로 대중의 선호도가 가장 높은 15개 대학(이하 Top15 대학)의 선발 인원은 5만 542명에 불과하다. 의대, 치대, 한의대와 KAIST, 사관학교 등의 특수대 인원을 다 합해도 전체 수험생의 10%가 안 된다. 고등학생 10명 중에서 1명만 그 대학들에 진학할 수 있다.

범위가 너무 좁으니 입시설명회 등에서 언급이라도 되는 대학으로

서울		수도권	지방 국립대	교대	기타
서울대	숭실대	인하대	충남대	서울교대	포항공대
연세대(서울)	세종대	아주대	충북대	경인교대	한국기술교육대
고려대(서울)	서울과기대	단국대(죽전)	전남대(광주)	공주교대	한동대
서강대	광운대	한국항공대	전북대	청주교대	
성균관대	명지대(서울)	경기대(경기)	강원대(춘천)	한국교원대	
한양대(서울)	상명대(서울)	한양대(에리카)	경북대	광주교대	
중앙대(서울)	가톨릭대	중앙대(안성)	부산대	전주교대	
경희대	성신여대	한국외대(글로벌)		춘천교대	
한국외대(서울)	한성대	명지대(용인)		대구교대	
서울시립대	서경대	가천대		부산교대	
이화여대	삼육대	인천대		진주교대	
건국대(서울)	동덕여대				
동국대(서울)	서울여대				
홍익대(서울)	덕성여대				
숙명여대	성공회대				
국민대	경기대(서울)				

범위를 좀 넓혀 보자. 상위권 대학을 서울에 있는 4년제 종합대학과 이와 입시 결과가 비슷한 대학, 총 64개 대학(맵스터디 분류 기준)이라고 정의하면 그 대학의 선발 인원은 13만 7,440명이다. 이는 60만 명 중 3등급의 커트라인인 상위 23% 이내에 들어가는 인원과 거의 비슷하다. 입시 업계는 전체 수험생 중 상위 23% 이내에 드는 1~3등급 학생들의 입시에 대해서만 관심을 가지고, 나머지 중하위권 학생들은 마치 투명인간처럼 취급하

고 있다. 전체 수험생 4명 중 3명, 사실상 우리 주변의 평범한 학생들 대부분이 입시 정보에서 소외되고 있는 것이다.

이런 문제 제기에 대해 '상위권 입시와 중하위권 입시에 무슨 차이가 있나? 점수나 커트라인만 다를 뿐 입시제도 자체는 동일한 것 아닌가?' 하는 의문을 가질 수도 있다. 그러나 상위권과 중하위권의 입시는 완전히 다르다.

입시는 선발 방식에 따라 구분할 수 있다. 선발 방식, 즉 전형이 다르면 다른 입시라고 보아야 한다. 그런데 상위권 입시와 중하위권 입시는 주요 전형별 선발 비율이 전혀 다르다.

상위권 대학에서는 학생부 종합전형의 선발 비율이 34.2%로 가장 높다. 대학의 범위를 Top15로 좁히면 44.5%, SKY로 범위를 더 좁히면

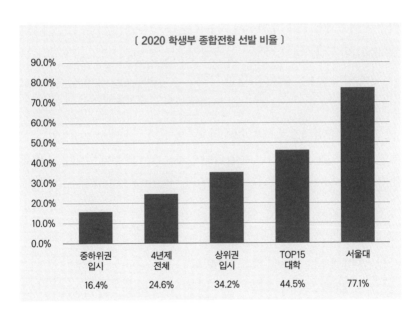

[2020 학생부 종합전형 선발 비율]

	중하위권 입시	4년제 전체	상위권 입시	TOP15 대학	서울대
	16.4%	24.6%	34.2%	44.5%	77.1%

56.6%다. 이처럼 선호도가 높은 대학일수록 학생부 종합전형의 선발 비율이 더 높아지는 경향을 보인다. 수험생의 선호도가 가장 높은 대학들이 학생부 종합전형으로 가장 많은 인원을 선발하기 때문에 언론, 정부, 공교육, 사교육 모두가 학생부 종합전형에 대해서만 이야기하고 있다.

공부를 열심히 하는 것이 입시 준비의 전부였던 예전과 달리 학생부 종합전형은 학생부 교과와 비교과를 종합적으로 평가하기 때문에 학생들은 학생부 비교과에 대한 부담까지 떠안게 되었다. 또 언론, 입시설명회 등에서는 명문대 진학이 가능한 수준의 학생들의 학생부 비교과에 대해서만 언급하기 때문에 그 부담감은 상상을 초월한다. 그런데 그 부담감을 과연 모든 학생이 느껴야 할까?

학생부 종합전형을 제외한 다른 전형에서는 학생부 비교과가 전혀 반영되지 않는다. 학생부 종합전형으로 대학을 진학하는 학생이 아니라면 학생부 비교과에 대한 부담에서 자유로울 수 있다는 말이다. 그런데 4년제 대학 전체 입시에서 학생부 종합전형의 선발 비율은 24.6%에 불과하다. 전체 입학생 4명 중에서 1명만 학생부 종합전형으로 대학에 진학하고 있다.

학생부 종합전형의 선발 비율이 4년제 전체 입시에서 24.6%인데 상위권 입시에서는 34.2%라면, 중하위권 입시에서는 비중이 더 낮을 수밖에 없을 것이다. 중하위권 입시에서 학생부 종합전형의 선발 비율은 16.4%밖에 되지 않는다. 가장 높은 선발 비율을 차지하는 것은 내신 등급으로 학생을 선발하는 '학생부 교과전형'이다. 중하위권 입시는 총 선발 인원 중 63.8%를 학생부 교과전형으로 선발한다.

그런데 이는 4년제 대학만 집계한 것이다. 대학 입시는 4년제 입시와

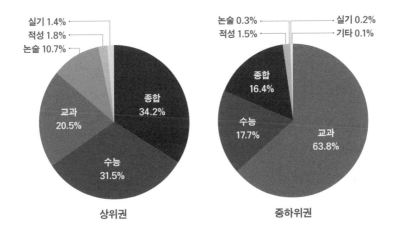

[2020 전형별 선발 비율]

실기 1.4%
적성 1.8%
논술 10.7%

논술 0.3%
적성 1.5%
실기 0.2%
기타 0.1%

상위권
종합 34.2%
교과 20.5%
수능 31.5%

중하위권
종합 16.4%
수능 17.7%
교과 63.8%

전문대 입시를 모두 고려해야 한다. 전문대 입시에서 학생부 종합전형 선발 인원은 없는 것이나 마찬가지다. 전문대 수시는 모두 학생부 교과전형으로 볼 수 있다. 또 수시 선발 비중이 86.6%로 4년제보다 높다. 이런 전문대 입시까지 고려하면 중하위권 학생들은 3명 중 2명 이상이 학생부 교과전형으로 대학을 진학하게 된다. 그런데 상위권 대학을 전체 대학의 입시인 양 이야기하는 입시 업계 때문에 중하위권 학생들까지 모두 학생부 비교과 관리에 대한 부담감을 느끼고 있다.

중하위권 학생은 학생부 비교과 관리를 소홀히 해도 된다는 얘기가 아니다. 학생부 종합전형의 선발 비율이 낮은 중하위권 입시라고 해도, 같은 내신 등급으로 학생부 교과전형으로는 합격하기 어려운 대학도 학생부 종합전형으로는 합격할 가능성이 생기기 때문이다. 나는 만나는 학생들에게도 대부분 학생부 종합전형 지원을 권유하고 있다. 그러나 비교과 관리에 대한 준비(부담감)는 성적과 상황에 따라 달라야만 한다.

중하위권 학생들이 경쟁하는 상대는 상위권 학생들이 아니다. 언론 등에서 얘기하는 수준으로 비교과 준비를 하는 경쟁자는 거의 없다는 뜻이다. 그렇다면 그에 맞춰 준비하면 된다. 그리고 그 준비는 부담감이 거의 없을 정도로 간단하다. 입시 정보에는 성적에 따른 맞춤형 처방이 필요한데, 입시 업계는 상위권에 대한 처방만 내주고 있다. 입시 정보를 제공하는데 성적에 따른 차별, '성적 차별'이 이루어지고 있는 것이다.

이런 성적 차별에 대해 문제를 제기하면, '그렇게 공부를 열심히 했어야지!', '억울하면 더 열심히 공부해서 상위권에 들면 되지!'라고 말하는 사람이 의외로 많다. 상위권 학생들이 열심히 노력했기에 그 결과로 입시 정보를 받는 것이 당연하다는 것이다. 그러나 공부를 열심히 한 보상은 성적으로 받아야 하는 것이다. 입시 정보가 그 보상으로 주어져서는 안 된다. 공부를 열심히 하지 않은 학생은 낮은 성적표를 받아든 것으로 그에 대한 책임을 이미 졌다.

입시 정보에서의 성적 차별에 대한 문제 제기는 노력하지 않은 학생들까지 명문대에 보내 주어야 한다는 얘기가 아니다. 현재 처한 상황에 따라 적절한 입시 정보를 주어야 한다는 것이다. 입시 정보는 성적과 상관없이 모든 학생에게 동등하게 제공되어야 한다. 열심히 노력한다고 해서 모두가 명문대에 진학할 수는 없는 시스템이다. 명문대의 진학 인원은 정해져 있는데 세 배 이상으로 인원이 훨씬 더 많은 중하위권 학생들은 무시하고 상위권 학생들에게만 입시 정보를 제공하는 것은 불공정하다.

'중하위권은 성적에 맞춰서 대학 가면 된다'는 말을 하는 사람도 많이 있는데, 이것 또한 무책임한 '성적 차별' 발언이다. 도대체 어떤 방식으로 성적에 맞춘다는 말인가? 입시 전문가로서 현재 입시 시스템에서 제대로 성적에 맞춰서 대학에 진학하는 중하위권 학생은 본 적이 없다.

각 대학별 지원 여부를 결정하기 위해서는 그 대학의 입시 요강과 입시 결과를 분석해 보아야 한다. 예전에는 이런 자료들이 제대로 공개되지 않았으나 요즘은 대부분의 대학이 입학처 홈페이지를 통해 모두에게 투명하게 공개하고 있다. 이를 천천히 분석해 본다면 그 대학에 지원했을 때 자신이 합격할 가능성을 합리적으로 예측해 볼 수 있다. 입시 정보는 더 이상 비밀스러운 것이 아니다. 단, 자신의 상황에 맞는 입시 정보를 얻기 위해서는 시간 투자가 필요하다. 시간을 투자하는 만큼 더 많은 입시 정보를 얻을 수 있다. 문제는 제대로 된 입시 전략을 세우기 위해 투자해야 할 시간이 얼마나 되느냐, 살펴봐야 할 입시 요강과 입시 결과의 분량이 얼마나 되느냐는 것이다.

제대로 된 입시 전략을 세우기 위해서는 자신의 성적대에 맞는 대학을 모두 분석해야 한다. 합격 가능성이 희박해 보이는 대학은 제외하고 자신의 성적이 걸치는 '완전 상향'인 대학부터 '완전 안정'인 대학까지, 합격 가능성 10%인 대학부터 합격 가능성 90%인 대학까지 모두 분석해야 한다.

상위권 학생의 경우는 분석해야 할 대학의 수가 그렇게 많지 않다. 2등급 내외인 학생이라면 10~15개 대학만 분석해도 충분하다. 모두가 아는 대학만 분석하면 되며, 그 안에서 '완전 안정'인 학교를 찾을 수 있다. 그 학교가 마음에 들지 않을 수는 있지만 어쨌든 그 '완전 안정'인 대학보다 선호도가 낮은 대학은 조사할 필요가 없다.

반면 중하위권 학생들의 경우 분석해야 할 대학의 수가 상위권 학생들에 비해 너무 많다. 인서울 대학 합격 가능성이 희박한 학생이라도 혹시

293

모르니 인서울 대학 중 비교적 낮은 대학은 확인해 봐야 할 것이다. 그리고 자신이 거주하는 지역에서 성적이 걸치는 대학과 타 지방의 주요 대학까지 모두 분석해야 한다. 거기다가 전문대까지 분석해야 하니, 제대로 된 지원을 위해서는 약 40~50곳 대학의 수시와 정시를 모두 분석해야 한다. 입시 요강 100개와 입시 결과 100개, 그야말로 후덜덜한 분량의 압박이 느껴질 것이다. 상위권보다 중하위권에서 입시 정보에 대한 부담이 더 큰 것이다. 그런데 입시 업계는 상위권 대학에 대해서만 얘기하고 있다.

중하위권은 철저하게 배제하는 입시정책

사실 이 문제는 입시정책에서 기인한 바가 크다. 예전 입시제도에서는 상위권과 중하위권이 커트라인의 차이만 있을 뿐 제도는 동일했다. 학력평가나 수능에서 받은 성적대로 줄을 세워서 대학에 진학하는 시스템이었기 때문에 담임 선생님이 배치표에 줄을 그어서 그 줄에 걸치는 대학에 지원했다. 그러나 이제는 다양한 전형이 생겼으며, 상위권과 중하위권의 전형별 선발 비율도 다르고, 또 동일한 전형이라도 상위권과 중하위권에 따라 평가 방법이 다르다. 수능으로 대학에 진학할 경우 중하위권 입시에서는 국어, 수학, 영어, 탐구 중에서 한 과목을 제외하고 세 과목만 반영하는 학교가 꽤 많다는 사실을 알고 있는 학생이나 학부모는 거의 없다. 이런 상황이기에 입시 정보 없이 제대로 된 대학에 들어가기는 어려워졌다. 수험생과 학부모가 이해하기 쉽게, 그리고 입시 전략이 필요 없도록 입시제도를 개선해야 하는데, 교육부의 정책 방향을 보면 이를 기대하기가 어려워 보인다.

현재 교육부는 '모든 아이는 우리 모두의 아이입니다'라는 슬로건을 내걸고 있다. 교육정책 중에서 입시를 제외한 다른 분야를 보면 나름대로 그 슬로건을 따라가려는 노력이 엿보이지만, 입시정책에 한해서는 '모든 아이'가 아니라 '공부 잘하는 아이'만 우리 모두의 아이인 것으로 보인다. 정권과 상관없이 입시정책의 기조는 변하지 않고 있다. 상위권 입시를 전체의 입시로 보는 것은 진보와 보수를 가리지 않는다. 그 대표적인 정책이 바로 수능 절대평가다.

수능에서 국어, 수학, 탐구는 상대평가로 점수가 제공되지만 영어는 절대평가 등급만 제공된다(입시에 미미한 영향을 미치는 한국사는 논외로 하자). 절대평가 도입의 취지는 상대평가에서 한 문제만 틀려도 2등급을 받게 되는 경우가 생길 수 있어 그 부담감을 덜어 주겠다는 것이다. 그러나 과연

[영어 등급별 누적 백분위 비교]

등급	상대평가	2019 수능	2018 수능
1	4	5.30	10.03
2	11	19.64	29.68
3	23	38.15	55.11
4	40	59.06	73.08
5	60	75.59	83.57
6	77	86.26	90.31
7	89	93.69	95.05
8	96	98.28	98.54
9	100	100	100

수능 영어에 절대평가를 도입하면서 영어에 대한 수험생들의 부담이 줄어들었을까?

상위권, 특히 최상위권 학생들은 부담이 실제로 크게 줄었다. 상대평가 영어에서는 작은 실수라도 해서 한 문제라도 틀릴까 봐 걱정해야 했지만, 절대평가에서는 90점만 넘으면 1등급으로 만점과 동일하기 때문에 그 부담감이 덜해졌다. 언제나 상위권 입시에 대한 전망만 내어 놓는 언론과 입시 전문가들은 영어에 대한 부담감은 덜해졌지만, 대신 다른 과목의 부담감이 커지는 풍선효과를 우려했다. 그리고 영어 사교육에 대한 수요가 줄었다는 뉴스도 자주 접할 수 있었다. 하지만 과연 진짜 그럴까?

전체 수험생의 대부분이라고 볼 수 있는 중하위권의 경우는 절대평가가 도입되면서 수능에서 가장 중요한 과목이 영어가 되어 버렸다. 영어에 절대평가가 도입되었다고 하더라도 모두가 1등급을 받는 것은 아니다. 그 대신 난이도에 따라 달라지겠지만 그래도 상대평가보다 높은 등급을 받기는 쉬워졌다. 상대평가인 다른 과목에서 3등급을 받기 위해서는 상위 23% 안에 들어야 하지만 절대평가에서는 더 많은 학생이 3등급을 받을 수 있다. 2019년 수능에서는 전체 수험생 중 38.15%의 학생까지, 2018년 수능에서는 전체 수험생의 55.11%까지 3등급을 받을 수 있었다. 같은 노력으로도 더 높은 등급을 받을 수 있는 과목이 영어가 된 것이다. 이로 인해 수시에서 수능 최저학력 기준을 적용하는 경우에 그 기준을 충족하는 핵심이 되어 버렸다.

중하위권 입시의 정시에서도 영어는 가장 중요한 과목이 되었다. 앞서 언급한 대로 중하위권 대학 가운데는 수능의 모든 과목을 반영하지 않는 대학이 많다. 국수영탐 네 과목 중 세 과목만 반영하는 대학이 더 많으

	등급별 변환 백분위								
	1등급	2등급	3등급	4등급	5등급	6등급	7등급	8등급	9등급
한경대	100	90	80	70	60	50	40	30	20
용인대	105	95	85	75	65	55	45	35	25
강남대	100	95	90	80	70	50	30	10	0
안양대	100	95	90	85	80	65	50	30	0
성결대	100	90	80	70	60	50	35	20	0
한신대	100	95	90	85	70	60	50	30	20
협성대	100	95	92	88	75	60	40	20	10
한세대	100	95	88	79	68	55	40	25	10
대진대	90	85	80	76	72	60	40	20	0
신한대	100	96	92	88	84	80	76	72	68

며, 전문대의 경우는 두 과목만 반영하는 경우도 흔하다. 이때 성적에 반영할 수 있는 과목을 더 높은 점수를 얻은 과목으로 선택할 수 있게 해주는 경우가 많은데, 이 경우 대부분 영어가 포함된다. 정시에서 대학들은 수능 백분위나 표준점수대로 학생들을 줄 세우는데 영어는 등급만 제공되기 때문에 그 등급별로 변환 백분위나 표준점수를 준다. 그런데 그 변환 기준이 매우 후하다. 영어 2등급에 백분위 90을 준다면, 영어를 80점만 간신히 받아도 다른 과목 백분위 상위 10%와 동일한 점수가 되기 때문이다. 다른 과목에 투자하는 노력을 영어에 투자한다면 훨씬 더 좋은 성적을 받을 수 있다.

또 중하위권은 1점 차로 등급이 갈리게 되는 경우 그 희비가 커진다. 백분위로 평가하는 대학의 등급 간 변환 백분위 점수 차이가 10점인 대학이 많다. 이 경우 영어 점수 80점과 79점의 차이는 실제로는 1점이지만 백분위가 10이나 차이 나게 된다. 상대평가 영어에서 상위권 학생들이 한 문제 차이로 희비가 갈리는 문제는 절대평가 도입으로 개선되었지만, 그 학생들보다 훨씬 많은 중하위권 학생들이 영어 1점 차이에 대한 부담을 안게 된 것이다.

그뿐 아니라 입시제도가 더욱 복잡해지는 문제까지 생긴다. 영어가 상대평가일 때는 모든 대학이 백분위나 표준점수를 활용했다. 어느 대학에 지원하든 자신의 성적에 차이가 없었던 것이다. 그런데 절대평가 도입 이후 등급별로 부여되는 변환 점수는 대학마다 다르다. 수험생들은 자신의 영어 등급에 따라 변환 점수가 유리하게 주어지는 대학을 찾아야 한다는 부담감까지 떠안게 된다. 상대평가 시절에는 고민할 필요도 없던 문제가 생긴 것이다.

교육부는 영어에 대한 부담감을 줄여 주겠다며 절대평가를 도입했지만 실제로 대부분의 학생에게 영어의 중요도는 더 높아졌을 뿐 아니라 이전에 없었던 입시 정보에 대한 추가 부담도 생겼다. 이는 교육부가 새로운 입시제도 도입의 영향을 예상할 때 중하위권을 전혀 고려하지 않았기 때문이다. 더 큰 문제는 중하위권 학생들이 자신에게 주어진 이런 변화를 인지조차 못하고 있다는 것이다. 입시 관련 뉴스에서 영어 절대평가로 영어에 대한 부담감이 해소되었다는 이야기를 지속적으로 듣다 보니 자신에게도 그런 줄 아는 것이다.

성적 차별을 해소할 수는 없을까?

입시 업계에 만연한 성적 차별은 왜 해소되지 않을까? 그것은 바로 그 차별로 피해를 입고 있는 중하위권 수험생과 학부모가 그 피해에 따른 고통을 호소하지 않기 때문이다. 중하위권 학생들은 상황에 맞는 입시 정보가 필요하다고 어려움을 호소하기는커녕 피해를 입었다는 현실도 깨닫지 못하고 있다. 명문대에 진학하지 못하는 자신들의 상황을 노력이 부족했다며 자책하거나 부끄러워한다. 아니면 그에 대한 관심을 의도적으로 꺼버린다.

수험생의 노력이 명문대 진학 확률을 높여 주기는 할 것이다. 그러나 모든 수험생이 열심히 노력한다고 해도, 그 모두가 명문대에 합격할 수는 없다. 선발 인원은 제한적이기 때문이다. 더욱이 명문대의 주요 전형인 학생부 종합전형은 기존의 전형과는 달리 입학사정관의 주관성이 개입되기 때문에 합격을 장담하기가 더 어려워진다. 자신이 또는 자녀가 명문대에 진학하지 못할 수도 있다는 것을 받아들여야 한다. 또 우리가 명문대 진학에 성공하더라도 주변 수험생 대부분은 실패한다는 것에 대한 이해가 필요하다.

'10명 중 2등이라면 상위권일까? 아닐까?' 이 질문에 아마 대부분 10명 중 2등이라면 당연히 상위권이라고 대답할 것이다. 아마 3등까지도 상위권으로 분류할 사람이 많을 것이다. 그런데 입시에서 상위권 학생을 '이름만 들어도 알 만한 대학'에 진학할 수 있는 학생이라고 한다면 그에 해당하는 상위권 학생은 10명 중 1명밖에 되지 않는다. 대학의 선발 정원이 그렇게 정해져 있기 때문이다. 10명 중 9명은 입시에서 실패라는 가혹한 기준으로 학생들을 몰아치고 있다.

그래서 우리나라 청소년들의 행복도는 매우 낮은 편이다. 유니세프에서 조사한 '국가별 학업 스트레스 설문조사'에서 우리나라는 50.5%로 세계 1위를 차지했다. OECD 국가 중에서 어린이, 청소년의 행복지수가 가장 낮은 국가 역시 대한민국이다.

이 문제에 대한 가장 좋은 해결책은 입시로 인한 사회적 차별을 완전히 없애는 것이다. 입시 결과로 학창 시절의 성공과 실패를 규정하지 않고, 또 출신 대학으로 사람을 판단하는 문화가 사라진다면, 그리고 학력에 따른 임금 격차가 해소되고 대학을 졸업하지 않아도 취업할 수 있는 좋은 일자리가 많아진다면 우리나라 학생들도 입시에 대한 부담에서 벗어날 수 있다. 그러나 오랜 기간 쌓여 온 사회적 인식이 단번에 변하기는 어려울 것이다. 우리 사회가 그런 방향으로 변해 가기 위해 조금씩 나아가고는 있지만, 이 문제가 완전히 해소되기까지는 아주 오랜 시간이 필요할 것이다.

그러나 수험생들에게 입시는 눈앞의 현실이다. 명문대에 진학할 수 없다면 대학에 갈 필요가 없다고 생각하는 사람이 많지만, 그렇게 생각할 수 있는 이유는 자녀가 없거나 또는 자신의 자녀가 입시와 상관없는 나이이기 때문이다. 그런 사람들도 입시가 당장 자녀의 문제가 되고 나면 생각이 달라진다. 명문대 진학이 아니면 의미가 없다고 생각하면 고등학교를 졸업하고 사회로 바로 진출해야 하는데, 우리 사회는 고등학교를 막 졸업한 학생들을 받아 줄 준비가 되어 있지 않기 때문이다. 그래서 상위권 대학을 아예 노려 볼 수도 없는 학생들까지 입시를 피해 가기 어렵다. 상위권 대학에 진학하는 학생들보다 이런 상황에 놓인 학생들이 훨씬 많다. 수험생 중 딱 중간, 상위 50%인 예비 고3 학생에게 입시까지 남은 기간 동안 상위 10% 안에 들어야 한다고 하면 학생들은 포기할 수밖에 없다.

이런 학생들의 학업과 관련된 고등학교 생활은 어떨까? 입시에 대한 좌절감 속에서 시간을 보내거나, 논술이나 수능에서 요행을 기대하며 대박을 꿈꾸거나, 아니면 입시에 대해 아무런 생각을 하지 않으려고 하는 셋 중 하나일 것이다. 입시에 대한 일말의 기대도 없는 상황에서는 다른 선택지가 없다. 그야말로 답이 없는 상황이다.

이 노답 상황, 어떻게 풀어야 할까? 이에 대한 답은 상황에 적합한 입시 정보다. 입시에 민감한 이유는 무엇보다 취업일 것이다. 명문대 진학을 원하는 가장 큰 이유는 이른바 좋은 직장에 취업할 확률이 높아지기 때문이다. 그런데 그런 대학은 자신의 상황에서 목표로 잡기는 너무 높다고 생각하기에 좌절하는 것이다.

하지만 생각의 범위를 넓혀 보자. 이른바 좋은 직장, 예를 들어 대기업이 4년제 대학 졸업자만 채용하는 것은 아니다. 전문대 졸업자도 따로 채용한다. 4년제 대학 졸업자 채용에서 상위권 대학 출신 학생들의 합격 확률이 높은 것처럼 전문대 졸업자 채용에서도 전문대 중에서 제일 선호도가 높은 학교 출신이 합격 가능성이 높을 것이다. 상위 50%인 예비 고3에게 4년제 상위권 대학 합격은 좌절감을 주는 목표지만, 전문대 중 가장 좋은 대학은 충분히 실현 가능한 목표다. 이런 실현 가능한 목표를 제시해 준다면 학교 생활이 달라질 수 있다.

그럼 최하위권 학생의 경우는 어떨까? 그들의 경우 통학 거리가 대학 선택에 가장 중요한 요소다. 최하위권 학생이 수도권 내에서 진학 가능한 대학은 통학 거리가 1시간 30분에서 2시간 가까이 걸리는 전문대밖에 없다. 그러나 전문대의 경우 수시에서는 5학기 중 1학기의 성적을 반영하는 대학도 있으며, 정시에서도 두 과목만 반영하는 대학도 많다. 아무리 최하

301

#13
착각하지 마라! 대한민국 스카이캐슬의 허와 실

위권인 학생이라도 매일 왕복 2시간을 아낄 수 있는 대학이면서 입시까지 남은 기간 동안 충분히 합격 가능한 정도로 성적을 끌어올릴 수 있는 대학이 있을 것이다. 상황에 적합한 입시 정보를 접하게 된다면 누구나 더 나은 고등학교 생활을 할 수 있다.

대부분 입시 정보는 상위권일수록 더 필요한 것으로 알고 있지만 실제로는 성적이 낮은 학생일수록 입시 정보가 더 필요하며, 그 영향력도 더 크다. 전체 수험생의 77%, 우리 주변의 평범한 학생들이 대부분 입시에서 성적 차별을 당하고 있다. 이 문제가 개선되지 않는 것은 그 차별을 당하고 있는 대상들이 차별을 인식하지 못하기 때문이라고 앞서 언급했다. 그 차별의 피해자뿐 아니라 차별을 만든 교육계와 입시 업계마저도 이 문제를 인식하지 못하고 있는 것으로 보인다.

이 성적 차별을 해소하는 출발점은 어디일까? 출신 대학에 따른 사회적 편견을 없앤다든지, 대학이 인생의 전부가 아니라는 것을 모두가 이해한다든지 하는 틀에 박힌 얘기를 하고 싶지는 않다. 입시 전문가로서 제시하고 싶은 답은 그 차별을 인지한 사람들이 '이건 문제야!'라고 외치는 것이다. 정부를 향해서는 1~2등급 학생들만 고려한 입시정책이 아니라 1등부터 꼴찌까지 모든 학생을 고려한 입시정책을 내놓으라고 요구해야 한다. 입시예고제로 당장 정책을 바꿀 수 없다면 중하위권 학생들에게도 공평하게 입시 정보를 제공하라는 압박이라도 가해야 한다. 일선 고등학교를 향해서는 상위권 대학 입시 실적만 신경 쓰지 말고, 모든 학생에게 동등하게 신경을 써달라고 요구해야 한다. 수상 실적 밀어주기, 상위권 학생부 내용만 따로 챙기기 등의 불공정한 행위에 대한 지적도 필요하다. 언론과 사교육 업계에도 중하위권 학생들을 위한 입시 정보를 제공하라고 외쳐야 한다.

가족 중에 수험생이 있든 없든, 이런 문제를 인지한 사람이면 이 이슈에 대한 이야기가 나올 때 문제 제기를 해야 한다. 이 책을 읽고 있는 여러분도 함께 해주었으면 한다. '성적 차별'을 겪고 있는 아이 모두가 우리 모두의 아이이기 때문이다.

모르면 불편한
돈의 교양

1판 1쇄 발행   2019년 8월 23일
1판 3쇄 발행   2019년 10월 30일

지은이   경제브리핑 불편한 진실
펴낸이   고병욱

기획편집실장 김성수 **책임편집** 장지연 **기획편집** 윤현주 박혜정
마케팅 이일권 송만석 현나래 김재욱 김은지 이애주 오정민 **디자인** 공희 진미나 백은주
외서기획 이슬 **제작** 김기창 **관리** 주동은 조재언 **총무** 문준기 노재경 송민진

펴낸곳   청림출판(주)
등록   제1989-000026호

본사   06048 서울시 강남구 도산대로38길 11청림출판(주) (논현동 63)
제2사옥   10881 경기도 파주시 회동길 173 청림아트스페이스 (문발동 518-6)
전화   02-546-4341 **팩스** 02-546-8053
홈페이지   www.chungrim.com
이메일   cr1@chungrim.com
블로그   blog.naver.com/chungrimpub
페이스북   www.facebook.com/chungrimpub

© 경제브리핑 불편한 진실, 2019

ISBN   978-89-352-1287-3 03320